從科學月刊、保釣到左翼運動

林孝信的實踐之路

王智明——編

目次

輯二 訪談

輯三　側記

序一
老林的實踐：一個沒有止境的社會改造集體事業

陳美霞（成功大學公共衛生所特聘教授，釣魚台教育協會理事長，台灣公共衛生促進協會常務理事）

實踐高於理論的認識，它不但有普遍性的品格，並且有直接現實性的品格。

——黑格爾，《邏輯學》，一八一二

八〇年代末，老林（朋友之間稱呼林孝信「老林」，我也就這樣稱呼他吧）從臺灣戒嚴體制的海外黑名單被解除不久，就回臺灣去找他的摯友、著名作家陳映真，也參加了陳映真九〇年代開始舉辦的、有關臺灣社會性質論的讀書會。期間他與陳映真有過多次深入的對話，老林說：「……記得他（指陳映真）很多次建議我不要搞那麼多活動了，要多做理論的建設，因為臺灣非常需要理論的工作。但我認為理論的建設需要實踐的基礎，我在臺灣的實踐還太少。」（參見本書第三章〈一生釣運、普及教育的苦行僧〉，頁二〇二）

一九九七年，老林與我帶著兩個還在小學讀書的女兒，全家自芝加哥返臺。之後，老林全身投入改造臺灣社會的種種工作。數年後，老林有「更多的實踐」了，朋友們都認為：老林腦袋裡頭的學問、經驗、智慧、理論，應該整理出來，我及朋友們也跟老林提過無數次，這已經是我們朋友圈的共識。但唯一不完全同意的就是老林本人，因為他認為對改造社會的事業而言，實踐工作、組織工作還是最重要的！至於理論的建設、著書立說……以後再說。

回顧過去半個世紀，老林跟數不盡的保釣戰友們、台灣民主運動支援會同志們、科普同道們、社區大學運動的夥伴們、通識教育的同仁和師生們，及左翼運動的戰友和同志們，從一九七〇年代開始就不曾停歇，為臺灣的民主（我這裡的民主不是當前我們見識到的那種扭曲的西式選舉民主）、公義、平等，為創造一個沒有剝削的理想社會的集體實踐而共同努力著。在這個改造社會的集體事業中，老林如「苦行僧」一樣，孜孜不倦地，甚至頑強而艱苦卓絕地，進行著一場沒有止境的實踐。雖然沒有「著書」，但在教學、組織、實踐的過程中，老林從不間斷地為集體理想事業「立說」，有時是教學、演說、研討，有時是評論、訪談、對談。《從科學月刊、保釣到左翼運動：林孝信的實錢之路》這本書主要就是以訪談、對話的方式生動地將其展現出來。這個集體事業主要包含了科學普及、保釣運動、社大運動、通識教育及左翼運動五個方向。

首先，**科學普及**。以《科學月刊》為例，老林一直強調《科學月刊》「不是個人的事業」。六〇年代末、七〇年代初，老林與廣大留學生社群共同體認到：相對於其他國家的成就，自己的國家顯得多麼貧乏；民眾缺乏科學的態度，對科學盲目崇拜；臺灣的學生僅關注課業，對社會缺乏關懷、對國際局勢缺乏認識、對批判性思考訓練不足。於是，以一百多人為共同發起人，許多留學生與科學家無私地投入《科學月刊》的創辦與長期經營。老林在《科學月刊》四十週年之後，再度提及我上面說的「集體」，他說：「《科學月刊》從創辦起，四十多年來不知多少人貢獻他們的心血，默默地耕耘。大家都把《科學月刊》當作臺灣社會的公共資產。正因為這個公共性，才使『理想、啟蒙、奉獻』的理念與精神長期堅持下來。」半個世紀來，數不清的知識分子投入這個科學普及事業的實踐，至今未曾停歇。

再說**保釣運動**。老林說，留學生投入《科學月刊》的創辦與投入保釣運動，有其內在的一致性。他們（包括老林）因自己家園中的釣魚台被美、日私相授受的不公不義而憤憤不平；預見臺灣漁民權益將無法受到保障的問題；失望於帝國主義強權霸道之下，政府怯懦不敢積極保釣。於是他們投入實踐、化不平為力量，在留學生中展開轟轟烈烈的保釣運動。老林說，參與保釣運動的一代滿懷理想主義的色彩，他們愛國愛民、關懷世事、熱情且不計較個人得失、勇於為正義事業出錢出力，甚至犧牲學業、事業，不怕被列入黑名單，投入與個人功成名就無關的保釣運動。保釣運動即將步入五十週年，海內外過去投入保釣運動、持續關注釣魚台議題的「老保釣」及「新保釣」正熱切討論及規畫如何舉辦紀念活動，見證這個半世紀以來沒有止境的、改造社會的集體實踐。

然後談**社大運動**。八〇年代，全球化與新自由主義排山倒海地侵襲臺灣，臺灣的經濟活動快速地變化，人們經常要面對競爭、轉換工作、失業等等挑戰，因而需要不斷學習。但是，一群公共知識分子——包括老林——觀察、體會到臺灣社會的知識菁英化、壟斷化，知識被鎖在大學殿堂裡頭，還沒有解放出來，讓普羅大眾無從學習、也無法掌握；知識甚至成為個人謀求名利與權力的工具，強化了社會的不公不義。以「解放知識，改造社會」為目標的社大運動由此興起。這些公共知識分子追求的是「提倡知識解放，改革教育體制，使其能夠合乎社會正義，幫助弱勢者或被壓迫者的覺醒與團結，從而使這些弱勢者與被壓迫者得以行動起來，達到社會改造的目標」。從一九九八年第一所社區大學成立，如今，全臺灣已經有八十多所！當然，投入到社大運動這個集體事業的有志之士不計其數，遍布全臺的社區大學及其連結的社區就是他們沒有止境的實踐平臺。

再談**通識教育**。通識教育，一向強調批判精神與批判能力的培養。但是，老林與一群公共知識分子認為，臺灣高中的文、理分流與升學主義使得學生無法兼顧人文與科學的學習，多數人的通識素養普遍不足。他們進一步分析，「臺灣原子化的社會，公共事務往往仰賴少數專家的決定，多數人不僅無法參與決策，甚至不理解決策的內容與該決策對他們的影響。其結果不是形成專家獨裁，就是反撲而產生不理性的民粹政治，專業知識不受尊重。從而，民主的基石將受到腐蝕。」於是，老林與一群知識分子在臺灣大力推動通識教育，致力促進民眾批判精神與批判能力的培養，進而達到賦權（empowerment）的目的。老林甚至推出、主編十分有影響力的雜誌《通識在線》。然而，教育本來就是一個百年樹人的事業，其中通識教育目標更深遠、需要更長遠的時間、需要更多人的投入！因此，這個社會改造的集體事業非得有無數人、沒有止境的實踐，否則將難竟其功。

最後談**左翼運動**。左翼是個政治傾向，它代表站在底層人民、受壓迫者、勞動者、弱勢群體的立場，分析社會現象，進而力求改變現狀的進步思想。左翼認為資本主義制度的生存、發展與擴張，是建立在剝削關係與掠奪手段之上的，而此不公不義的制度也成為當代人類苦難、矛盾、衝突、危機，以及種種異化問題的主要根源。因此，左翼運動的最終目標就是顛覆資本制度。資本制度雖然有種種問題，但它經過數百年的發展及鞏固，要顛覆它當然是一個巨大的社會改造工程，甚至幾乎可說是一個不可能的任務。老林在投入保釣運動之後，受到全世界進步思潮及保釣運動左傾的衝擊及影響，思想也逐漸左傾。他在科學普及、保釣運動、社大運動及通識教育等領域的實踐，基本上是建立在他左翼思想的基礎之上的。但是，因為老林以及投入社會改造實踐的行動者都處於資本制度下，尤其臺灣更在國府撤退到臺灣之後陷入鋪天蓋地的反共教育及宣傳的籠罩。在這樣的保守氛圍中，老林與眾多戰友、同志及同道，共同投入的科學普及、保釣運動、社大運動及通識教育的社會改造實踐，比實踐左翼運動更容易被社會看見。因此，老林在七〇年代初期思想逐漸左傾之後，就投入大量的精力及時間在左翼運動的實踐。這個投入，半個世紀來也從不曾間斷，直到他重病，還念茲在茲地牽掛著左翼運動面臨的困境、它該有的全球視野及第三世界立場、它必須建立起來的大策略及大戰略。他對臺灣、中國大陸及亞洲的左翼運動的期待是殷切的。他說：「第三世界啟蒙運動的開展，不能寄希望於歐美的主流思想家，而要我們自己承擔起來。這是第三世界知識分子責無旁貸的使命。」（參見本書第六章，〈意識型態與第三世界再啟蒙：林孝信病中談話〉，頁二八四）他這裡說的「我們自己」，是指臺灣、中國大陸及亞洲的左翼力量。

老林在社會改造事業中沒有止境的實踐，當然是有理論基礎、有理論引導的。老林一生絕大多數時間都投入實踐的工作，因此沒有足夠剩餘的時間將這些理論形諸文字、整理成書。然而，他有關社會改造實踐的理論建設，卻經由兩個特殊、而且集體的方式進行：其一，在臺灣各大學開設理論分析及建設的課程；其二，在各種場域及群體，推動並參與理論及社會問題分析的讀書會。就前者，老林在臺灣北中南各大學——包括臺南藝術大學、清華大學、交通大學、成功大學、世新大學、高雄科技大學、弘光科技大學、臺北文山社區大學——於他返臺以後的十八年間，開設了二十多門課。這些課程內容大致可分幾類：政治經濟學、科學哲學、科學史、科學教育、通識教育與媒體分析。雖然老林是自然科學專業出身，投入保釣運動之後，卻對政治經濟學理論的學習與建設著力最深。其次，老林推動的讀書會主題包羅萬象：通識教育經典、科普、成人教育、政治經濟學及其在各類議題（如東亞局勢、金融危機、臺灣史、中國近代史、中共革命史、資本主義發展史等等）的應用、左翼運動史、社會主義理論、歷史唯物辯證法等等。經由上述課程及讀書會，老林在社會改造理論上的建設，透過教學、研究、分析、報告、討論、群體論辯等等方式，數十年來，在海外與臺灣，在無數與老林共同投入社會改造事業之實踐及理論建設的行動者之間，有如水波一樣持續散發出去。

今天，在老林回歸大自然四年之際，《從科學月刊、保釣到左翼運動：林孝信的實錢之路》這本書將老林一生的實踐以訪談方式記錄下來，是十分重要的一步。那麼，改造社會的集體事業接下來的工作之一，或許就是將上述大學課程及讀書會中散發出去的理論內涵收攏了，進而整理成書，理論化本訪談集所記錄的集體實踐。

東漢班固的《漢書．藝文志》稱：「《論語》者，孔子應答弟子、時人及弟子相與言而接聞於夫子之語也。當時弟子各有所記，夫子既卒，門人相與輯而論纂，故謂之《論語》。」這本書的集結成冊，接近《論語》的形式，可以說是一位左翼苦行僧改造現代社會的「實踐論語」，同時，這個實踐過程也是老林超過半世紀的人生寫照。雖然，老林無法親身投入上述理論收攏、整理、出書的工作，但在半個世紀與無數夥伴、同志、戰友的共同實踐中，老林的理念、思想、理論、行動，早已融入到上述科普、保釣、社大運動、通識教育、左翼運動等等的社會改造事業當中，並與海外、兩岸、臺灣社會裡，許多為著這些理想而集結起來的夥伴、同志、戰友，與他們的理念、思想、理論、行動融合成一個大集體；他中有集體，集體中有他。即令老林回歸大自然，這個大集體也不可能因此停頓下來，社會改造事業理論的建設工作——包括老林過去半個世紀中教學及讀書會的論述和理論建設的收攏、整理及出書，勢必得由社會改造的大集體來承擔及推動了。那麼，老林的理念、思想、理論及精神，將隨著這個持續的實踐傳續下去。果真如此，則，老林，雖死猶生。

序二

保釣運動與愛國主義：紀念林孝信先生

錢永祥（《思想》季刊主編）

林孝信先生是第一代在戰後出生的臺灣人，也是最早由遷臺後的中華民國教育體制全程培育出來的知識分子。從六〇年代後期開始，他發起或者參與過一連串知識人所組成的民間事業：《科學月刊》、北美的保釣運動、黨外運動時期的台灣民主運動支援會；到了擺脫黑名單的限制返回臺灣之後，他繼續積極參與各種社會運動、社區大學、通識教育改革，以及釣魚台教育計畫等等，都造成可觀的影響。孝信兄的參與經歷，在同一輩人中是特別精彩而突出的。到最後，雖然這些事業的成果不會以他為名，但是參與過這些運動的幾代人，多少都受過他人格的啟發甚至於感動。這是他最受周邊朋友們紀念的貢獻。

本書收集了多個訪談，讓林孝信述說自己的經歷與觀點，涵蓋完整而且格外詳實、親切。其實，由於他先後投入的運動與議題眾多，而多數朋友往往只在某一、二個場域中與他結識過往，本書所呈現的林孝信其人及其故事，對多數人來說都會有前所不知的面向。

我與孝信兄的交往並不深。早在七〇年代初期，當我在臺灣參與保釣運動的時候，雖然聽過他的名字，具體的印象是模糊的。直到八〇年代後期，他能重回臺灣，我才真正見到他。等到他回臺灣定居，繼續推動保釣，我們的接觸多了一些。但是接觸並不代表了解。孝信對於所認定的事業，像一位苦行僧般地投入，無我無私、全心全意，黨派意識雖淡，但信念又頗固執。他的性情質樸，幾十年之間的歷練雖然豐富，他卻很少高談闊論，對於誇誇其談的鋪陳或者總結並不是很熱衷，也很少批評他人。他在科學與哲學之間，政治經濟學、社會思想，以及近代史等領域都下過長期的工夫，不過他不喜歡用理論「套」現實，尤其不願意輕易發表全盤、宏觀的判斷；他所重視的是認識事態具體、細節的演變。因此，朋友們或許都說得出孝信的大致立場，但是他的具體觀點，大家的了解可能都不夠。就這一方面而言，他沒有把自己在多年運動中積累的心得與思考寫成系統的著作，是很可惜的事。幸而在本書的幾個訪談中，尤其在病床上與妻女的對話裡，他數度表達了自己各方面的想法，可供我們參考。

閱讀本書，有幾個主題比較突出，孝信的自我表述比較清晰，值得讀者們留意。其中一個主題就是對於保釣運動的定位與評價。由於篇幅有限，我只能就這個問題所牽涉到的愛國主義一面，簡單陳述自己的想法。

保釣可能是孝信一生最重要的奮鬥，當然積累了一些反思後的觀點。釣運在七〇年代初期狼狽結束後，參與者各奔左右統獨，接下來臺灣與中國大陸的形勢均發生了非常巨大的改變，歷史急遽位移之後，一度席捲全球華人知識界的釣運幾乎已經找不到定位所仰賴的座標。多數參與者回顧保釣，都只能指向一種素樸的愛國主義，或者某種針對美日強權的民族主義。這個說法當然是對的，可是還需要進一步的挖掘、釐清。從本書裡多次的敘述看來，孝信也承認愛國主義的核心作用，但他並不以為簡單的愛國主義或者民族主義便足以總括保釣運動。問題似乎在於需要進一步理解愛國主義。

愛國心與民族情是釣運非常強大的動力，不過愛國預設著關於「國」的想像，也會牽涉到自己相對於「國」的位置。這樣理解之下，愛國固然是一種樸素的感情，但是這種感情必定牽涉到一些政治性的認知，並且這些認知包含著涉及個人核心信念的價值判斷，並不能簡化為感情或者情緒的衝動。必須承認，保釣年代的人們，對釣運所牽涉到的政治認知與政治價值，雖然下了工夫，思考並不充分。

孝信兄在幾個訪談中，都被問到他在釣運中所形成的立場。孝信的回答總是「第三條道路」。在保釣運動已經分裂的背景中，這是在統一回歸、革新保臺之外的一個自然的出路：以臺灣島內為目標，促成社會與政治的變化。但是這個方向並不只是釣運的餘波蕩漾，反而能回頭賦予釣運比較廣闊的意義，其中包括了當時的愛國主義。

孝信所談的第三條道路何指？

第一、釣魚台的相關事件教育了前後幾代年輕知識人（無論在北美還是在臺灣、香港，或者其他華人社區），因此孝信特別強調釣魚台運動的「啟蒙」意義。所謂「啟蒙」，孝信指「超越國民黨教育的框架」，聽起來只是針對國民黨，但是這個框架涵蓋了右翼反共、親美以及輕視、無視第三世界，也包括了對於中國近代史、臺灣歷史的偏見與忽視，尤其還有對於社會正義、平等以及其他價值的無感，其「超越」並不容易。說保釣超越了這個框架，不啻是說參與保釣的經驗扭轉了無數人的世界觀與歷史觀。對不少親歷者來說，這段經驗改變了他們的人生。從此他們眼裡所見不再受限於一黨一國的「國情」，而是參考時代潮流，想像另一種政治與社會。當然，這種新的認識需要實踐的機會。在當年的環境中，「第三條道路」似乎是唯一的可能。當時適逢臺灣湧現民主運動，年輕一代「黨外」也正在積極摸索出路，孝信應勢而上，讓新的意識回到島內。釣運或許在北美逐漸萎縮，但在臺灣仍能發揮進步的作用。

第二，具體到臺灣的形勢，這種啟蒙所提供的左派視野，讓孝信拒絕革新保臺以及民族主義的統或者獨。統、獨與革新保臺所在意的主要是國家或者政權，但國族認同之爭必然帶來社會內部的分化與敵對，結果就是一些重要的社會理想與價值遭到淹沒。保釣所衍生的第三條路雖然有意識地偏左，仍與左統有所分別。左統所關心的是社會主義祖國的強大，抱持一片「貢獻」之心，可惜對於祖國的走向並沒有機會過問。當祖國的社會主義成分日益淡化、「大國崛起」取代了「人類的解放」之後，左統也不得不陷入左與統的兩難，往往寧統勿左，走向民族主義、國家主義。第三條道路則強調臺灣人民自己的「覺醒」，卻不想變成分離主義。這種在統與獨之外的左派立場，日後維繫了保釣愛國主義在島內的論述香火，雖然處境極為逼仄，仍在今天非統即獨的兩岸環境中，多少維繫了一線民主左翼的空隙。

但除了拓寬意識型態的選項之外，第三條路線還有機會開啟愛國主義的正面潛力。在保釣運動當時，「愛國」常以「國家興亡，匹夫有責」之類的傳統知識分子語言表達。但是愛國主義是多面的，包含著各種曖昧的情緒。它很可能演化成對外的沙文主義，對內則淪為一種控制內部、箝制異議者的藉口。它尤其可能要求愛國者無條件支持當下的政權。釣運年代北京或者臺北的政權都處於大變動的前夕，陷在政治與道德的爭議之中，簡單的「愛國」根本沒有能力辨析這些爭議，通常只能淪為某一方的辯護口實。保釣的愛國主義衍生成統獨之爭以後，在這方面的負擔極大，以至於一如五四時期的愛國主義，它幾乎成了一種忌諱，在進步的知識圈中難以開展政治論述，關於「愛國」真正意義的討論，也就付之闕如。但是保釣的愛國主義並不是不能加以釐清的。這一點，值得我們稍做討論。

從一開始，保釣運動就有意識地繼承了五四的「外抗強權，內除國賊」的口號。這個口號是有歷史意義的：是這個口號讓臺灣的年輕一代體會到「強權」的存在與威脅，同時也提出了臺灣政府的政治正當性與道德正當性的問題。在釣運中，這些問題導向不同方向的愛國主義。後來的統一運動與革新保臺，乃至於更多人所選擇的臺獨，都是愛國情緒所引發的政治選擇。但是由於這些走向都向特定的政權皈依，於是非常自然地與「官方愛國主義」匯流，結果「強權」與「國賊」等批判概念被官方愛國主義吸納、收編，失去了獨立的意義，也就稜角盡失。孝信藉著第三條路對政權保持距離，反而讓他的保釣愛國主義保持住了應有的「民間」面貌。

為什麼愛國需要「民間」作為脈絡？不要忘記，愛國主義的主體本來在「民」而不在「國」：愛國預設了一種面對國家時的**主人意識**。胡適在五四運動之後認為，「在變態的社會國家裡，政府太腐敗了，國民又沒有正式的糾正機關（如代表民意的國會之類）」，就會發生學生運動。確實，學生發動的民間愛國主義之所以風起雲湧，本是因為官方與其他的體制勢力不可信任，愛國者如果心存救亡之念，想要糾正國家的走向，挽救國族的命運，尤其是減輕同胞所受到的壓迫，就必須由自己對國家的事務負起責任，貢獻力量。這種愛國主義不見得直接導向民主的制度，不過「愛國」理所當然地包含著**人民過問國事的權利、義務，以及必要**，也包含著**對於當權者的不信任**，與民主的原則是高度親近的。從共和主義的角度來看，愛國與民主根本是共存共亡的。

愛國主義的真實考驗在於，如何與沙文主義以及國家主義區別。「沙文主義」排外，這裡的「外」通常指外國，但在今天更可能是自己國家之內的異族國民、異類國民。在保釣的年代，這個議題尚未進入大家的意識。到了日後臺灣的本土意識崛起時，「愛臺灣」成了在地版的愛國主義，結果面對臺灣的族群衝突，不少愛國者幾乎無意識地滑向了臺灣版的族群沙文主義。但是在另一方面，統派的愛國者是不是也必須儆醒自己的族群沙文主義呢？在今天的中國，民族主義獲得了前所未有的自信心，漢族意識也很容易篡奪愛國主義，變成對內的沙文主義。這時候受到威脅的不只是境內的維族、藏族，也包括了香港、臺灣這樣的「境外」地區。

但是愛國主義的最大威脅可能還是國家主義。一個原因是「國家」一詞的含意並不明確，同時涵蓋著民族群體、文化群體、社會群體，以及政治群體，於是「愛國」的詞義注定模糊，某一個局部的集團、某一種關於共同體的想像，可以壟斷「國家」的名義，結果「中國」只能由漢族、由儒家，或者由執政黨來界定，不容其他人置喙。另外一個原因是國家擁有近乎絕對的權力，官方愛國主義透過各類意識型態工具，可以輕易地壓倒獨立的、批判性的愛國意識，自行決定「愛國」所要求的是什麼，從而篡奪了愛國者的自主性，壟斷了人民的愛國心。第三個原因在於國家主義容易與國家的現狀混淆，從而忽略了愛國情緒固然關切、憐惜國家的當下處境，但其主調並不是頌揚現狀，不是頌揚掌權者，而是對於美好前景的嚮往與追求。就這一點而言，愛國與愛一個人並無二致：「愛」固然是愛其現狀，接納其缺點，承認其限制，但是「愛」更必須包含**寄望、敦促與祝福**，寄望祖國走在進步的正途上，敦促它變得更好，祝福祖國在來日成為一個在世界上有貢獻、受尊敬的強大國家。在這幾個關鍵之處，愛國主義與國家主義是有重大分野的。

最近讀到提摩希・史耐德的袖珍小書《暴政》二十課，其中有一節談到「愛國」：

> 愛國者希望國家能夠符合其立國理想，這意思是說要求我們自己能夠去實踐這些理想。愛國者必須要關注真相世界，畢竟只有在真相世界中他的國家才能被愛，才能存續。愛國者相信普世價值，這是他們評判自己國家的標準，雖然他們始終心存祝福，但也希望它能表現得更好一些。（引自劉維人中譯本，但略有修改。）

史耐德的「愛國者」是用川普式的國家主義做對比：國家主義者一邊傲稱自己偉大，一邊放縱醜陋的情緒，眼裡只有「權力、勝負、復仇」，對世界的真相卻不感興趣，信奉相對主義，對他人則滿心妒恨。相對之下，愛國者以國家的品格為己任，在真相世界中根據普世價值設定標準，既能看出自己國家的不足之處，也會希望它有所改善。這種想法，正呼應著喬治・歐威爾在一九四五年所言，民族主義者永遠從競爭的角度思考，永遠圍繞著勝利、失敗、凱旋、屈辱幾個話題。他眼裡的歷史是一幕又一幕的強國興衰史，每一件事，在他看來都驗證了自己的一方在興盛，可惡的對手在衰落。

當中國正在興盛、崛起，進入國際政治的霸權角逐時，重談愛國主義，檢討國家主義、民族主義，確實有其針砭現實的迫切意義。

當年參與保釣運動時，我們大家可能都沒有機會與能力思考「愛國」的各種深意。不過隨著時間過去，不少人仍然在思索，想為自己澄清愛國主義在釣運中的作用，尋找在今天愛國的途徑。許多人並不願意用「愛國者」這種容易引起誤解的字眼形容自己，但可以想像，一種對自己國族命運的承擔，「以國家的品格為己任」，以及對它的品格「表現得更好」的要求與祝福，依然是大家在老去之時的共同心情。林孝信再三強調的「第三條道路」，應該正是這種心情的產物。孝信已經去世，但是他仍然守護著保釣世代的初衷，我們以他為榮。

序三
一生都在搞運動的老林

劉沅（釣魚台教育協會理事）

一九七〇年底保釣運動爆發後，老林就一頭栽了進去。他參與的方式是以理想吸引、以說理說服、以熱情感動更多的人投入。在釣運沉寂後，他持續把關心的重點放在臺灣人民身上，尤其關注臺灣正在發生的黨外運動。一九七九年，老林發起組織「台灣民主運動支援會」（OSDMT），開始了一系列的活動。他活動的方式是：出版《民主臺灣》報導臺灣的黨外人物和活動、邀請黨外人士來美國參加夏令營與海外人士交流、募款支持特定的黨外人士等等。當時臺灣的「黨外運動」後來逐步演變成波濤洶湧的臺灣民主運動，以工人運動、環保運動、農民運動、原住民運動、婦女運動、漁民運動、學生運動等各種方式，撼動並改變了臺灣社會。

老林於一九九七年，解嚴十年後舉家遷回臺灣。他推動社區大學、科普教育和通識教育等工作，並參與社運，還是不停地搞運動。連他的學術專業「通識教育」都用搞運動的模式——以理想吸引、以說理說服、以熱情感動更多的人投入。

我跟老林是在一九六九年在美國因為籌辦《科學月刊》而認識的。我在加入保釣運動後，持續多年參與並支持他推動的拯救陳明忠（一九七六）、北美夏令營（一九七九－一九八六）、支援臺灣民主運動等等工作。我們先後回到臺灣，從二〇一一年起直到他二〇一五年年底過世，我在釣魚台公民教育計畫的工作中與他密切共事。所以我想從個人的角度，分享我所了解的老林。

老林做什麼都像是在搞運動

老林滯留美國三十年（一九六七－一九九七），長期關心臺灣。在這段期間他做了一件應該在臺灣才能做的事，就是創辦了《科學月刊》，為臺灣普及科學知識。他推動《科學月刊》的方式成為他日後推動所有事情的模式：以強烈的理想主義熱忱吸引並感動人們加入，加上百折不撓的毅力，然後在現實中逐步創造條件，找到實現理想的道路。

一九六八年起，老林為了籌辦《科學月刊》，在美國四處串聯，找人談話。為了保持連繫、討論、交流，以手寫的《科學月刊工作通報》讓大家知道進度、溝通想法，也維繫大家的熱度。那時電子郵件還不方便，電話很貴，他就用「連環信」的方式，把人員分成幾個循環。每個循環由老林郵寄給第一個人，看完加上自己的意見後，再郵寄給第二個，然後第三、第四個……最後回到老林手中。他總結大家的意見，結合最新的狀況，即刻發出下一期，開始新的循環。他找人募款、徵稿、審稿、各領域主編等等，然後出第零期，驗證整個美國供稿、臺灣編輯出版的流程。一九七〇年，第一期正式出版。此後，慢慢地，所有稿件、財務等一切事務都由在臺灣的夥伴自主運轉。我是一九六九年因《科學月刊》而認識老林，透過《工作通報》看到那麼多人投入，經過一年多，第零期就在臺灣印出來了，令我佩服得不得了。

老林以這樣的方式創辦《科學月刊》，不是搞運動是在搞什麼？他的這種搞法，不單只是把事情從無到有推出來，還捲動一群人投入，才能累積非常多人長期為了同一個理想共同奮鬥。難怪慶祝《科學月刊》四十週年的活動會有一百多位科學家和數十個單位積極響應，無私奉獻。

還有一個「運動」可以一提。《通識在線》月刊是大學通識教育領域的重要學術性雜誌。他在二〇〇五年提議創辦時，大家都贊成，但不知道經費從哪裡來。於是他就找了二十位大學校長，每位認捐每年十萬元，經費就有了。這還是和尚化緣的老辦法（「和尚」是老林高中時的綽號）。不只發動捐款，老林每個月都要主持編輯會議，還經常找機會訪談寫稿、募稿鼓勵這個領域的老師們參與等等。我們推動釣魚台教育工作時就得到很多「通識教育運動」同志們的支持。我覺得，老林是把學術活動也當成運動在搞。

另一件「不可能的任務」是在二〇一二年九月的保釣遊行。那一年，日本將釣魚台國有化的過程中，於八、九月間爆發了世界各地華人的抗議，包括在中國大陸數十座城市的大規模保釣反日遊行。當時只有臺灣還是靜悄悄的。老林便從美國趕回來，以三個多星期的時間，獲得十幾個團體的支持，發動了「人人保釣大遊行」。一千五百人從國父紀念館走到日本交流協會遞交抗議書，一路上高舉旗幟標語，高喊保釣反日口號。這是歷年來保釣遊行示威規模最大的一次。那一天是九月二十三日，正是九一八紀念日之後五天。

老林善於利用自身所處的環境，以驚人的毅力和高度的智慧，創造條件，用最少的錢，發動最多的人，一起來完成他認為該做的事。老林會告訴你，這是「唯物辯證法」的應用。確實如此！

釣魚台教育工作

我在一九九一年年底回到臺灣，到工研院任職。老林則是一九九七年舉家遷回臺灣。他一回來跟我聯絡上，立即就找了一些保釣的朋友聚會，希望能做一點事情。但真正重新開始還要等十多年。

二〇〇九年，新竹清華大學圖書館整理老林捐贈的保釣相關刊物與資料告一段落，舉辦了一場研討會，正式宣告釣運文獻館開放閱覽。老林趁此機會廣邀各派保釣人士與會，談釣運的理想和啟蒙。對我來說，這是我第一次親身感受到「革新保臺」派中富有理想主義的人。這促使自一九七一年九月安娜堡國是大會分裂的左右兩派，有了再度合作的契機。

到了二〇一一年，經過老林的多方努力，四月九日起兩天，在世新大學舉辦「理想還在召喚：保釣運動四十週年大會」。[1]經過這次活動，從二〇一〇年就開始發想，以教育工作為活動的新方向，就此確定。以教育為主要方向，是因為保衛釣魚台將是歷時幾十年的長期工作，而釣魚台問題引出的歷史、國際，和保疆衛國等觀點，正是現在臺灣社會欠缺的。至於活動的方式，則是演講、研習營、展覽等等。這一年，我退休後努力的著作權集體管理議題剛好告一段落，所以就一頭栽了進去，成為老林的計畫助理。這項工作是從籌備保釣四十大會開始的。

我報到時，老林給我看一本慶祝《科學月刊》四十週年活動的總結報告。這是二〇一〇年整整一年的大規模科普「運動」，包括兩百九十六場「科學到民間」講座系列（平均每週約六場）。這些講座由科學家們義務奉獻，數十個單位在各地主辦，全部都有詳細的名單。另外還有九場大型研討會、三場慶祝茶會，加上「科普閱讀年活動」。由於絕大多數經費都由各合作單位自籌，我記得老林這邊全部花費的經費好像只有一百多萬元。老林說，這些活動並不是一開始就規畫成這樣的，而是從起意，到不斷地遇到願意協助的人，如滾雪球一般，逐步快速形成的。我們看到的，正是老林多年來把《科學月刊》當運動搞所累積能量的爆發。這也是他做事的一貫風格：大膽、務實、竭盡全力，並以理想和熱誠吸引一大堆人投入。這還是搞運動的方式。這一整年的科普活動，很可惜科月雜誌社沒有趁勢追擊。

二〇一一年四月十日大會落幕後，我們全力規畫並執行釣魚台公民教育計畫。這一年的工作，主要在準備口後活動所需要的材料。其中包括以「保釣四十資料展」為基礎編製的「釣魚台珍貴資料展」，共五十塊展板。該年十二月就在華梵大學、臺灣大學，次年一月在世新大學等處展出，並在開幕式上舉辦以釣魚台為主題的演講。從那以後，每年都要辦好幾十場講座和

1　或許是受到此項活動的啟發，二〇一一年一二月二十五日「反共愛國聯盟」在國軍英雄館舉辦了「愛盟保釣：風雲歲月四十年論壇」，同時附帶展出當年的一些雜誌和文物。「釣魚台珍貴資料展」也同時展出。

展覽，並且每學期在臺灣的北、中、南、東部各辦一梯次，為期兩天的「釣魚台研習營」。

釣魚台珍貴資料展的內容是我在老林的指導下編成的。我們想展現的內容包括：釣魚台本身的介紹、釣魚台爭議的緣由、海外釣運、島內釣運，以及釣運和臺灣社運的關係。我把蒐集到的資料跟老林討論後，決定增加早期的「保釣文藝」和一九九六年以後的「登上釣魚台」，以及最新的漁權協定。這樣內容就比較活潑、全面。但是釣運對社運的影響，雖然蒙社運老將汪立峽列出了一個大綱，但資料蒐集並不容易。這部分要等到後來整理「台灣民主運動支援會」的工作，才能開始填補這段鮮為人知的歷史。

這些展板的內容以圖片為主，加上標題，裡面的詳細說明也限制字數，看的人一目了然。這些圖片都很珍貴：有釣魚台列嶼各小島的照片和島上風光，一些歷史文件如一九四五年日本投降書、日皇投降的敕令，還有一九六九年《中國時報》記者登上釣魚台的整版報導，包括記者的照片、臺北縣議員金介壽和香港陳裕南高舉兩岸國旗登上釣魚台的照片等等。資料非常豐富，也受到不少好評。

為了展覽，我們還編了《導覽手冊》（後來改名為《釣魚台珍貴資料》），並加入介紹釣魚台議題來龍去脈，和其他相關的論文。其中，出海最多次的黃錫麟（中華保釣協會的祕書長，惜於二〇一八年一月過世），還特別整理了歷次臺港澳陸保釣人士出海的詳細紀錄。但在導覽手冊的第一次校樣時，我們發現這本手冊像是個大雜燴，於是老林花了一個小時不到，把每篇文章前加上「編者注」，畫龍點睛，一下子將散章化為整體。當時我心想，果然薑是老的辣！

老林的時間不夠用

老林一直到二〇一五年五月病倒之前，總是超負荷地工作。他不僅要教書、兼課、受邀演講、參與大學評鑑，加上《通識在線》的邀稿、編輯、訪談……等等、等等，還持續推動科普和通識教育的工作，比如推動臺灣五個科學博物館每年輪流主辦一次盛大的科普研討會。但他只要不出國，總是堅持每週和計畫同仁開會一、兩個小時。釣魚台講座（後來還增加了「公民通識講座」）的講師，有很多是他一個電話、或碰面時一句話請來的。「認識釣魚台研習營」一梯次兩天，而且一學期要辦北中南東四個梯次，每梯次需要十位上下的講師。有幾次我親眼看他花一、兩天的時間打電話敲定兩天的議程。後來我們跟有些講師比較熟了，老林才不必全部親自出馬。

老林時間這麼緊，但是對於思想交流卻絕不省時間，一定細細從頭跟你談。就像曾經有朋友問他戀愛經過，他就從工業革命開始講起。我們的工作會議除了事務性的討論，他也常會進入「交流模式」，所以給大家一個他開會總是拖很久的印象。其實，他是能控制時間的。

在各方面的工作之外，他還經常跟年輕人組織讀書會，探討政治經濟學、科學哲學，以及其他領域。一次偶然的機會，老林告訴我，他還有一個以教授、校長為成員的讀書會，已經持續十幾年。

老林的時間不夠用，所以對時間計算非常精確。比如對於臺北捷運從景美站到臺北車站所需時間就拿捏得不差一、兩分鐘。我曾經跟他一起去某處開會，一路上幾乎要用跑的才趕得上他，而我平時走路已經不算慢的了。對於跑得最多的臺北、新竹、臺中、臺南等地，他知道哪些班次可以坐「自由座」省錢，哪些班次要搭配臺鐵比較快。因為高鐵上手機通訊不好，所以他會帶著筆電在車上幹活。他連在家燒菜做家事，也是科學計算，多頭並進。難怪他老婆（陳美霞）說他一天當三天用。老林能夠成就那麼多事、交那麼多同志好友，充分利用時間是關鍵之一。

老林過世前後

二〇一五年五月四日，老林在釣魚台教育計畫每週的工作會議上向我們宣布他罹患癌症的消息，以及他預計的治療方式。五月十六日，他在廣州的醫院和我通話，告訴我十八號開刀，至少會有一個星期不能看電子郵件或Skype聯絡，並打算一個月後回臺。然後他還提了好幾位可邀請來研習營的講師。此時他已經把其他所有工作全部停了下來，包括教課、通識教育、科普、社大、讀書會等等。

這次的手術和之後的化療完全成功。七月回到臺南家中養病，他仍然持續藉由網路參與工作會議，並指導同仁工作，甚至後來癌症復發後，也沒停止。比如他親身參加在十月中召開的老保釣聯誼會，講了兩個小時，談未來工作的構想，並且照例分析世界局勢。十月二十六日的工作會議，他還談了二〇一五年的工作、未來計畫和申請案，以及辦公室帳務管理和招募新人等工作。他甚至花了很多時間告訴我們一些專家朋友對於治療他癌症的看法。到了十一月中，他終於不支倒下。

十一月十五日，老林找了徐綽、陳崇真和我到他臺南的家會面，陳美霞在旁陪同。我們到的時候他躺在床上，已經幾乎不能言語。他事先把問題寫在紙上，點名詢問未來可參與計畫工作的一些人和明年計畫的準備，還特別要我準備第二年的人事預算。這是他最後一次參與教育計畫的工作。

十二月二十日老林去世。在和疾病奮鬥的這一年，除了家人，他最在意的就是釣魚台教育工作。

回顧二〇一五年，即使老林生病，我們完成的工作量與前一年所差不多。下表顯示二〇一五年及前後兩年各個工作項目的量化成果，包括：認識釣魚台教育研習營（為期兩天的研討會）、公民通識講座（二〇一五年新增單場演講）、釣魚台巡迴講座（單場演講），和釣魚台珍貴資料展（為期二到四週的展覽，或其他講座研討會的附展）。其中，前三項老林花心力最多。

二〇一六年開始，面對「沒有老林的教育計畫」，計畫辦公室經過討論，決定延續去年的工作項目，同時改變做法以適應新的條件。我們持續計畫的執行與申請；我們持續每週的工作會議，包括主題討論，以加強工作團隊之間的關係；我們直接與研習營和講座的講師連繫，獲得他們的支持與鼓勵；我們也舉辦了好幾次老保釣聯誼會，加強與長期支持我們的老保釣的連繫。但是整體工作成果量明顯下降。

三月十二日，老林的追思會結束後，陳美霞開始領導整個工作，也成立了指導小組，工作上了新的軌道。新方向之一就是與蘇澳、小琉球等地的漁會共同主辦釣魚台研習營，與漁民建立了夥伴關係。二〇一七年一月二十日，釣魚台教育協會立案成立，新的階段正式開始，老林一生重視與從事的群眾教育工作繼續延續。

	各項活動場次	二〇一四年	二〇一五年	二〇一六年	二〇一五年說明
1	認識釣魚台教育研習營	8	8	4	上、下學期，北中南東四場
2	公民通識講座	-	34	15	今年新增，主題範圍廣泛，很受歡迎
3	釣魚台巡迴講座	31	14	16	過去一直是老林安排，我們跟進
4	釣魚台志工培訓營	1	-	-	二〇一四年試辦後決定不繼續
5	釣魚台珍貴資料展	44	24	12	過去一直是老林安排，我們跟進
6	科普導覽計畫	14	22	-	以二〇一四年基礎，我們循老林的人脈辦理

結語

老林一生都在從事教育工作，著力最深的就是群眾教育。不論保釣、科普、社大、通識教育讀書會、社運，都是，而且是用搞運動的方法搞教育。老林過世已經三年半。看到臺灣近年來政治經濟的惡化趨勢，使我更加相信老林以運動的方式進行教育，才是根本解決問題的辦法。老林說：「知識是用來造福人群的，而不是讓人望而生畏、讓人用來壓迫人的。」這正是他所從事教育工作的宗旨。

前言
理想、啟蒙與奉獻

王智明

吾心信其可行，則移山填海之難，終有成功之日。

——孫中山

這是你的雜誌，不是我們的雜誌。不要被動地等待我們出什麼文章，便讀什麼文章。積極主動地把你的看法，你的要求，你的困惑寫出來，讓我們這個社會共有這份刊物罷！

——林孝信

二〇一五年十二月二十日，林孝信先生因肝癌末期，溘然離世，享年七十一歲。媒體雖然不無報導，但對當時仍籠罩在「馬習會」餘波與南海爭議中的臺灣來說，孝信先生離世並沒有引起太多的波瀾，彷彿流星的殞落不過是景觀化的日常，不過是紛擾成疾世道中的一彎淺淺波紋。然而，對於認識孝信先生，並與他合作過的親人與朋友們而言，他的離去無疑是一聲轟隆巨響，轟鳴久久，彷彿一個時代就此結束，一個美好與純真年代最終謝幕。孝信先生之後，舉目全島，我們似乎再也找不到一個可以穿透藍綠、跨越統獨、堅持社會改造與知識解放的公共知識分子、思想家與實踐者，如此低調，又如此堅定地在「理想、啟蒙、奉獻」的道路上孜孜不懈。如劉源俊校長所說，孝信先生不僅僅是摩頂放踵、兼善天下的墨家，他對改革的堅定與樂觀也受到了中山先生的啟發，只問前行，不畏其難。然而，二〇一六年蔡英文主政以來，一連串的所謂「改革」、「轉型」與「正義」，徒然加深了島內的裂痕，再次撕裂未曾結痂的傷口。孝信先生所代表的那個純真年代——那個不分藍綠，只問對錯的理想主義時代——似乎也就逐漸被遺忘了。如今，那不僅是上一代人的事，幾乎就成了另一個國家的回憶，儘管孝信先生埋骨於斯，他那一代的許多人也還活在這個島上。

孝信先生離世後，在很短的時間內，他的戰友與同志們，包括陳美霞老師、黃德北老師、鍾秀梅老師、劉沅先生，以及公共衛生促進會和釣魚台教育計畫的年輕朋友們，編輯了《為了將來的好日月》這本追思文集，收錄了孝信先生的生平事略、各方朋友的追思與弔念，以及他具有代表性的幾篇文章。這個文集大致呈現了親友眼中的孝信先生，以及他畢生的幾項事業：《科學月刊》、保釣運動、社區大學、通識教育，以及左翼運動。回顧他的一生，孝信先生做的很多、說了不少、寫了一些；共事的夥伴與戰友都知道他的學識淵博、閱歷豐富，也聽過他對歷史、科學與時事的觀察與分析，但是除了幾篇零星散落於不同刊物的文章，我們很少能夠掌握孝信先生思想的全貌；或許除了美霞老師，和他一起工作的夥伴大致也都只知其志業之一二，而難以管窺全貌。這不僅僅是因為自一九六〇年代起籌辦《中學生科學週刊》的孝信先生，在經歷保釣運動的洗禮後，從科學啟蒙的事業轉向了政治啟蒙與社會實踐，再跨足人道救援與知識改造的領域；更是因為總是奔波於途的他，未曾有餘力著書立說。甚或，與啟發民智、改造社會的集體事業相比，個人主義式的著書立說，對他而言實是微不足道。然而，對有意了解海外保釣運動、海外民主運動與臺灣左翼歷史的朋友來說，孝信先生是座寶庫，早是公開的祕密。是故，自二〇〇九年五月的清華保釣論壇之後，陸續有不同的個人與團體找他訪談，包括國史館所進行的海外黑名單口述歷史、新竹交通大學亞太文化研究室所進行的臺灣戰後左翼歷史研究，以及聯經出版社的《思想》雜誌。這一方面是因為保釣與《科學月刊》四十年的相關活動——尤其是二〇一二年中日釣島爭議再起和同年九月的「人人保釣大遊行」——使得孝信先生的生平與事業獲得更多的關注；另一方面，他也希望藉著《科學月刊》與保釣運動的再出發，將「理想、啟蒙、奉獻」的精神重新灌注到臺灣社會，進而與更多不同世代的朋友對話，留下文字紀錄，既與當前青年的社會關懷相連結，也藉此串聯起不同世代、議題、地區的理想主義。因此，在二〇一六年四月孝信先生的追思會後，美霞老師不僅決意承繼孝信先生的理想，與一群關注釣魚台議題的知識分子攜手組織與成立「釣魚台教育協會」，該協會也在錢永祥老師的鼓勵下，決定將已出版的相關訪談編輯成冊——不單純為了紀念，更是為了承續與發揚孝信先生的實踐精神，讓更多人能夠看到、讀到，那位不畏打擊、堅守理想、親力親為、堅定實踐的「老林」。這正是我們編輯與出版此書的用意。

本書的結構

本書收錄一場對談，五篇訪談，五篇側記，共十一章，另外編錄一份孝信先生的生平簡表與著作目錄。五篇訪談中，前四篇是國史館、交大亞太研究室，以及《思想》編委會，針對黑名單經驗、保釣與海外左翼，以及保釣、兩岸與理想主義等主題，所進行的訪談；第五篇是由孝信先生與妻女的對話謄寫而成，這是他離世前最後一次的思想整理與記述，論題涉及了意識型態、科學革命以及第三世界再啟蒙。對談則是在二〇〇八年五月二十日，由臺北市立教育大學社會科教育研究所的李淑珍老師，為其「當代臺灣文化史研究」課程所安排的，由孝信先生及《科學月刊》暨保釣戰友劉源俊校長，對談「《科學月刊》的世代」。由於這場對談時間早於其他的訪談，並且促成了兩位老友相聚以及兩年後《科學月刊》四十的系列活動，因此一併收錄，並列為首章。

因為生產脈絡不盡相同，這五篇訪談與一篇對談涉及的內容雖有重複，但仍存在差異。為求保留原來訪談脈絡之完整，我們決定除了校訂文字錯誤，統一格式外，以原汁原味的方式重刊這些文字，這樣讀者或許更能在特定的脈絡中體會老林的故事與表述。歐素瑛與林正慧所記錄之〈走過黑名單：林孝信先生的生平與志業〉應是最為完整的一篇，從家庭背景、求學歷程、創辦《科學月刊》、參與保釣運動、發起台灣民主運動支援會、黑名單經驗，到返臺創辦社區大學、推動通識教育與釣魚台公民教育計畫，皆有論及，大體提供了孝信先生生平與志業的概覽，也為「黑名單」的歷史經驗提供了不同於海外臺獨論述的一個側面。陳光興與林麗雲所記錄的〈一生釣運、普及教育的苦行僧〉以及林麗雲、陳瑞樺和蘇淑芬所記錄的〈保釣與海外左翼運動〉，雖然是為了不同理由所做的訪談，但大致可以說是同一個計畫（「臺灣戰後左翼思想口述計畫」）的兩個側面。前一篇關注保釣運動與海外左翼的關聯，後一篇聚焦在孝信先生的左翼轉向以及海外運動的不同組織與刊物。這兩篇訪談讓當年「台灣民主運動支援會」的工作有更好的展現與紀錄，也凸顯了釣運左轉後，海外知識分子們面對島內外大局的變化，不同的心路歷程與思想脈絡；同時，它們也為七〇年代海外左翼與八〇年代島內黨外民主運動及後來社會運動發展的關聯，提供了許多重要的提示。王智明、錢永祥與陳宜中所記錄的〈保釣、兩岸與理想主義〉則側重在二〇一二年中日保釣爭議再起的脈絡下，孝信先生對兩岸共同保釣的主張、兩岸社會與青年的觀察，以及左翼與社會運動的思考；他對理想主義的闡發與對大陸的觀察尤其值得注意。與前述訪談不同，陳美霞與林嘉黎所記錄的〈意識型態與第三世界再啟蒙：林孝信病中談話〉，原是孝信先生臨終前對自身思想的整理，而非在一個設定框架中的訪問，是故本文可視為孝信先生的思想自述。從東方主義與新自由主義這兩種意識型態出發，他梳理科學啟蒙、革命話語以及第三世界復甦的關聯，並旁及實證科學的發展與公民社會的討論。在這篇自述中，我們可以更清楚地看到科學家老林的身影，以及他貫穿了科學教育與通識教育、科學啟蒙與社會思想的批判思路。

五篇側記分別由林麗雲、王智明、吳永毅、鍾秀梅和陳美霞執筆。前兩篇是訪談者對孝信先生的印象速寫與感想，當時與訪談內容一併刊出，是對訪談的補述。林麗雲捕捉到孝信先生「堅毅、不懈的擺渡人」形象，不論是幫人買書、籌辦社區大學、通識教育或是保釣運動，都是育化他人的實踐；王智明則從他與孝信先生的工作經驗出發，追憶與反思其態度、風範與行事風格，於當前臺灣的意義，並強調他一生的努力，就像是土星的光環一般，用自身去聚積與夯實改造社會的理想主義碎片。吳永毅的文章是為了孝信先生的追思會而寫的，透過殘存的家庭影像去追憶八〇年代的孝信先生，也藉此為台灣民主運動支援會的相關工作，例如士林書店與民主臺灣夏令營，留下重要的情感記憶。同時，他對孝信先生作為「上位串聯者、資源整合者和戰略導師」，但「身邊卻沒有一個意識型態一致、長期集體生活的核心工作隊伍」的評價，也在弔念之餘，平添了些許的唏噓與遺憾。最後兩篇則聚焦在孝信先生同樣關心與投入的社區大學運動，補充了訪談中較少提到的這個側面。從推動「農村型社大」的經驗中，鍾秀梅憶及孝信先生的參與，尤其在緊急時刻對楊儒門事件所伸出的援手，表現出一種理想主義者的胸懷。陳美霞則回顧了孝信先生參與社大這個集體事業的經過和貢獻——包括理論建設、運動策略與對話合作——並反思其「淡出」對於社大運動的影響與意義。在陳美霞看來，孝信先生的「淡出」正反映出集體事業「公共化」之不足，以及多方力量想要介入社大事業而造成的擠壓，乃至理想的失守。

從側面描繪孝信先生的行止，這五篇文章拉出了一個批判與懷念的距離，呈現了一個更為立體、具有厚度與溫度的老林。它們也具體而微地記錄了孝信先生如精衛填海、愚公移山的實踐精神及其對後輩的影響與啟發。不論是擺渡人、土星光環、戰略導師或是理想主義者，這些評價共同捕捉的是孝信先生身體力行的行事風格——不是為了自己，而是為了讓社會共有一份改造的理想。

實踐：《科學月刊》、保釣與第三世界

這五篇訪談，加上對談，突出了孝信先生一生志業與思想的幾個方向，其中保釣運動可以說是扮演了他人生轉折與樞紐的關鍵。這不僅是因為他對保釣事業投入之深，而被迫放棄學業、列入黑名單，更是因為保釣運動代表與喚發的理想主義精神，一直是孝信先生力求實踐的道路。從參與一九六三年的青年自覺運動受到啟發，到克勤克儉、群策群力地創辦《科學月刊》，孝信先生一直關心的是如何透過實際的作為，而非高蹈的口號或主義，將所學貢獻社會與國家，並在實踐的過程中集結同志、擴大參與，形成一個集體的，而非個人的事業。誠如他在《科學月刊》創刊號的代發刊詞上所題：「這是你的雜誌，不是我們的雜誌。」刊物與運動（事實上，刊物即運動）的目的，是讓社會共有，是為了改變社會與創造社會。保釣運動為這條實踐的思路添上了愛鄉保土的愛國主義色彩，也從而打開了長期內蘊於臺灣社會的潘朵拉盒子。但是孝信先生不為路線的分裂所動搖，反而在分裂的波折中逐漸形成自己的社會主義世界觀，以及所謂「第三條路線」的行動綱領——期待超越統獨立場，支持公義的社會改造行動，能讓臺灣從戒嚴走向民主與解放。而七〇年代台灣民主運動支援會的啟動，恰恰代表了「第三條路線」的素樸實踐與邊緣戰鬥。如他所說：「比統獨更重要的是對臺灣社會的關心……支持

臺灣為正義的鬥爭、受壓迫的鬥爭，這是不論哪個立場都要去支持的。」誠然，透過台灣民主運動支援會的運作，孝信先生不僅找到了一個從海外介入臺灣社會的方法，營救陳明忠先生、支持黨外民主運動、培訓組織幹部，透過各種的連繫與活動（尤其是夏令營），他也將芝加哥變成了串聯海外左翼的樞紐。這種以自身為橋梁的實踐，讓孝信先生成為左右統獨共同敬重的前輩與諍友。或許彼此最終的立場並不一致，但他廣納百川、不拘一格、誠懇做事的胸襟與氣度，不只贏得了尊敬，也為臺灣社會保留了一個不為私利、只問公益的典範。或許，正是為了實踐這種務實的、帶有現實感的理想主義，敦促他從北美回到了臺灣，拋開光環，開創社區大學、推動通識教育以及釣魚台公民教育計畫。從《科學月刊》、保釣運動而通識教育，雖然跨度很大，但每個項目都是改造社會、創造社會的具體實踐，他一以貫之，毫無虛偽與違和，並且奮鬥不休。

保釣的另一個關鍵作用是思想性的。這包括了對中國現代史的重新認識，即劉大任所謂的「走出神話國」，對美國帝國主義與資本主義的批判，以及對第三世界國家（包括中國大陸）的同情理解。最後這一點尤其重要。在〈意識型態與第三世界再啟蒙：林孝信病中談話〉裡，孝信先生明白地指出了一個根本、卻常遭忽略的問題：即雖然第三世界的相關論述已有不少，但是我們鮮少能夠從第三世界的歷史中解釋第三世界，因為以科學與民主為主軸的啟蒙思想主要還是西方的內容，第三世界自己的啟蒙，除卻科學與民主，還可以是什麼？換句話說，如果所謂的「進步」與「現代」，是以西方為尺規來理解的物質進步以及科技和制度的現代化，那麼在科技破壞與民主蒙塵的當代，第三世界的發展能不同時對西方啟蒙的內容與精神發出質疑、提出挑戰嗎？我們能夠不去質疑那些被意識型態化的公民社會與革命話語嗎？孝信先生想要改造社會、解放知識的熱情，並沒有蒙蔽了科學的冷眼；相反地，恰恰是他冷靜而深刻的科學之眼，不斷提醒我們要從各種教條中解放出來——不論是左翼、右翼，還是科學主義的。對孝信先生來說，重要的是保有實事求是的科學精神，而不是一頭熱、一窩蜂的主義狂熱。這也是他提煉自保釣運動的深刻反思。

在這個意義上，「第三世界」之於孝信先生並不是一個空泛的地理與政治概念，而是一個關懷的視角與實踐的場域。他在〈保釣歷史的淵源跟對海峽兩岸的社會意義〉中指出，保釣運動的精神資產包括了理想主義、熱情、歷史觀與國際觀，而提倡歷史觀與國際觀正是希望臺灣社會將釣魚台的問題、臺灣的問題放在歷史與國際變動的格局中理解，從而化解內部的政治鬥爭與社會冷漠，理解到釣魚台問題也罷、臺灣問題也罷，都是帝國主義歷史所造成的，而保釣運動的歷史意義恰恰應該從促進兩岸了解與互動、打開第三世界視野這個角度來掌握。尤其重要的是，第三世界本身代表著一種素樸的正義感，一種反對不公不義的執著，以及對公義與平等理想的追求。這或許是為什麼，即令中國大陸改革開放之後的發展不盡如意，孝信先生仍然對之抱以敬意與期待，因為中國的崛起並不意味著資本主義的勝利與歷史終結的到來，而是象徵了第三世界的崛起，召喚著另一個世界橫空出世的可能，以及對一個更為民主與平等的國際關係的期盼。我們衷心盼望中國大陸不會讓孝信先生失望。

從第三條路線到另一個世界，我們大概可以體會到孝信先生對科學救國與社會改造的殷殷企望。但或許我們也不能不反思這些理想的現實性，這包括了對第三條路線行動方針的檢討，以及對另一個世界想像的檢測。前者意味對七〇年代以來的黨外民主路線至民進黨主政的歷史反省，後者則指向了非資本主義全球社會與中國崛起意義的討論。就前者而言，這些年來，第三條路線的實踐是否足以彌合保釣運動以及島內政治的左右統獨分裂？在藍綠統獨的雙重分裂政治格局以及中國大陸的政軍威嚇中，社運與左翼的集結最終能不能迴避政治議題，如何對臺灣政局的變化提出反省與批判？一個堅守臺灣的左翼立場如何回應大陸的變化，並且介入和改造臺灣日漸民粹化、極端化、惡劣化以及反民主的政治情勢？在堅持社運改造、知識解放、左翼連線之外，第三條路線對兩岸勢力消長的現實有何主張，又如何對當前港臺青年的情感政治有所回應？就後者而言，以中國為先鋒的另一個世界想像，除了平等與公義，還會有什麼內容？中國大陸當前的種種變化，不管正面、負面，又該如何評價？或許對於臺灣社會來說，更為迫切的是，在這樣一個新世界、新時代中，臺灣將處於什麼位置？當中國成為世界的時候，臺灣又將意味著什麼呢？作為胸懷第三世界、腳踏臺灣的左翼，如果這個標籤還有意義的話，我們又能夠為這個新世界的到來做出什麼貢獻與奉獻呢？

提出這些問題，當然不是要苛責孝信先生，冷峻地擺出一副世界已然不同的抵抗姿態，而是誠懇地希望，在景仰與緬懷之外，我們能像孝信先生一樣，認真看待歷史與國際，務實地面對理想與現實。同時，藉著揣想孝信先生會如何回應這樣的挑戰，去思考與摸索前進的道路何在？批判行動的條件如何？理想的內容又是什麼？當然，我們最最希望的是孝信先生沒有離開，仍然帶領著我們。但是誠如他對《科學月刊》的理解，社會改造的事業不是他的，是所有人的。每一個人都有責任與義務去參與、實踐與改變。這或許是編輯本書最終的意義：孝信先生雖然走了，但理想仍在召喚，希望還要燃燒；對於現下的處境與未來的可能，每個人都該負起一份自己的責任。

這本書的完成要感謝許多人的支持與參與：首先是訪談者與作者們同意我們收錄集結這些訪談與側記；李淑珍老師慷慨提供對談的錄音檔，劉源俊校長仔細校閱、核實人名，尤其令人感動。釣魚台教育協會的助理，陳崇真和張育銘，也在編輯過程中提供了許多的協助，特別是謄打第六章的逐字稿，為孝信先生的思想自述留下了重要的材料。書末，孝信先生的生平簡表與著作目錄由黃意函女士製作；查找出處、比對文字，花了很大的工夫，為本書增加不少學術價值，釣魚台教育協會的崇真和小倩確認文章出處，也幫忙許多，在此特別感謝。本書的最後校訂，助理曾嘉琦亦功不可沒。最後，感謝陳美霞老師、錢永祥老師、劉沅大哥的支持、信任與贈序。在孝信先生逝世四週年之際，我們希望本書的出版，可以安慰他的在天之靈，也為這個嘈雜紛亂的島嶼帶來一點安靜而堅定的力量。

【輯一】 對談

第一章

《科學月刊》的世代：林孝信與劉源俊對談

劉源俊、林孝信、李淑珍

時間：2008 年 5 月 20 日
地點：臺北市立教育大學勤樸樓五樓 C515 教室

編者說明

李淑珍老師於臺北市立教育大學社會科教育研究所開設「當代臺灣文化史研究」課程，內有一單元為「七〇年代——保釣：民族主義與左翼運動」。為豐富該課程內容，二〇〇七年邀請劉源俊校長到課堂分享保釣見聞，又於次年（二〇〇八年）邀請劉源俊與林孝信兩位教授來校對談，綜論《科學月刊》世代的崛起，及他們獻身文化、政治、社會改革的奮鬥歷程，本書所收錄者即為此次的對談內容。

林孝信、劉源俊原為莫逆之交，卻因保釣立場分歧而失聯多年。此場對談，促成了兩位老友再度聚首。林孝信後來對李淑珍表示，他在二〇一〇年號召上百位頂尖科學家舉辦系列演講，並舉辦「理想・啟蒙・奉獻——《科學月刊》在臺灣」學術研討會，以紀念《科學月刊》創刊四十年，其契機亦始於這場對談。

＊＊＊

李淑珍（以下簡稱「李」）　林教授、劉校長，各位同學大家好。歡迎大家今天早上來參加這場座談。我自己對這場座談充滿了期待，因為這兩位講者，雖然活力非常旺盛，但就我的感覺，已是「歷史人物」了。我研究臺灣文化史，而他們兩位在臺灣文化史上的地位，幾乎已經確定了。所以我說他們是「歷史人物」。

這場對談，原先是安排在「當代臺灣文化史研究」這堂課裡的，所以我先說明一下為什麼要安排這場對談，以及我們要用什麼樣的角度，在什麼樣的脈絡裡去理解這場對談的意義。如果我們從臺灣文化史來看「《科學月刊》的世代」的話，又會有什麼樣的意義？《科學月刊》是一份歷史非常悠久的科普刊物，出版至今將屆滿四十年。一個刊物能夠維持這麼久一段時間，是件非常不容易的事。而且它不只是一份刊物，更代表了一群人，而那群人是那個世代的菁英，背後有許多精彩的故事。

林教授跟劉校長所屬的那個世代，可以稱為「《科學月刊》的世代」。在臺灣文化史上，這個世代的重要性可以比附日治時代的臺灣文化協會。當時《科學月刊》結集了一批知識分子，他們都是戰後臺灣所培養出來的第一代公共知識分子。這群人在七〇年代想要普及科學教育，創辦了《科學月刊》。但因緣際會，他們許多人又紛紛投入海外的保釣運動。儘管作為政治運動的保釣，最後功敗垂成，但是他們在八〇、九〇年代轉而從事教育改革，乃至於社會改革。其中，林孝信教授以及劉源俊教授，也就是我們學校的前任校長，都是當中的佼佼者。

林教授是《科學月刊》的創辦人，也長期擔任中華民國通識教育學會的理事，並創辦了新竹青草湖社區大學，他現在在弘光科技大學通識中心擔任教授。劉源俊校長是當年《科學月刊》的共同發起人，也歷經社長以及數任的總編輯職務，並擔任了東吳大學以及臺北市立教育大學的校長，現在回到東吳大學專任物理系的教授。尤其林教授投入社會改革的精神，可以說是一個標準的苦行僧，就像墨子一樣，摩頂放踵，以利天下，是一位真正的人格者，令我非常感佩。劉校長從哥倫比亞大學拿到物理學博士後就回到臺灣，立志到需要他的地方去服務。一路下來，以菩薩心腸去奉獻、去付出。我相信這兩位先行者對我們這一代的年輕人會有很大的啟示。今天是五月二十日，在四十五年前的今天，一群臺大的學生發起了青年自覺運動，這個運動正是啟發《科學月刊》一代青年的火花。現在我們就請兩位開始，針對提綱上所提的問題，談談他們的經驗和想法。

青年自覺運動：

從《新希望》到《科學月刊》

林孝信（以下簡稱「林」）　非常感謝您的邀請。在現在這個時代，還有李教授跟各位同學對這樣的問題有興趣，讓我覺得非常感動。讓我從個人的經驗談起。的確，《科學月刊》是有一點特殊，因為它有兩個重要的背景。其一是，我們在大學的時候就已經辦過兩本刊物：一是《中學生科學週刊》，二是臺大的《時空》雜誌。這兩份刊物跟《科學月刊》有直接關係。另一個背景比較跟政治層面有關的，就是淑珍剛才提到的「青年自覺運動」。

四十五年前的五月二十日是青年自覺運動開始的日子。當時有一個美國人（狄仁華）來臺灣學中文，他離開的時候，就在當時的《中央日報》副刊上寫了一篇稿子，叫作〈人情味與公德心〉，談談他對臺灣社會的感想。他說，臺灣人一般很有人情味，可是缺乏公德心。這篇文章發表後，刺激了當時的一些大學生，當時很多人，尤其是大學生，覺得被人家這樣批評，臉上掛不住，因此認為國民應該有自覺，所以就發起了「自覺運動」。在當時的時代背景下，「自

《科學月刊》書影

覺運動」確實是引起很多人的思索，因此才出現了一份刊物，叫作《新希望》。

《新希望》集結了一些比較有熱誠、理想的人。除了臺大學生以外，還有一個校際的聯合。當時，搞校際聯合事實上是很特別的啦！因為在當時，那是很不容易的事。主要的原因是，六〇年代初期，也就是民國六十三年，當時開啟了中西文化論戰的刊物，如《文星》，都已經停刊了，中西文化論戰也算過去了。所以年輕人在思想上算是一片的空白。但即令思想上空白，年輕人還是有一種熱忱，有一種理想，在內心裡流動，可是找不到任何的出口。因此自覺運動在這樣的狀況下發生，可以說是年輕人找到的一個出口。

當時我和劉源俊都是大學生，臺大物理系的同學。那時臺大物理系還有一位也是我的高中同學，叫劉容生。我和劉容生在建中的時候就是同班同學。他是一個很有領導能力，也能說善寫的年輕人。他也是當時《建中青年》的總編輯，在建中的時候就已經嶄露頭角，也對政治比較敏感。我個人本來對政治沒有興趣，而是對科學有興趣，我從小就希望以後成為一個科學家。可是劉容生對政治這種事很敏感，他看到了這個事件，就覺得說可以從這個事件中發展出一些事情。於是，在這個特殊的時機，劉容生就跳出來辦了《新希望》雜誌，希望透過雜誌，出版文章，改變這個社會的風氣。所以，《新希望》揪集了一批人，包括劉源俊，都是物理系的同學。

劉源俊（以下簡稱「劉」）　我是跟班的。（笑）

林　我那時候也算是跟班啦！因為跟劉容生從高中到大學都是同學，所以當然就會支持和參與，去充充人數。但那時候可是匯集了相當一批青年才俊，包括後來臺灣文化界也很有名的高信疆；後來參加民進黨，本來也參加《夏潮》雜誌的王拓；以及王杏慶，也就是現在的文化政治評論家南方朔，還有現在的文建會主委黃碧端，都是當年一起參與《新希望》的夥伴。差不多那個年代，你可以想到比較有熱忱、有理想的年輕人都來了，因為大家都很苦悶，而這個刊物把大眾聚集起來。所以這是一個青年的自覺運動。

《新希望》出了幾期，前四期都是報紙型的，然後從第五期、第六期就想改型為雜誌。他們找了後來參加黨外運動的鄧維楨。鄧維楨在八〇年代辦了《政治家》雜誌，那是在美麗島事件之後一個滿重要的黨外雜誌。當然，會找鄧維楨是因為他更早就創辦了另外一份，其實跟

《科學月刊》差不多同時出現的雜誌：《大學雜誌》。這份刊物對臺灣的影響更直接、更深遠。

在七〇年代初期，《大學雜誌》也是一個匯集所有知識分子的陣地。《大學雜誌》就是鄧維楨創辦的。當時，劉容生的《新希望》辦了四期，他覺得《新希望》要超越過前面四期這種比較熱忱、赴義的型態，要把它昇華，所以就找上鄧維楨，邀請鄧維楨主辦《新希望》。鄧維楨恰巧是我在臺大宿舍的同寢室友，所以因為這種種的因緣巧合，他們在辦《新希望》的時候我也跟上了他們，而開始了政治參與。像我或劉源俊，我們基本上都是對政治沒有什麼興趣的人，我們還是對科學，或是教育比較有興趣。所以後來我們的走向，像是辦《中學生科學週刊》和《時空》，以及後來到美國辦《科學月刊》，還是比較科普教育的走向。但也因為這些因緣，在某種意義下算是繼承了五四運動所講的德先生與賽先生。所以說自覺運動算是比較屬於社會革新這個方面。但《科學月刊》、《中學生科學週刊》則屬於善盡社會教育之責。雖然當初做了一番努力，但還是有太多不足的地方，等一下可以補充。我就先談到這裡。

劉　剛剛林孝信已經大概介紹當時的背景，我這裡有一些可以補充。對於李老師稱為「《科學月刊》的世代」的這一群人，當年的背景。我們是一九六二年進大學的。在那之前發生什麼事情？一九五七年十月，蘇俄首次發射人造衛星，那時候我們正在讀初二，同年的十月，李政道、楊振寧獲得諾貝爾物理學獎，對我們這一代的影響很大，很多人就立志讀物理。也就是一九六一年，美國開始打越戰，進行圍堵蘇俄與中共的政策。一九六二年我們進臺大的時候，那時候理科抬頭，因此物理系、物理科成為甲組最熱門的科系。一九六三年五月二十日，陳鎮國跟劉容生在臺大發起青年自覺運動。到了一九六三年九月，大約是九月，劉容生發起「新希望社」，出版了《新希望》。

然後一九六四年六月二十九日，那時候我們讀二年級下學期，同班同學林孝信在臺大物理系發起了「時空社」。那時臺大物理系的校友畢業後都不知跑哪裡去了，我們的師資非常缺乏，辦時空社是希望可以連繫系友。後來時空社改名為臺大物理學會，出版《時空》，莫名其妙就把我套上去，要我做這個臺大物理學會首任的總幹事。我大三的時候編了二期《時空》，開始跟雜誌扯上關係，但這是林孝信他們發起的。後來到了一九六五年三月十五日，三年級的下學期剛開始，林孝信又發起，要為《臺灣新生報》辦《中學生科學週刊》，五月二日出第一期。我們這一代的大學生，到了大三的暑假就到成功嶺去受軍訓。七月要去成功嶺，五月才開始創刊！這個《中學生科學週刊》每週出刊一次，有報紙半版這麼大。我們大概邀集了一百多位同學，就這樣連續出了一年多，將近兩年，直到大學畢業服役時。這就是《中學生科學週刊》的經過。

一九六五年越戰升高，一九六六年美軍在越南人數達到四十二萬人，一九六六年的八月中共中央正式發動「文化大革命」；在我們這裡，一九六七年七月二十八日則開始推動中華文化復興運動。到一九六七年九月，新希望社以及《中學生科學週刊》的很多成員服役完畢，到美國去留學。在美國留學，接觸美國的學生運動，接觸香港的左傾學生，也接觸到臺獨運動，感受到極大的震撼。一九六八年春天我們在美國讀研究所一年級，正好遇到美國最大規模的學潮，我們也都看到了。一九六九的三月，林孝信和我，一共十一個人在美國發起在臺灣辦《科學月刊》，當時我們在讀研究所三年級。隔年，一九七〇年一月《科學月刊》在臺灣創刊，文章都是我們在美國收集好寄回臺灣印的，以後每個月做這個事情。

到了一九七一年的十月，留美學生發起了「保衛釣魚台運動」。很多《科學月刊》的朋友就捲到了這運動裡。這時候，《科學月刊》在美國的聯絡網開始出現困難，於是重心逐漸搬到臺灣來做，一直出刊至今──經過三十八年還未停刊。這大概就是我們這一代人的歷史背景。

所以簡單地講，我們這一群人在讀中學的時候，就看到蘇聯發射衛星、美國發展科學、大陸實行「大躍進」、「人民公社」。當時，中華民國在聯合國還有代表權；而政府還準備要反攻大陸。華裔的物理學家獲得諾貝爾獎。我們讀大學的時候，碰到美蘇爭霸、越戰。那時臺灣剛要發展經濟，物理成為第一志願，數學跟物理翻版書滿街都是，大家都買了很多書。同時，赴美留學的風氣很盛，而學生發起青年自覺運動。到我們大學畢業的時候，大家申請留美，都是得到美國的獎學金才到美國留學。大陸開始文化大革命，美國反戰運動導致社會劇變。接著，美國開始改變政策，開始要與中共交往，臺灣因而被邊緣化，最終失去了在聯合國的席位。同時，日本軍國主義復甦，美國物理博士過剩，種種這些過程我們都碰到，在這個年代。在這樣的背景裡面，出現了《科學月刊》，發生了保釣運動。

至於我們這一代人的理想，大概可以在林孝信身上看到。林孝信發起《時空》，然後找我來辦。我從來對編雜誌一點經驗也沒有──他們在建中很多經驗，我則是一張白紙──但也硬著頭皮就編了，沒想很多。譬如說，我在《時空》第二期的編輯報告裡就說，我認為畢業的同學應該抱有在國外取得相當學識或地位後，回母系效力的決心和理想；待遇、環境都屬於次要，一件有意義的事情是不能以物質來衡量的。第三期就寫了：盲目學習外國的時代已經過去了，我們必須建立自己的一套，不然我們會永遠趕不上外國的，必須有一些肯犧牲的人來做這件事。但是我問：在國外做一個無言的研究員有意義，還是回自己的國家共商百年大計有意義？到了第四期我寫：我們有數不清的事要做，我們的肩上放著重責大任，是「中國物理學家的責任」。當時我們的觀念是：不講臺灣，而說中國——大陸已經被共產黨破壞，那不是中國的，是共產黨的事；我們說中國在臺灣，是這樣的，聯合國的席位，也是中華民國的席位。這裡寫的「中國物理學家」，講的是代表整個中國，要研究學術，要協助工業建設，要教育英才，要增進民智。我們已經站在物理的崗位上，讓我們來負起物理學家的責任，也讓其他的科學家各自站在他們的崗位上，負起他們的責任。

林　中學時，我們對科學的興趣濃厚，但在臺灣找不到什麼書讀。因為那時候一直讀不到新的東西，所以對知識有很大的飢渴感。當時，除了教科書之外，最主要的就是升學參考書嘛！課外的科普讀物非常少。我在宜蘭念小學和初中，宜蘭圖書館都沒有這類的書籍，後來到建中念書的時候，才有些書可讀，但也不是很多。在中央圖書館書裡，我只看到二套吸引我的。一套是王雲五[1]在大陸的時候編的科學叢書，是商務印書館出版。另一套是張其昀[2]編的國民基本知識叢書，其中幾本跟科學有關，像是我們現在的科普讀物那樣。當時這些書讀得津津有味，學到了數學裡初數和對數之類的概念。到了高三才開始讀一些英文書籍。當然數學就只有二本，一個是微積分，一個是大學微積分。

進大學後才開始讀原文書。從這些原文書裡頭，看到很多的科學知識，是以前渴望卻找不到，所以後來才想要把這些都翻譯出來。但是只是翻譯一本數學書，翻譯出來也沒有人看，也沒有出版社願意出這書，因為那是很難的東西。所以後來才會辦《中學生科學週刊》和《科學月刊》。這是對當時背景的一點補充。

劉　當時是這樣。在美國創辦《科學月刊》的時候，林孝信在發刊辭上寫著：我們的動機很簡單，希望腳踏實地去做點事，以代替留學生常有的空談。當時到美國去，看到一般大家都是談

1　王雲五（一八八八年七月九日—一九七九年八月十四日），原名之瑞，字雲五。籍貫廣東香山，生於上海。在一九二〇年代至一九三〇年代主理商務印書館；一九二一年，經胡適推薦，出任商務印書館編譯所長，後任總經理。王雲五主理商務期間，出版多種詞典、百科全書及叢書，以「教育普及」和「學術獨立」為方針，對中國的知識傳播有舉足輕重的作用。王亦熱心研究中文字檢索方法及圖書館檢書辦法，四角號碼檢字法即王雲五的發明，並以此法編印《王雲五大辭典》，出版《萬有文庫》。王雲五亦以科學管理方法改革商務，大量增加出版量。商務印書館上海總館及東方圖書館在一二八事變中被焚燬，損失至巨。

2　一九四九年國民政府遷臺之初，百廢待舉。有感於此，張其昀於一九五二年創社中華文化事業委員會，並聯絡海內外學人，擔任著述，或從事翻譯，出版現代國民基本知識叢書。叢書內容廣泛涉及各類學科，主題羅列：革命、經學、哲學、宗教、歷史、文化、傳記、地理、地圖、自然科學、社會科學、應用科學、軍事與敵情、文學與藝術。共計三百八十八種，六百二十冊。

政治，空談如何統一、如何臺獨，吵得不得了；林孝信說：不要空談，大家政治意見不同沒有關係，共同來做一件有意義的事，來辦《科學月刊》。我們果然做到了，硬是把這些不同政治立場的人結合在一起，少說也有上百人。回臺灣辦《科學月刊》，做點有意義的事，不要空談政治。但是開始不久後，臺灣的政治運動一來，就把這個給打散了，這是想不到的事情。

「我們要辦《科學月刊》，不僅要做學生良好的課外讀物，也要成為一項有效的社會公器，不但要普及科學、介紹新知，並且要啟發民智、培養科學的態度，為健全理想的社會奠定基礎。」當時是這樣講的。林孝信沒有時間寫文章，我就幫他寫文章鼓吹，把我們的理想在美國紐約的雜誌《聯合季刊》上刊出來。當時我的題目是〈路是人走出來的〉，就是把林孝信怎樣發起出版《科學月刊》，怎樣到處奔走去準備的情況去介紹一下。那事實上還是他的意思。大意是說：假如在做學生的時候，就把責任交給明天，那永遠做不出事情！還有：要辦雜誌，一定要賠本，賠本是精神；這份雜誌要印得好，但絕不是營利的。我們當時還有一句話，就是：我們就是要「又要馬兒跑，又要馬兒不吃草」。講得非常明確，所以一定要賠本。賠本，這雜誌怎麼辦？就要發起捐款。在美國那麼多的留學生，應該要回饋！所以用捐款來做運動，是應當的。不過，這個理想後來也做一些修正。

在開始的時候異軍突起，有迴響。例如，林孝信到紐約去找我，說，到哥倫比亞大學一定要我帶他去拜訪李政道。我說天哪！李政道？我從來都怕跟他講話。我只好陪他一起進李政道辦公室。李政道也許見過我，但他也不知道我是何許人，至於林孝信他根本不認得。林孝信一見李政道，就跟他說在臺灣應該要辦個《科學月刊》；他就一直說，李政道被他磨到最後，拿出一個支票簿來，簽了五十塊美金，把我們打發走了。

當時我們就是這麼辦的，當然也辦成了這件事，到現在連續出版了三十幾年。主要的動力來自哪裡？以復興中華為前提的民族主義、強烈的社會責任感、認識到科學的美好等——因為我們都跟科學有關，而科學的確美好，所以我們才會想要把它普及。還有，我們對政府的作為也是不信任的，對前輩學長不回臺服務的選擇高度不滿。當然我們也是受到《論語》、《孟子》，以及孫中山的《三民主義》的影響。林孝信到處鼓吹、奔走辦科學，其實就是孫中山精神的感召，這也是他自己的看法。孫中山先生在文章中寫：「吾心信其可行，則移山填海之難，終有成功之日。」我們也是這樣子的。

日本軍國主義

林 我建議我們這一部分暫時到此。如果大家對這個部分有什麼問題，我們就先開始對話。這樣好嗎？

現場提問（男聲） 最近日本首相安倍晉三出版了《邁向美麗之國》。在書裡，他很感嘆道：日本的民族主義中，受到美軍占領的影響，一直沒辦法起來。而兩位剛剛提到，在美國那段時間，感到面臨日本軍國主義的復甦。請問是一個怎麼樣的情況，讓海外的中國人感覺到日本的軍國主義？

林　好，我就保釣這部分繼續來談一下。我先針對你的問題回覆，也許等一下再反過來介紹保釣。日本軍國主義的興起，我相信一開始大家也不了解，是因為保釣運動的出現，而開始對中國現代史有所反省。臺灣的漁船，一、兩百年來，從來都是在釣魚台附近捕魚，從來都沒有發生什麼事情，不論是在《馬關條約》之前，或是在《馬關條約》之後。割讓時，釣魚台是算作臺灣的一部分一起被割讓給日本，所以過去臺灣漁民在釣魚台捕魚一直沒有遇到問題。但到了一九七〇年的暑假，問題開始出現。日本軍艦開始在釣魚台海面驅離臺灣漁民。必須說明的是，釣魚台列嶼離臺灣的距離，要比琉球離釣魚台的距離來得近；比起日本本土就更不要說了。再者，因為洋流的緣故，釣魚台恰巧是黑潮與太平洋暖流交會的地方，形成了很豐富的漁場。所以一、兩百年來釣魚台海面就成為臺灣漁民天然的漁場。但一九七〇年的暑假，日本卻開始主張釣魚島屬於日本，並以軍艦驅逐我國漁民。漁民回來後就跟媒體和民意代表申訴，報紙也開始報導。青年黨或者民社黨的黨員，也出來講一些話，開始在一些他們自己辦的刊物上發言。這就引起了海外留學生的注意，而有了對日本軍國主義復甦的感受。

在我們看來，軍國主義的興起與商品大量生產、與市場的擴張是息息相關的。因為工業革命以降，商品生產多少，大概不太成問題。科技發展後更是如此。也就是說，工業革命基本上克服了商品大量生產的困難。隨著科技不斷成長，生產的效率越來越高，機器越做越大，技術越來越改進，所釋放的能量越來越大。這時候就碰到一個問題，大量商品生產出來之後要怎麼賣掉？事實上，這就是一、兩百年來整個人類的歷史發展最主要的一個動力。我們可以說十九世紀，歐洲國家到世界各地爭奪殖民地，最主要的目的就是要把它們的商品賣出去；或者是為了獲取商品生產所需的原料。這個發展，到了二十世紀，就造成了第二次世界大戰。但是，即令有了第二次世界大戰這麼大的傷亡，在隨後的冷戰、科技戰，商品銷售仍然是核心的問題。

也是在這樣的背景下，日本在明治維新西化、資本主義工業化之後，也要擴大市場，也要去征服其他地方，建立殖民地，於是向西它進入大陸，向南就到臺灣，這是很自然的道理。當然第二次世界大戰的結果是日本戰敗，但因為種種的因素，到了五〇年代末期，日本的經濟就迅速地復甦了。到了七〇年代以後，日本的經濟開始高速成長，逐漸變成世界第三大的經濟體，它的汽車產業甚至可以擊敗美國，而汽車工業向來被認為是美國極為重要的經濟支柱。經濟增長後，就面臨如何擴大市場的問題，就會面臨和平或戰爭的選擇，明治維新也是一樣的道理。資本主義是一個最根本的力量。它要擴充的話，一定要在比較後進的地區發展，搶占市場；比較後進的國家要與現有的資本土義國家競爭，就要去攻進市場，這是仰攻，比較費力。在這種狀況下，後進的資本主義國家通常是要借助國家的力量。這樣就很容易產生軍國主義。所以日本的軍國主義，我覺得是在那樣的狀況下自然生成的。

對日本軍國主義的制衡，在亞洲的力量主要是中共。但這個力量始終是屬於資本主義興起後，各方力量經濟復甦的互動結果。這個道理我們一開始都不懂，而是在參加保釣運動以後才慢慢明白的。我自己因為參加保釣運動，被國民黨放上了黑名單，護照也被吊銷，不能完成學位，沒事情幹，就一天到晚在大學圖書館裡讀書，才漸漸搞清楚這些道理。坦白講，我從小只想當科學家，後來卻走上一條很不同的道路，這是從小完全沒有想到過的道路，這可以說是保釣運動分泌出來的，也是因為《科學月刊》的關係。如果沒有辦《科學月刊》，我也不會聯絡那麼多人。因為《科學月刊》在當時的保釣運動中承擔了連繫的作用，也因為這層關係，我參加了保釣運動。

劉　林孝信在芝加哥搞保釣，後來有人打擊他，並以異樣的眼光看待《科學月刊》，甚至懷疑林孝信辦《科學月刊》的動機——背後是不是有什麼人支持？所以在《科學月刊》創刊一年後——我回到臺灣才知道，因為保釣的關係，有關單位曾致函所有的中學，要求不得訂閱《科學月刊》，認為它是中共統戰的一環。遇到這種情況，林孝信就更憤怒，更要跟政府作對，因此上黑名單，被吊銷護照，成為在美國很黑的黑戶。這就是當年的林孝信。

海外保釣運動

林　至於海外保釣運動，如果沒有《科學月刊》的話，我想不會太成功，因為《科學月刊》當時在海外留學生群體中建立了龐大的聯絡網以及彼此的信任感。保釣訊息的傳遞，《科學月刊》的聯絡網扮演了重要的角色，也建立起大家互相支援的信任感。這對社會運動而言是很重要的。運動最令人擔心的一件事，就是彼此缺乏信任，彼此互相懷疑對方是否來這裡爭名奪利，而造成了派系。這對運動來說，往往是一個致命傷。在這方面，《科學月刊》起了比較大的作用，可以說是因為《科學月刊》，大家才比較有互相的信任基礎，並在這個基礎上維持情感。

劉 在這補充一下，所謂《科學月刊》的聯絡網，一開始是用來傳遞與討論如何編輯《科學月刊》的《簡報》和《工作通報》。基本上每星期都有一份由林孝信發出來的通報。每個月也都會有「討論號」，對通報的內容有所討論——主要是談怎麼樣辦好《科學月刊》，怎樣寫好科學文章這類的事情。這個聯絡網遍及美國各地，到處都有聯絡人。突然間釣魚台問題發生了，於是我們的同班同學胡卜凱發起運動，他給林孝信打了電話，要藉《科學月刊》的聯絡網聯絡保釣的事情。林孝信同意了，因此《科學月刊》的聯絡網就變成了保釣的聯絡網。當時在臺灣，國民黨政府通常最怕跟日本、美國作對，最好釣魚台送給日本算了。因為它擔心，如此作對，中華民國在聯合國的席位就不保了；要保住這個席位，釣魚台就送人算了。留學生對國民黨政府這樣的態度很不滿意，在美國一下子就串聯起來了，把保釣運動搞得風風火火的。國民黨政府不明白，基於歷史記憶，就懷疑這裡面一定有共產黨在搞鬼。他們壓根不曉得這是《科學月刊》的這些人在搞的運動。

林 保釣運動開始的背景，剛才我已經略為交待。我再深入一點談：日本歷經六〇年代的經濟復甦後，它的軍國主義也跟著甦醒，又要開始對外擴張。和明治維新的過程一樣，它先占領琉球群島，第二步就會到臺灣來了，所以我們對於日本軍國主義的認識是有歷史基礎的。

當時，我們的一個質疑是：美國要把琉球群島歸還給日本，是違反了開羅會議和《波茨坦宣言》的精神的。《波茨坦宣言》裡提到，戰後日本的領土僅限於本州、四國、九州、北海道以及其他附屬的島嶼。利用戰爭和其他手段所占領的領土，應該歸還，殖民地如韓國、琉球和其他太平洋島嶼應該在民族自決的原則上，予以獨立。然而，戰後整個亞洲發生了很大的變化，最主要的就是大陸的赤化，中共想要自決，國民黨敗逃臺灣，這就使得美國對亞洲的態度有了非常大的改變。為了防止共產主義擴散，美國除了被迫繼續支持在臺灣的國民黨政府外，必須另求其他周邊國家的協助，以穩固西太平洋的反共防線，以制衡中共。於是，美國便找上日本，予以大量的援助，這也就是戰後日本得以快速復興的重要原因，也為七〇年代日本的市場擴張和軍國主義復甦埋下了引信。

根據開羅會議和《波茨坦宣言》的精神，戰後琉球本來應該獨立。因為二十世紀以前的琉球原不是日本的一部分，而是一個獨立王國，與中國和日本保持朝貢的關係；因此它也不是中國的一部分。所以根據開羅會議跟《波茨坦宣言》的精神，就應該讓琉球獨立。可是由於美國擔心，獨立的琉球恐怕會倒向中國，受到中國影響，而違背了美國的利益。美國擔心這一點，所以戰後就遲遲不讓琉球獨立，而是以託管的形式，實質軍事占領了琉球。六〇年代日本力量壯大後，它又想要占領琉球；這時候剛好碰到越戰，越戰的結果讓美國焦頭爛額——美國人反戰的力量非常大。在這樣大的壓力之下，美國就希望日本分擔它的壓力，希望日本去參戰，至少分攤軍費。因此，日本就利用這個機會把琉球要回來，美國也答應了。所以這整個過程是有問題的，而且違反了民族自決與開羅會議的精神。就這一點，琉球的知識界也有反對的聲音，直到今天琉球獨立仍是一個話題。在美日私相授受琉球的這個過程中，釣魚台群島就當成琉球群島的一部分，歸還給日本，這就引爆了一九七一年的海外保釣運動。

那麼日本為什麼特別指定要拿回釣魚台呢？這是當時留學生需要討論的。日本需要釣魚台並不是為了漁業的需要，而是因為東海底下的大陸礁石有豐富的石油與天然氣。我們知道，第二次世界大戰結束後，世界經濟的發展主要仰賴廉價石油的驅動，石油成為各國必須爭搶的天然資源。在中東，以色列跟伊斯蘭世界的衝突，除了宗教的因素，就是為了石油。而這幾次的衝突，美國都站在支持以色列的立場。於是敗戰的阿拉伯國家就決定以石油禁運作為武器，來逼迫美國放棄對以色列的支持。不過，美國國內其實就有豐富的石油，所以石油禁運對美國造成的威脅並不很大，缺乏石油和其他天然礦藏的日本反而承受了最大的壓力。所以，當時有一句話說，日本雖然在戰後很快變成了經濟大國，但它其實是資源小國。因此，中東的石油禁運對日本造成很大的壓力；日本必須開始思考如何不仰賴他國獲取石油和其他的天然資源。當時的研究發現，大陸礁層蘊藏了豐富的石油，中東和北海，乃至墨西哥灣，很多的石油儲存都在大陸礁層發現。全世界最大的海洋是太平洋，最大的一塊大陸是亞洲大陸，所以當時很多人就認定了西太平洋下的大陸礁層應該還有很豐富的石油。因此，拿到釣魚台就等於取得了開發西太平洋大陸礁層油礦的權利。另外，根據聯合國的國際海洋公約的規定，大陸礁層與大陸相連，海底下的天然資源也就附屬在大陸。日本與亞洲大陸隔了一道琉球海溝，無法主張大陸礁層的權利，所以取得釣魚台將有助於日本邁出琉球海溝的限制，開發亞洲大陸礁層裡的天然資源。這是日本想要取得釣魚台的主要目的。

當然，以上的敘述跟我們早年所受的教育是相關的，也就是在我們內心裡有一種比較樸實的民族主義。年輕人除了對自由主義有所嚮往與追求外，也都受到三民主義裡的民生主義的感染，對於均富民生、平等公義有所期待。而這部分的教育和養成比較接近社會主義，或是說與社會主義相通。

走向社會主義

李　我想提問：如果理想主義是受到教育的激發才出現的話，那被激發的應該是自由主義，為什麼會是社會主義的出現呢？

林　這是一個很有趣的問題。簡單說，原因就是保釣運動。剛才講過，保釣運動一開始主要是基於民族主義的情緒，或者是反抗日本的歷史情結。一九七一年的一月底在美國東西岸六個城市，差不多同一天，發起示威遊行。這是第一次的保釣示威遊行，主要的主張就是抗議日本侵占國土。第一次示威遊行，大家都沒有經驗，所以目標沒有達到。於是，大家就決定舉辦第二次示威遊行。第一次示威遊行後，臺灣的國民黨政府感到不安，他們發現，這些留學生本來在臺灣都是乖乖牌，怎麼到了海外就學人家示威，這事背後會不會是共產黨在煽動。其實當時，美國跟大陸根本還沒建立任何的關係，怎麼可能煽動這麼大規模的示威！當然，國民黨政府對這麼多留學生忽然間走上街頭，是有點緊張，所以希望儘可能在最短時間內把這股學生運動壓下來。雖然有這樣的政治壓力，但當時大家覺得自己愛國無罪，理直氣壯，倒是國民黨的壓制毫無道理，感到非常反彈與失望，深感國民黨保釣不力，而且無能。

劉　大家也明白了，國民黨是為了保留聯合國的席位，不惜犧牲釣魚台主權。

林　出於這樣的挫折，就有了四月十日的遊行。遊行雖然盛大，卻受到美國和國民黨政府的冷待，結果令大家更感挫折，因為我們發現，國民黨政府根本不想保釣。這樣的話，保釣的出路何在？如果保釣是正當而必須的，而日本的軍國主義又要重新興起，並獲得美國的偏袒與庇護，那麼保釣的可能何在？前景何堪？第二次遊行的重要結果之一，對很多人來說，就是感到美國不是中立的，或至少對臺灣不像表面上的支持。

這對在臺灣受教育的我們來說是很大的衝擊。因為以前的教育告訴我們，二戰結束，先總統蔣公對日本「以德抱怨」，日本感念莫名，絕對不會再欺負我們啦！怎麼現在又來欺負我們呢？而美國理應是世界正義的化身，怎麼會在釣魚台事件中偏袒日本？這些問題我們都覺得很難理解，也迫使我們熱切地想找出答案。我們認為，或許是因為臺灣教育對近代史的諸多問題僅是一筆帶過；剛好美國很多大學都有豐富的中文藏書，所以當時很多人就拚命去讀書。我自己也是！就拚命去圖書館找資料，想搞清楚釣魚台問題的來龍去脈。在這樣的追索下，我們明白了：中國的苦難並沒有過去，帝國主義的侵略仍在眼前，國共內戰似乎是這兩大問題中的核心環節，至今仍在作用，而五四運動外抗強權的工作仍未完成。

當我們對中國現代史稍有了解後，就比較清楚為什麼國民黨政府會採取這樣的做法，因為它向來對學生運動不懷好感。就在大家仍然徬徨之際，一九七一年的七月發生了一件大事：美國總統宣布：他已透過祕密管道派遣季辛吉到大陸訪問，準備與大陸建立外交關係。這個消息一出來，大家才驚醒發現，原來還有另一個政府代表中國。那麼，如果國民黨政府不願意保釣，那麼北京的人民政府就是僅存的希望。其次，季辛吉訪華的報導，也讓大家感到，其實美國對臺灣並不如國民黨所宣傳的那麼重視；相反地，美國好像更重視中國大陸。當時，國民黨政府幾次邀請美國總統或高層官員來臺訪問，都失敗了，而美國總統到亞洲去進行國是訪問的時候，也常常跳過臺灣。這就讓我們感覺，雖然國民黨一直強調中美關係非常穩固，但其實不然，甚至感覺美國政府瞧不起臺灣。可是這時候，美國總統卻以能夠獲得中共周恩來的邀請而覺得很光榮。

這時候在很多人的心中就出現一種很奇怪的感覺，覺得中共好像很強大。在這樣一個對比下，大家心裡就有非常微妙的感覺，認為過去我們對大陸的了解說不定是有問題的，中共並不是隨時處於風暴之中，就要倒臺，而是很強大，強大到美國都不惜打破既有的承諾，而想跟它開展外交關係。這是當時很多人因美中交往而開始有的一種奇怪的心情，也因此對大陸的好奇就更為濃厚了。

劉　我要補充一下。老林這麼說，是要解釋有一些人因保釣以後，開始想去了解社會主義的原因。因為當時大陸正在進行文化大革命的政治運動，整個社會非常激進。這個極左的思潮也影響了當時美國很多的學生運動，很多人受了很大的影響。不過我也必須說，保釣還是從民族主義開始的，它跟社會主義的關係並不密切，只是當時很多人認為，在國民黨不作為的情形下，中共也許更願意保釣。總之，我覺得跟社會主義的關係不大。應該是說，社會主義中國的浮現，在保釣運動當中造成了分裂！有一部分人就轉而親共去了。但親共的人當中也有很多的不同，有些人親共是真的對社會主義有所嚮往。另外很多人親共，其實是投機。可能要這麼理解比較清楚。

那麼，這裡同時也有另一批不親共的人，就展開了所謂的反共愛國運動。於是就有了親共與反共這兩個陣營的對立，這是後來的發展。在這之後，一九七一年九月，中共就在美國的支持之下進入聯合國，中華民國隨後退出，這在當時是很大的一件事情。其實美國政策轉向支持中共，承認中華人民共和國，這個消息我在保釣運動時就有聽聞。所以，釣運期間就有人開始轉向。等到中共進入聯合國，他們的代表團到了紐約，留學生就要開始做選擇了。

因此，有少部分的人選擇回歸祖國，包括我們的同學牟永寧。這些人中也有人歷經失望後跑出來。另一部分的人決定回臺灣，從事所謂的「革新保臺」——我比較常被歸類在這一類。另外一些人，其實是大部分的人，決定留在美國，後來就成為美國華人。當然，在美國也可以繼續搞革命。但林孝信是獨一無二的，他走自己的路。很慘！他不是回歸祖國，又不是革新保臺，又不留在美國，所以他走得非常坎坷。我想這個問題不是這麼簡單可以回答。

如今回憶當年的保釣，我自己覺得還是很有意義的。雖然保釣沒有成功，透過保釣運動的回憶與討論，大家對這件事漸漸有了充分的了解。保釣雖然沒有成功，但也並沒有失敗。其未來，有待大家繼續努力。總有一天，我相信釣魚台不會到日本人的手上，現在雖然是它在占領。

林 我想再簡單補充一下：雖然保釣運動一開始是以民族主義為起點，但是由於當時臺灣沒有辦法保衛釣魚台，所以海外學生開始對中國大陸寄予期望。而美國的轉向，在當時更是衝擊了許多的留學生，而使得他們得以突破心理障礙，轉向認同中共。

我們剛才說過，參與保釣的留美知識分子早期大都保有一種理想主義的色彩。中共在創建時期，包括在社會主義建設初期，保有相當多的理想主義，那對當時的保釣青年還是很有吸引力的。被吸引後，就開始接觸中國大陸的社會主義。所以是這樣的狀況下，有不少人才開始接觸社會主義。至少就民族主義怎麼轉化為社會主義，有一部分的情形是這樣的。

保釣運動產生的一個影響，就是讓大家對社會比較關心。有些關心中國大陸的社會，有些關心兩岸關係，有一些人，包括我個人在內，我想劉源俊也算，比較關心臺灣社會。有些人像劉源俊就比較早回來，有些人被列上黑名單則回不來。隔了一、二十年後，這些人漸漸回來。我一開始真的是回不來。我個人比較特別，直到比較後期才能回到臺灣。總之，經過保釣的洗禮，很多人開始對社會更關切。大家或許有不同的政治主張和取向，就形成了「回歸祖國」和「革新保臺」兩派。但當時還有關心臺灣，但又不屬於「革新保臺」的一夥人，例如我和劉源俊。「革新保臺」首先是由沈君山提出來的。它在當時的臺灣有其特殊的含意。

保釣運動開始，沈君山就參加了，所以他也比較不能接受保釣運動左傾的這個變化，於是提倡革新保臺。當時臺灣的政局正在起變化，蔣經國正要上臺接班，加上國際政治的變動，他就提倡了革新保臺，在臺灣，尤其是國民黨內部進行革新，以保衛臺灣政局與國際地位的穩定。

社區大學與社會改造

林 簡單說，我們這些人基本上經過釣魚台運動的洗禮後，更加關心社會，而逐漸變成是所謂的公共知識分子。若沒有保釣的洗禮，我們頂多是科學家而已，算不上公共知識分子，儘管我們長期關心的還是科學和教育這些課題。

回到臺灣的這一夥人，像劉源俊是比較接近初心的，因為他在大學裡任教。我回到臺灣的時候，博士學位沒有完成，連大學教授我都只能兼任，不能專任，只能在體制外工作。但其實對我而言，體制內外的區分不是特別重要，關鍵是能否合作，為臺灣激發出改造社會的力量。當然，如果我拿到了博士學位，走上了科學家的學術道路，或許不會這麼想，但是經過保釣運動的洗禮，我會比較站在民間的角度，來進行社會改造的工作，例如我投入許多的社區大學。

劉 如果他（指林）在大學任教，就不會進到社區大學了。

林 對。當然除了教育之外，社區大學還衍生出其他的東西，但都是屬於比較民間草根的方式，也就是體制外的定位。

劉　我補充一下：對於體制內外，我的看法是這樣的：我雖然在大學教書，但也把自己定位在體制外。所以我們都在體制外。只不過我這是在野，他是在野外，在山林。相較而言，沈君山是在廟堂裡。這個一定要分清楚。

另外，我想強調，林孝信是個勞心勞力、摩頂放踵的墨家。我比較是盡心自持的儒家。大概是這樣的差別。我們都是理想主義者，但他比較浪漫，我比較務實一點，但我們在很多事情的看法上是一致的，做的事情也類似。進一步說，林孝信是開創者，我是守成者，所以我們的故事不太一樣。他不但開創一件事情，他還同時開創好幾件事情，交給人來辦，然後他自己又往前走了。

現場提問（女聲）　我好奇的是中國大陸在保釣當中扮演的角色。既然說中華民國政府已經沒有辦法保釣，那麼中國大陸的態度如何呢？為什麼他們不積極把釣魚台要回來？

林　保釣運動當時，中國大陸是有表示意見的。一九七一年九月，中共要進入聯合國之際，美國對釣魚台問題有一個說法，就是美國歸還給日本的是管轄權，而不是主權，管轄權交還給日本，主權爭議則有待爭議雙方協商解決。隔年，當時的日本首相田中角榮到北京訪問的時候，釣魚台問題就是會議的議程之一。當時，中國為了拉攏日本，以擴展自己的外交空間，周恩來表示，擱置釣魚台主權爭議的問題，留給後世子孫解決，我們現在暫時不解決這個問題。這段話，讓當時的保釣人士頗感不滿，所以有些人抗議。但是，由於後來保釣運動的聲勢已經消退，運動也左轉為統運，所以雖然對中共的立場有些抗議，但已微不足道。我自己對當時周恩來的講話也很不滿意，但那時保釣運動已是在落潮的狀態裡了。

現場提問（女聲）　現在中國大陸在國際上勢力強大，如果在這個時機促請大陸保釣，您的看法呢？

劉　這裡面有一個問題。保釣的前提是：釣魚台是臺灣的，這是先決要素，因為釣魚台不會直接屬於中國。釣魚台屬於臺灣，臺灣屬於中國，這才能夠說中國擁有釣魚台。所以中共在這方面的發言，是跟著這個邏輯來的。它如果說釣魚台是中國的，它必須要先說，釣魚台屬於臺灣，而臺灣屬於中國，這個邏輯是這樣的。

所以，這裡面就比較複雜，何況它當時為了跟日本拉關係，就暫且擱置不談。所以有些人當時對這個中國政府不滿意，認為這就是不保釣而感到失望。所以關鍵還是在臺灣，就在我們的中華民國政府。過去幾年的李登輝就不說了。現在馬英九上臺，如果不說釣魚台屬於中華民國，不再保釣，我們就要反馬英九。因為他當初也是保釣的嘛！他如果不保釣，就應該要來說明這個決定。他若是抱持臺獨立場，就不會參與保釣——當年我們在美國就發現臺獨的人不參與保釣。所以，後來保釣有一個很大的浪潮就是反臺獨，因為臺獨完全不保釣。主張臺獨的人，從來不提保釣，這是非常令人不解的，這很奇怪的事情！是不是？

現場提問（男聲） 我想請問一下，保釣的運動在海外產生了分歧，然後一部分回到臺灣來，也部分被政府收編，在廟堂之上。我好奇的是：那麼海外的保釣運動，對於臺灣社會到底有什麼影響和啟發？難不成都是在廟堂上的這些人所帶來的啟發和影響？反而是體制外的兩位沒有起到什麼作用？

劉 有些人確實是因為號稱保釣而受到政府的重用。但這些人，在我們看來，根本就沒有參加過保釣。所謂參與保釣，最起碼的定義是要參加過保釣遊行的留學生；但是後來很多聲稱參加保釣的人，根本就沒有參加過保釣遊行，而是參加了「反共愛國運動」。回來做了官，就說他參加過保釣，根本是魚目混珠嘛！這種人，我知道一些。我是跟他們劃清界線的！（笑）

林 我想你講的很對，因為我也覺得有一點遺憾。參與過保釣的人，因為上了黑名單，無法回來，因此不能對臺灣社會發揮更大的作用，其實是很可惜的。因為這裡頭有一些很優秀的分子，不只是我啦！如果他們能夠早點回來，也許臺灣社會能有一些新的因子進去，說不定今天的情形就會不太一樣。這一點我是覺得有點可惜。但是，也不能說他們完全沒有發揮作用！從某個角度來看，保釣分子後來有一部分的人傾向社會主義，這麼一個左傾的路線其實有其價值，尤其臺灣在白色恐怖以後，公開宣揚或介紹社會主義理念的刊物，就只剩下《夏潮》。也就是說，保釣對臺灣的影響之一，就是《夏潮》。像蘇慶黎、王曉波、王津平、陳鼓應、陳映真、王拓等人，或多或少都有受到保釣的影響。他們在臺灣或許只是少數，但還是發揮了相當的作用。

七〇年代有一本刊物叫《臺灣政論》，其成員大多與《夏潮》有關係。早期的黨外運動，像蘇慶黎、王拓就變成民進黨啊、還有楊祖珺這些人都是本來在《夏潮》。還有林正杰也算是《夏潮》系統的，這些人都參與了黨外運動，並發揮了一定的作用。早期的黨外運動也比較有理想主義的色彩，這或許也是他們加入黨外運動的原因之一。可惜的是，他們後來在民進黨裡頭也起不了太大的作用。

李　中國傳統的知識分子都是念文史的，所以《科學月刊》這一代，很特殊的就是，這是一群學科學的人，要投入到政治社會的改革中。而且我發現學文史的人的影響力比較限於學院，而你們在社會上非常活躍、有非常大的影響力。我想除了兩位之外，像黃榮村、曾志朗，劉兆玄等人，是不是也參與了《科學月刊》？

林　曾志朗有。黃榮村是在臺灣參加的。

李　甚至像現在劉兆玄，他們都說他曾經參與《科學月刊》，是，所以那影響力其實是很大的，因為我不是那麼熟，但是我知道那後面是很龐大的網絡。

劉　當然，你把《科學月刊》社的全體成員都搬出來的話，看起來陣容是很龐大。

李　這真的很令人驚訝。如果說是把臺灣的情形與中國大陸相比較的話，他們的科學家有這樣積極地投入政治社會嗎？還是說這是你們這一代的特別現象？

林 這是我們這一代的特別現象啦。有幾個原因：第一，最直接的原因就是保釣運動。像我個人是屬於這一類的。如果沒有保釣運動，我大概不會投入社會改造運動。此外，很重要的原因是，因為我們都是生活在白色恐怖、戒嚴體制下的一代，一般不可能直接去參加政治運動，政府的政策也鼓勵大家往理工方面發展。

你大概也注意到，有一段時間所謂第三世界的領導人都是技術掛帥，對吧？技術掛帥的意義是什麼？那就是，希望社會治理能夠著重在具體的事物上，將政治工程化，一步一步都能夠服膺於民眾的需要，解決民眾的問題。這樣的話，當然找科技人才來做是最恰當的。同時，當時臺灣的教育與科技資源不足，就有一種說法主張儲才國外，鼓勵留學。當時的留學政策也是比較鼓勵學生出國念理工。加上一九五七年蘇聯發射人造衛星，美國大受刺激，因此積極吸引科技人才到美國，開放大量的獎學金吸引國外留學生，以強化他們的基礎科學。同時，國民黨政府也不希望學生參與政治，而是鼓勵技術性人才的培養，使得人人都以理工科為首要志願。所以，當時有著內外配合的結構性誘因。

劉 還有我們當時的教育背景，沒那麼早分組，要到高三才會去分甲、乙、丙組。事實上高中的教育比較是通才教育。那個時代是科學世代，那個時候的理想主義者大概都是學自然科學的。到了學運世代，大部分的學生都是讀政治法律、社會科學和文史相關科系。到了野草莓世代，理想主義是不是就是「草莓的理想」？（笑）

李　也許野草莓／網路世代也有他們的理想主義，譬如說，斗六高中的女生沈芯菱，她自費拍了二十萬張的臺灣草根臉譜。她非常獨特，也讓我們看到臺灣未來的希望。
再次謝謝兩位歷史的參與者為我們現身說法，帶來非常豐富的啟發。謝謝！謝謝！

【輯二】　訪談

第二章

走過黑名單：林孝信先生的生平與志業

歐素瑛、林正慧

（原題為〈林孝信先生訪問紀錄〉，收錄在《海外黑名單相關人物口述訪談錄》，2014，頁 51-126）

家庭背景

我的家世背景很簡單，父親林茂火畢業於日治時期臺灣公立臺北工業學校（今臺北科技大學），畢業後擔任臺灣電力株式會社的基層員工，後來當到系長（即股長）。母親小學沒有畢業，是一個家庭主婦。小時候家中只靠父親一個人的薪水，經濟相當拮据。家中有七個兄弟姊妹，我有一個哥哥、兩個姊姊、一個妹妹、兩個弟弟，在男生中排行第二。我從小在宜蘭長大，父親是臺中潭子人，但是父親從沒有帶我們到他的老家去過，所以和那邊的親戚都不熟。因父親在宜蘭工作，就在那裡落地生根。我在臺北出生，根據父親的籍貫，我是臺中人，但從小在宜蘭成長。

我生於一九四四年，二次大戰快結束的時候，所以出生後不久，全家就疏散到母親的娘家彰化鹿港。後來因為鹿港是空襲重要目標之一，再疏散到更南一點的芳苑，也是在彰化縣內。戰爭結束後，曾在臺北住過一段時間。大概在我六歲左右才搬到宜蘭，從此就一直住在宜蘭，直到我念大一的時候，才搬到彰化。

戰後，爸爸在台灣電力公司服務，他的學歷算是不錯，但個性向來與世無爭，所以只是電力公司的一個小職員。他也曾當過記者，文筆很不錯。記得我大約十幾歲時，有一次電力公司舉辦中秋節員工晚會，演了一齣戲，還請我父親編劇、寫劇本。小時候我們常聽他談論很多中國詩詞及古典文學，其實他很多才多藝，但當時完全被埋沒了。

求學歷程

一、宜蘭中山國小

一九五〇年，我進入宜蘭中山國小就讀。當時全臺灣只有兩個地方男女分校，宜蘭中山國小是其中之一；但當時沒什麼感覺，後來才知道原來是臺灣少數男女分校的學校。小學畢業、考上宜蘭中學後，整個暑假都很空閒，當時主要做兩件事，一件是打乒乓球，另一件是信佛教。我信佛教是一個因緣，因為小學時有一位隔壁班的同學信佛教，他和我很好，他去的時候，我也跟著去。那時候星雲法師在宜蘭雷音寺有一個念佛會，念佛會裡有兒童班，專門給小朋友去的，我就是參加兒童班。那時候什麼也不懂，反正就是去，有一點好玩的性質。

從小學起，我就對科學很有興趣。記得小學的時候，數學幾乎不必準備，每一次考試大概都是考最好的。老師問問題的時候，其他同學似乎都不太懂，但我能很快回答。進入初中後，我覺得教科書裡的內容太過簡單，甚至枯燥無味，想要多讀一些書，但是那時候沒有什麼課外書籍。我自小受到我哥哥（林梓秧）的影響，他有時候會和我講一些科學的東西，引起我很大的興趣。但是那時候沒有什麼科普書籍，只有《學友》雜誌偶有一點科學知識可供學習。那時候找書找得很辛苦，宜蘭中學圖書館、宜蘭縣立圖書館都沒有什麼書。小時候尋找科普書籍的艱辛過程，是我後來創辦《科學月刊》的原因之一。

二、建國中學

我的功課向來不錯。小學畢業後，以第一名成績考進宜蘭中學。當時宜蘭中學是蘭陽平原最好的中學，也是宜蘭縣各小學畢業生的第一志願。初中畢業後，原來可以直升高中，但初二時，有位老師建議：如果將來要讀好大學，最好到臺北去讀高中。當時臺北市有五所學校聯招，男校有建國中學、附中、成功三所，女校有北一女、北二女（後來改為中山女中）。我一個鄉下孩子去考，竟然被我考了第二名。

但這並非我厲害，而是程度好的同學都直升高中，不需要參加高中聯考。我那一屆共有十班，有一班半的同學是直升的：根據初中的成績，不必參加升學考試就直升高中；其他都是考進去的。如果直升的同學都參加聯考，成績很可能都在我的前面，所以我這個聯考第二名是假的。這點我還有自知之明。所以進入建中後，我完全不敢托大，把所有可能利用的時間都用來念書。

我們那一屆直升成績的第一名是顏晃徹，他才是貨真價實的第一名。他的成績一直到大學畢業都是第一名，厲害得不得了，幾乎沒見他考過第二名。更令我這個鄉下孩子吃驚的是，顏晃徹並非一天到晚捧著書本的人，他還會寫小說，有文采，且參加作文比賽，各方面都得第一；只要有比賽，頒獎的時候，他總是第一個上去領獎。有這樣一個傳奇人物，對我這樣一個鄉下來的土包子而言，感受到莫大的壓力，真覺得以前是坐井觀天。

這個壓力使我不敢大意，所有的時間都要好好讀書。下課時間、午餐時間，一有空檔就看書；坐公車時也是一手抓著吊環，另一隻手拿著書讀。但是顏晃徹和幾位同學一下課就跑去踢足球，他是足球班隊，足球踢得很好。除了多才多藝之外，顏晃徹在學習方面不是只讀教科書的內容，也曾在《建中青年》寫了一系列介紹集合論的文章。[1]我從沒聽過集合論這玩意兒，那幾篇文章我反覆讀了二、三十遍以上，就是讀不太懂。顏晃徹能夠寫這種課外題材的文章，說明他不是死讀書的人。通常好讀課外書的學生，考試成績大多不會太好。但顏晃徹不一樣，他不僅能撰寫課本沒教且內容相當深刻的文章，考試成績又永遠是第一名，讓我覺得這個人太不可思議了。

我在高二時，四班（我們那屆建中的保送班，顏晃徹就在這班）有兩位同學成立了一個學生社團「立達社」，取自孔子說的「己欲立而立人，己欲達而達人」。我榮幸地被邀請參加，也讓我能夠認識其他班的同學。立達社也舉辦一些與升學考試無關的學術演講，我被推舉擔任學術股長，便邀請顏晃徹把他發表在《建中青年》介紹集合論的文章內容向大家報告，但他報告

1　可惜的是，顏晃徹介紹集合論的文章，編者經查找《建中青年》後並沒有發現。《建中青年》裡有關集合論相關的文章，僅有樂平（或許為筆名？）所翻譯的〈集合論概述〉，第四十三期（一九六七）；以及詩宸（筆名？）所翻譯的〈集合論中無窮的層系及其衍生之問題〉，第四十七期（一九六八）。（不過，國家圖書館僅收錄第二—十一期，以及第四十三期之後的期數。第十二—四十二期我們搜尋不到。）編者也詢問了當時《建中青年》的編輯劉容生（現任清華大學光電研究所教授／臺灣聯合大學系統副校長）和熟悉孝信先生的朋友，但都無法核實。

了半天，我還是聽不太懂。

建國中學位在臺北市南海學園旁邊，學校對面就是中央圖書館（今國家圖書館的前身），那裡能夠看到一些教科書之外的科學書籍。我一發現這些書籍，立刻如獲至寶。基於對科學的興趣，以及受顏晃徹的刺激，我經常上中央圖書館閱讀這些科普書籍。其實，當時中央圖書館也沒有多少科普書籍，只記得《中華文化基本文庫》有兩、三本和科學有關的書，其中一本是羅素（Bertrand Russell），談到一些數學的知識，還有一本是索尹爾（Walter Warwick Sawyer）寫的《數學的趣味》（*Mathematician's Delight*, 1943）。[2] 這些科普書籍不像教科書那麼呆板，讓我看得津津有味，也學到相當多的知識。

建國中學畢業後，我的成績還算不錯，得以保送臺灣大學，不必參加聯考。

三、臺灣大學

建中畢業後，我獲保送臺灣大學化學系，但我最有興趣的是物理，可是那時候物理系十分熱門。我的畢業成績雖然不錯，大概是建國中學全校第七名，但還是進不了第一志願的物理系，直到大二時才轉到物理系。

大一時，我開始閱讀英文書籍，發現很多從小學時想要看的東西，早就有精彩的英文好書。想到我小時候找書的挫折感，我找了一些同學，主要是化學系的同學，從大一開始，成立一個讀書會，翻譯英文科普圖書。但翻譯之後無法出版，出版商認為這類圖書不會賺錢。

那時候物理系班上有一位同學胡卜凱，他父親是當時的政界名人胡秋原。[3] 胡卜凱跟我們說：我們都是窮學生，自己要出書很難。於是把我們想介紹科學新知的情形告訴他父親，胡秋原就把我們介紹給《臺灣新生報》的總編輯。當時《臺灣新生報》剛好有一項革新計畫，計畫出版七種週刊，內容包括醫藥、家庭，以及科學領域等，他們正要找科學週刊的編輯，於是一拍即合，我們義務擔任這個科學週刊的編輯。因為我們只是大學生，程度還不夠，只有能力編給中學生看，所以前面加三個字，稱〈中學生科學週刊〉。

《臺灣新生報》的週刊，可以說是我後來辦《科學月刊》的前身。一九六五年三月十五日，我在臺灣大學學生活動中心召集理學院的同學，包括數學系的曹亮吉、陳達、許世雄，物理系的劉源俊、魏弘毅、王敦蘇、吳心恆，化學系的徐明達、許明珠，地質系的陳讚煌，心理系的

2　有趣的是，孝信先生提到的這本書，國家圖書館與中研院圖書館都有英文原版，但沒有中譯本。索尹爾被翻譯為中文的著作是一九五五年出版的《數學入門》（*Prelude to Mathematics*），中文版由王澹如翻譯，於一九五六年由中華文化出版事業委員會出版。感謝劉源俊校長提供的相關訊息。

3　胡秋原（一九一〇年六月十一日—二〇〇四年五月二十四日），原名胡曾佑，筆名未明、石明、冰禪，湖北省黃陂人。中國國民黨黨員，曾任中華民國立法委員，《中華雜誌》發行人，中國統一聯盟名譽主席。在臺灣一九七〇年代鄉土文學論戰中，胡秋原與鄭學稼、徐復觀等人力保陳映真、黃春明、王拓，對抗余光中、朱西甯等人對鄉土文學的攻擊。胡秋原邀請鄉土文學作家進入《中華雜誌》編輯部與發表文章，也親自寫作〈談人性與鄉土之類〉、〈談民族主義與殖民經濟〉、〈中國人立場之復歸〉登載於《中華雜誌》，駁斥對鄉土文學是搞地域主義的批評。

江清源、劉凱申等人開會，討論如何辦一個向高中生介紹科學的刊物。經與《臺灣新生報》洽商合作後，於五月二日正式創刊《中學生科學週刊》，第一期「發刊辭」〈我們的目的——給全國中學同學們的公開信〉上寫道：「大部分的中學生不了解科學的真相。因為在升學主義與一道道的難題下，所謂科學已經失去了它應有的意義，失去了它原有的面目。而在另一方面，簡介基礎科學的書籍又顯得非常缺乏。因此，我們嘗試開闢這塊園地，希望藉著它能夠使同學了解『何謂科學』，這是我們的第一目的。……第二個目的是幫助同學發現自己的興趣所在。」

五月十八日，我再邀集同學，召開中學生科學促進會之成立大會，到場的有六、七十位同學，不只有臺灣大學理學院的同學，也有師範大學理學院的同學，該會的宗旨在集合有心人做有意義的事。後來這一社團雖然並未成立，《中學生科學週刊》則繼續出刊到一九六七年二月二十七日，幾乎從未脫期，前後共出版了八十三期。每期有三、四篇一千到一千五百字的文章，以及兩個專欄——「為什麼？」、「想一想」或「人像」、「科學家介紹」，共約六千字。大二下學期、準備去當兵的時候，才在臺灣大學成立「求真社」，希望由「求真社」來支持、負責這個刊物。

大學時還有一件事，就是當時由學生發動的自覺運動。這項運動發生在我大一時，即一九六二年，當時有兩個人在《中央日報》副刊上寫了一篇文章，其中一位是美國人，中文名字是狄仁華（Don Baron），他來臺灣學中文，即將離開臺灣，所以寫一些對臺灣的感想，題目是〈人情味與公德心〉，說臺灣人很有人情味，但是缺乏公德心。這篇文章對臺灣社會造成很大的刺激，覺得被外國人這樣講，臉上無光。另外一位是俞叔平，他留學德國，也寫了一篇文章，也是講臺灣人比較沒有公德心。因此臺灣大學學生就發起自覺運動，要求大家自覺，例如搭公車一定要排隊，或是考試不要作弊等。

我們這一屆《建中青年》的總編輯劉容生，[4]和我是同班同學，成績不錯，口才、文筆也很好，辦事能力又強，高一時被選為班長，是一位很優秀的人。記得高一時，救國團為了栽培各校的領袖人才，曾舉辦一次全國性的青年學生大露營，為期一星期，建國中學有兩人被選上，劉容生就是其中之一，所以他在建國中學時就是鋒芒畢露的人，高二時擔任《建中青年》總編輯，高三時擔任畢業紀念冊的總編輯，是我們那一屆的風雲人物之一。升上大學之後，劉容生已經沒興趣擔任尋常的班代表或代聯會主席。但是自覺運動發生之後，他馬上自費出版一

4　劉容生，生於一九四四年九月二十三日，祖籍安徽宿縣，畢業於臺北建國中學，主編《建中青年》。獲臺灣大學物理學士，為臺大自覺運動《新希望》雜誌創始人及主編。美國康乃爾大學（Cornell University）應用物理學博士。曾任清華大學電資學院光電工程研究所所長暨清華大學光電研究中心主任。曾擔任工業技術研究院光電所副所長（一九九八—二〇〇〇）、所長（二〇〇一—二〇〇六）。在美國奇異（GE）公司研究中心從事高功率固態雷射研究多年，榮獲多項發明獎、論文獎及管理獎、擔任美國「國防部研發總署」（DARPA）大型計畫主持人，專長在高速光連接技術及應用，二〇〇〇年為美國《工業週刊》（*Industry Week*）選為「五〇研發傑出人才」並榮選為「美國光學學會」院士（OSA Fellow）及「中美光電學會」院士（PSC Fellow），研究專長在半導體照明、高速光連接及光電半導體元件，論文著作近百篇，美國專利及發明二十八件。

份報紙型的刊物《新希望》，前後出版四期。他的文筆非常好，寫了很多讓人熱血沸騰的文章，不只討論公德心的問題，甚至擴大到年輕人不要頹廢，要以天下為己任這樣的想法。當時臺灣局勢不是很好，他認為國家已經到了危急存亡之秋，大家不要再醉生夢死。

第一期出刊後，引起不小的風潮；第二期熱度稍減一些，到了第三期熱度更低了，因為自覺運動已經有些消退了，加上每一期都寫這種慷慨激昂的文章，看久了也會疲乏。到了第四期已經有些後繼乏力了。剛好我大二、三時，住在臺灣大學第六宿舍二〇三室，同寢室的室友鄧維楨（後來創辦《大學雜誌》[5]）是臺灣大學心理系學生，大我四歲。他本來念淡江大學外文系，大四重考進入高雄醫學院，第二年又重考進臺灣大學心理系，所以大我們四歲。鄧維禎比我們成熟多了，除了成熟度以外，他讀的書也多。另外，當時臺灣大學心理系助教楊國樞曾經參加《文星》雜誌。[6]《文星》雜誌在《自由中國》[7]停刊之後，成為年輕人尋求出路的刊物。鄧維楨比較早接觸到各種思潮，在心理系與助教楊國樞來往密切，所以鄧維楨思想較一般大學生深刻。我和劉容生、鄧維楨分別都熟，鄧維楨和劉容生就認識了。鄧維楨認為《新希望》光喊口號沒用，他們兩人經過一番討論後，決定改變《新希望》，從第五期起改為小開本，不再是報紙型了，等於是一本雜誌，總編輯是鄧維楨。改版後出了三期。

當年臺灣在《文星》雜誌停刊之後，已經沉悶了很長一段時間，基本上沒有窗口，所以比較有思想的人總是要找個園地，寫一點東西出來；而年輕人也渴望有一些另類的思想。所以鄧維楨開始刊登一些批判性的文章。《新希望》在鄧維楨加入編輯群後，內容從比較純粹熱血、口號型的刊物，轉型成為思想型的刊物。《新希望》轉型之後不久，有一次我在宿舍看到一位臺灣大學哲學系的同學王曉波來找鄧維楨，兩人從中午談到晚上，談了很久。之後，他也加入《新希望》，他對這方面很關心。王曉波後來成為臺灣推動保釣運動非常重要的人，所以自覺運動和保釣運動有一些關聯。

《新希望》由鄧維楨接辦之後，成為比較有思想的刊物，更引起政府的注意，出到第七期時，刊登了兩篇譯作，都是羅素的文章，因為鄧維楨很推崇羅素。從《自由中國》開始，臺灣大學哲學系教授殷海光就是編輯群之一。當時殷海光一直提倡的邏輯實證主義（Logical Positivism），與羅素有密切關係，維也納學派也曾邀請羅素參加他們的討論，在每週四的討論

5　《大學雜誌》創刊於一九六八年，創立者為鄧維楨，雜誌主要編輯為郭正昭、陳少廷與王曉波等人，刊物內容原屬偏向文藝、思想的刊物。一九七〇年代，透過張俊宏獲得國民黨中央黨部資助，內部進行改組擴充，後因釣魚台事件影響，言論轉為對現實政治的關切，內部因當時國民黨政府對於學生運動的壓制而產生分裂，刊物於一九七三年停刊。

6　《文星》雜誌創辦於一九五七年，由蕭孟能所創辦，於一九六〇年代扮演社會思想啟蒙角色。後李敖加入，鼓吹西化民主思想。於一九六五年停刊。

7　《自由中國》創刊於一九四九年，創辦人為胡適與雷震，刊物核心宗旨為主張民主、反共、救國。一九五四年在美國表明不支持國民政府反攻中國大陸之後，《自由中國》的外省知識集團進一步追求以自由主義為主導的臺灣內部政治民主化。一九五九年開始與臺灣菁英結合，做反對黨的連結，一九六〇年，雷震被當時國民黨政府以「叛亂」罪名逮捕入獄，《自由中國》隨即停刊。

會中，共同閱讀羅素的著作。邏輯實證主義的大本營就在維也納大學，裡面有幾位年輕的學者延續或繼承實證主義（Positivism）。實際上，實證主義出現在近一百年前，由法國學者孔德（Auguste Comte）所創立，很快地在歐洲發生重大影響，主要是探討科學的哲學問題。到了十九世紀末，一位物理學家馬赫（Ernst Mach），是實證主義第二代大宗師，把孔德實證主義的主張推到極致。馬赫長期在維也納大學任教，該校便成為實證主義研究的重鎮。如此吸引了一批年輕學者，他們組織了一個讀書會，每個星期固定一天下午在維也納的一家咖啡廳聚會，一邊喝咖啡，一邊談論科學、哲學，參加的人來自各個領域，目的在推動不同知識領域的交流；他們認為知識領域雖不同，卻具有相似的研究方法，即科學方法。這和孔德的主張相似：社會現象可以採用類似牛頓科學的方法來研究。這就演變成第三代的實證主義：邏輯實證主義。

殷海光在臺灣提倡邏輯實證主義，也多少發揮影響力。我在大二時，楊國樞、鄧維楨曾舉辦讀書會，閱讀一本科學哲學的書，就是維也納學派的費戈（Herbert Feigl）所編的《科學哲學讀本》（*Readings in the Philosophy of Science*）。我雖然沒上過哲學系的課，但是實證主義所提倡的研究方法就是從物理學抽取出來的；用這些科學方法可以回過頭來分析物理學的概念與理論，對於學習物理學也很有幫助。當臺灣大學心理系師生邀我參加他們組成的科學哲學讀書會時，我欣然同意參加，這是我和邏輯實證主義的初步接觸。

當時國際媒體上發生了一個有關羅素的事件，此事件源自蘇聯試爆氫彈。一九六一年十月三十日，前蘇聯試爆超級氫彈，威力大大超過既有的原子彈與氫彈，震撼了國際輿論，美蘇關係因此更加緊張。人們擔心美、蘇會不會開戰？如果開戰，會不會使用這種超級氫彈？在這個背景之下，有一位西方的新聞記者訪問羅素的意見：「如果爆發原子戰爭導致人類滅絕，或是向蘇聯投降以避免人類毀滅，在這兩者之間，你會做何選擇？」羅素說：「那就只好投降了。如果整個人類都滅亡了，那什麼都沒了！投降，將來還有機會。」當時正處於高度冷戰時期，臺灣當局認為羅素的這番言論會動搖反共意志，所以就把羅素定位為共產黨的同路人。在這種情況下，《新希望》因為刊登了兩篇共產黨同路人的文章，因而難逃被停刊的命運！

當初《新希望》匯集了一些跨校的熱血青年，包括曾任教育部次長的黃碧端、民進黨創黨人之一的立法委員王拓（師大）、文化大學的高信疆（名編輯，曾任《中國時報》副刊主編）等人，日後這些人在保釣運動、臺灣社會改造運動、民主運動等領域都發揮相當大的作用。

除了《中學生科學週刊》和《新希望》，我在物理系也創辦了《時空》雜誌，是物理系的系刊。創辦《時空》，與當時求學的挫折有關。進入物理系不久，就發覺臺大物理系的師資水準不高，很多物理知識都是同學自己開讀書會學來的。為什麼一些畢業系友到美國取得博士後不肯回國服務？原因雖然不清楚，但是我想，如果物理系的學生和這些系友之間能夠建立一個聯絡管道，常常告訴他們系裡發生的事，說不定能引起他們的興趣，也許就會考慮回國服務。從這個考慮出發，我們推動成立臺大物理學會，並創辦《時空》雜誌，因為時間和空間是物理最基本的概念，因而以此為名。一直到現在，這份雜誌仍持續刊行。

《新希望》、《時空》與《中學生科學週刊》使得我們前後屆、不同科系，甚至不同學校的同學都混熟了。這是一個特別的朋友圈，大家不會侷限於狹隘的專業；而且這些朋友多具有熱情、理想性，以及關懷社會與國家大事等特質。連繫了這樣一批朋友，無形中奠定了出國後籌辦《科學月刊》及保釣運動的基礎。

出國留學

一、美國芝加哥大學

大學畢業以後，我先服完一年兵役後才出國留學。出國前，我們這些好朋友曾經多次聚會，講好出國後要設法保持聯絡。大家推舉我設法負責建立聯絡網。我到美國安頓下來以後，就開始著手這件事。當時聯絡很不方便，沒有Line、Facebook、email，連影印機都不普遍。[8]而且我們這批出國的好友至少有三、五十人，要一一和他們通信不是一件容易的事情，就算一一寫信，也只是單向而已。例如：你分別和甲、乙通信，甲和乙之間不見得彼此知道信息。後來想出一個方法，叫循環信。這是一個循環通信的系統：我寫給A1，A1加上一些內容，連同第一封信傳給第二個人A2，A2再補上一段後傳給A3，這樣子一直循環下去，每個人就可以知道所有其他人的信息。

但是這種循環信系統有很大的缺點，就是一旦參加的人多，循環變長了，就要等待很久才能看到下一位的信文。於是我們把它分成好幾個小循環；而且，每個小循環完畢以後，再與別個循環交錯著看。如此維持一個比較有效的連繫方式。參加這個循環信的人數，從一開始的三、四十人，增加到七、八十人，最多時分成八個循環。具繪畫才能的曾昭旭[9]（當時在臺灣）還為每一個循環設計一個封面，畫了幾幅畫。後來創辦《科學月刊》和推動保釣運動，這個聯絡網都發揮相當大的作用；這並非有先見之明，而是無心插柳柳成蔭。

一九六七年我進入芝加哥大學念書，十月二日開學。第二年，一九六八年秋季班，通過博士班資格考試。芝加哥大學是學季制（quarter system），一年分為四個學季，和臺灣所採用的學期制不同。對於有意從事科學研究者，博士學位是起碼的要求；研究型大學的科學類研究所都設計讓研究生跳過碩士學位，直攻博士。我考過博士資格考試後就比較輕鬆了，只剩下一篇論文。當時覺得還有很多東西不懂，還想多聽一些課，所以也不急著寫論文。

除此之外，初到美國還有許多深刻的印象。第一，感覺臺灣和美國相比之下差距很大，特

8　一九三八年美國人卡爾森發明了影印機，但一九五九年第一部商用影印機才上市，在當時是屬於昂貴的機器。一九六〇年代一般院校仍採油印為主。

9　曾昭旭（一九四三年二月二日—）別號繼光，筆名明曦，臺灣哲學學者，原籍廣東省大埔縣，《鵝湖月刊》創辦人之一。畢業於臺北市立建國高級中學、國立臺灣師範大學國文系，為國立臺灣師範大學國文系碩士、博士。曾任臺北市立建國高級中學教師，高雄師範學院國文系講師、副教授兼所長，國立中央大學中文系系主任，《教與學》雜誌編輯，《鵝湖月刊》主編，淡江大學中文系教授。

別在物質建設上。美國有高速公路、高樓大廈等，臺灣幾乎沒有。這些本來也知道；但是直接接觸之後，還是受到很大的刺激。看到人家的社會好，很自然也希望自己的社會好。第二，發現美國的臺灣留學生都在罵國民黨，罵中華民國政府！那時候臺灣還在戒嚴時期，各種言論都受到壓抑。但到美國之後，各種不同立場的主張在美國社會都可以公開呈現。很多人罵蔣介石獨裁，破壞憲政體制，連任多屆總統不下臺；還有黨禁、報禁，人人都罵。我對政治不是很有興趣，但總以為，這樣罵又有什麼用呢？我認為應該用積極的態度，具體做點正面的事情，化消極批評為積極實踐，而不是用負面的方式看事情。

第三，在科學領域更是大開眼界。在臺灣，進大學以後可以看到原文書，已經是開了一些眼界，但是書還是不多。到了美國，一進去圖書館，簡直是琳瑯滿目，好像是阿里巴巴進了寶藏室，而且很多書都是通俗性的。如果我中學時就讀到，甚至小學時讀到，我應該會非常興奮。於是我漸漸形成一個想法，就是要為臺灣創辦一份雜誌，這就是後來《科學月刊》的思想雛形。這個雛形也剛好可以為前述的刺激找到出路：一方面可以跳脫純批評的消極態度；另一方面，我認為政治問題很複雜，且意見分歧，如此力量不斷內耗，對於改革弊病並無助益。從事科普教育正是我們力所能及，又比較沒有歧見的事情。

我剛到芝加哥大學時，住在大學內的國際學舍，當時和我一起去的臺灣同學中，與我一起進芝加哥大學的並不多，其中有幾位剛好都認識，一位是曹亮吉，他是建國中學畢業的，在建國中學時成績就非常好，後來就讀臺灣大學數學系，我對數學也很有興趣，所以在大學時就和他很熟。同時，他也參加《中學生科學週刊》的編務，劉容生辦《新希望》雜誌時，他和我一樣被劉容生拉去當聽眾。後來申請學校，我們兩個剛好都申請到芝加哥大學，也一起申請到國際學舍，並成為室友。所以對於很多事情的看法，我一直都和他討論。

二、創辦《科學月刊》

一九六八年十月，我通過博士資格考之後，開始設法把出國後的感觸所滋生的構想化為行動。主要構想有三個重點。第一，許多臺灣留學生拿獎學金在美國留學，不愁生活，應該對培育自己的社會有所貢獻；第二，看到美國的科學刊物與通俗科學書籍琳瑯滿目，而臺灣的科學教育如此落後，亟需有人去做點事；第三，留學生的思想分歧，如何才能捐棄成見，相互合作呢？共同辦一份有意義的刊物或許是一個辦法。但是，要把構想化為行動，需要有基本團隊。因為我在芝加哥大學念研究所，這個團隊自然以芝加哥大學為基礎。我們那一屆進芝加哥大學的同學大約有十人，除了曹亮吉，還有魏弘毅（物理系）、陳達（大學念數學，進芝加哥大學統計系）、吳力弓、賴昭正、陳宏光（以上是化學系）、洪秀雄（地球科學系）、徐均琴（生命科學博士後）等；這些人都是念科學相關科系。還有一些念人文或社會科學領域的，如夏沛然及其夫人王渝、邵玉銘、趙林等。當然，還有一些學長們，如謝克強、王如章、張子賢、陸光祖、林少達（以上是物理系）、許景盛（化學系）、許文雄（歷史系）等。以上這些同學或多或少參與過《科學月刊》或保釣運動。

另外，還有幾位教授級的華人也參與《科學月刊》或保釣運動。其中，一九六八－一九六九年因學術假期（sabbatical leave）來芝加哥大學研究的新竹清華大學李怡嚴教授後來成為《科學月刊》在臺灣創刊的主要負責人之一；另一位是楊國樞（一九六九年在伊利諾大學完成心理學博士）；以及李遠哲教授（一九六八年來芝加哥大學任教）、廖述中教授（兩位均來自臺灣，對《科學月刊》與保釣運動均略有參與），何炳棣教授（歷史系）、鄒讜教授（政治系）（最後這兩位是早年從中國大陸來北美洲的知名學者，對保釣運動都有一些貢獻）等。

大部分的新生一開始都住在芝加哥大學的國際學舍，所以在餐廳吃飯時經常坐在一起，誰先進來吃，第二個人看到，就主動坐在同一桌，後來就變成一整桌，餐桌因而成為交換信息、凝聚共識的場所。一九六九年二月，經過餐桌會議多次的討論，並與美國各地及臺灣的友人通信，決定創辦《科學月刊》。三月，發出《科學月刊簡報》第一期，印兩百份，寄給各地的朋友們。共同發起人有李怡嚴、吳力弓、洪秀雄、徐均琴、陳宏光、曹亮吉、許景盛、勞國輝、劉源俊、賴昭正，以及我，共十一人，並確定《科學月刊》為臺灣高中到大一程度的通俗科學雜誌。

在籌備期間，由我擔任總負責人，並決定這份雜誌必須包括數學、物理、化學、生物、地球科學、心理等自然科學的文章；另外設科學家傳記、科學方法、讀者信箱、數學趣味、科學新知、軼聞、科學教育等專欄。每門科學設一組，各組及專欄各聘一人為組長，負責該部門的聯絡及催稿、審稿等事宜。其中，讀者信箱專欄的負責人是李怡嚴；數學組的負責人是曹亮吉；物理組的負責人是當時在哥倫比亞大學留學的劉源俊；物理化學組是賴昭正；有機化學組是陳宏光；生物組是徐均琴（徐復觀的女兒），當時在芝加哥大學博士後研究；天文學組是謝克強與王如章，當時均為博士後；地球科學組是洪秀雄。我與賴昭正、曹亮吉及洪秀雄等四人同住之公寓，就成為聯絡中心所在地。

一九六九年三月，第一期簡報（手抄油印本）及邀請書出版，我前往聖母大學、普渡大學、伊利諾大學等校訪問。而臺灣大學心理系副教授楊國樞答應在暑假回臺後與清華大學物理研究所第一任所長李怡嚴共同負責國內諸事。四月，與李怡嚴教授一起訪問西北大學、伊里諾大學。五月，聯絡中心發出第二期簡報，長達十八頁，約一萬二千字，敘述最新的聯絡情形，並綜合五十多封信及當面討論之建議，各組計畫及聯絡情況，擬定第零期試印辦法，預定於一九七〇年元旦創刊。同時，增設各組負責人，包括數學趣味組的負責人為曹亮吉，物理化學及科學新知組之負責人是賴昭正，心理與科學方法組的負責人是楊國樞，心理組的負責人是江清源，天文組的謝克強、王如章，插圖組的勞國輝，章程研究組的歐陽博。六月，我又到馬里蘭大學、費城、紐約、石溪、麻州州立大學、波士頓等地宣傳《科學月刊》，並請李雅明負責科學哲學專欄，沈君山負責書評專欄。

七月，出版第三期簡報，並獲捐款八十四筆，共計九百零五美元。八月，在臺北市忠孝西路織布大樓召開國內第一次籌備會議，參加者有李怡嚴、楊國樞、趙玉明、宓世森、王重宗、賴其鵬、賴東昇等人。接著，在臺灣大學數學系及臺北市光復南路召開國內第二次、第三次籌備會議，分別決議建立工作人員通訊錄及徵求國內發起人，以及編印第零期試印本，推選李怡嚴、楊國樞為召集人，負責籌備會及第零期出版事宜。第零期的編印分工如下：（一）編校組召集人趙玉明，成員宓世森、陳讚煌、劉凱申、江志樞、康明昌、李怡嚴。（二）總務組召集人劉凱申，成員黃碧端、袁家元、楊國樞、瞿海源。而原打算籌組一份科學雜誌之王重宗及臺灣大學理學院吳瑞碧、段乃華、蔡式淵等二十人，亦決定加入《科學月刊》。

《科學月刊》的編輯及作者群多數在美國，刊物則在臺北出版。同時，《科學月刊》也是臺灣留美學生連繫的重要橋梁，保釣運動即以此連繫網絡作為基礎。經過一年多的籌畫，於一九六九年九月十九日在中國大飯店舉辦創刊茶會，由李怡嚴主持。同時，第零期試印本在臺灣出版，並列有國內、外共同發起人共一〇四人；之後請臺灣大學心理系師生做讀書調查，供作正式創刊時編輯的參考。一九七〇年一月一日，《科學月刊》在臺北市正式創刊，旨在「普及科學、介紹新知、啟發民智、培養科學態度」，每本售價十元，學生半價優待，締造了連印一萬八千冊的佳績。在創刊號中清楚寫著：「《科學月刊》不但要普及科學，介紹新知，並且要啟發民智，培養科學的態度，為健全的理想社會奠定基礎」。其後，每期的稿件由芝加哥聯絡中心彙集稿件並整理後，寄到臺北印行。在臺灣的印行工作主要由李怡嚴、宓世森、石資民、石育民等人負責。這是一件長期且極為辛苦的工作，為了充分溝通分散在各地參與者的意見，除每星期從芝加哥聯絡中心發出一份《科學月刊工作通報》討論《科學月刊》內容上的各種問題，自一九七〇年四月十七日起，每月中旬的那一期《工作通報》定為討論號，由各地聯絡員輪流主辦。

不料，七、八月間，日本驅趕在釣魚台附近捕魚的臺灣漁民。這些漁民回到臺灣後向社會申訴，媒體報導了這個消息。當消息傳到海外之後，留學生都很氣憤，認為釣魚台根本不屬於日本，只是被日本人霸占了，因而醞釀出保釣運動。《科學月刊工作通報》第三十六、四十及四十一期更因此特別出版「釣魚台事件專號」。

保釣運動風起雲湧之際，在美國的留學生因投入保釣運動，致使稿源斷絕，讓《科學月刊》首度瀕臨搖搖欲墜的困境。而許多參與保釣運動的留學生被政府列入黑名單，致使知識分子群聚的《科學月刊》也因此籠罩在政治陰影之下。情治單位也行文各中學，要求不得訂閱《科學月刊》，學生訂戶也被教官三申五誡，原本定位為「以高中到大一學生為主要對象」的《科學月刊》因而大受打擊，銷路及形象皆大幅跌落。最後只好忍痛割捨，把刊物的重心自海外移回臺北。

保釣運動

一、保釣運動的展開

保釣運動一爆發，各地方開始關心這件事情，並想要進一步了解釣魚台的相關歷史、地理、地質、資源、國際法等。留學生多半是學科學的，重視證據，強調理性。大家認為，我們必須先了解釣魚台究竟是不是我們的？如果要和日本辯論，證據在什麼地方。當時美國很多大學都有很好的中文圖書館，可以找到很多資料，除了中文資料，也有很多英文資料。經過幾個月到處蒐集資料，大家互相研討、撰文，逐漸釐清釣魚台的主權問題，確認日本霸占是毫無道理。同時，大家覺得過去日本侵略中國，不論是八年抗戰或是更早以前的甲午戰爭，已經是欺人太甚，怎麼現在又來欺負我們？除了氣憤，大家也擔心現在日本的經濟實力強大了，會不會又來欺負我們？所以大家更決心要保衛釣魚台。

保釣運動醞釀到一九七〇年年底，有些地方開始成立一些組織，名稱多為〇〇保衛釣魚台行動委員會，特別加上「行動」兩個字，表示我們不是書生空談，而是有行動力的。事實上，一九七〇年底，來自普林斯頓大學的一本名為《釣魚島須知》的小冊子傳到了柏克萊的校園，加州大學柏克萊分校一直是美國自由傳統盛行的校園，且港、臺留學生也多，這裡後來成為保釣運動最活躍的地方。這本小冊子提到了釣魚台問題背後隱藏著日本對於石油和天然氣資源的爭奪，並且從地理、歷史、海洋法等方面闡釋釣魚台主權隸屬於臺灣的事實。之前一年，美、日聯合公報決定於一九七二年五月十五日將琉球歸還日本，其中包含了歷來屬於臺灣的釣魚台。幾乎與《釣魚島須知》四處傳播的同時，一九七〇年底，又發生沖繩縣警察局將釣魚台上青天白日旗拔下撕毀，並驅逐臺灣漁船的事件。這深深刺激著在美留學的臺灣學生的家國觀念和民族情感。一九七〇年十二月十九日，普林斯頓大學的沈平、李德怡等人率先組成保衛釣魚台行動委員會，強調以行動警告日本，抗議美國，喚醒國人。當時沒有網路，甚至電話也不普遍，《釣魚島須知》小冊子依靠《科學月刊》的聯絡網得以迅速傳播。短短兩個月間，至一九七一年年初，保釣行動委員會幾乎遍及全美各地近六十所高校。

一九七一年一月二十九、三十兩日，三千多名臺灣及香港留美學生相繼在美國東部的紐約、首都華盛頓、中西部的芝加哥，西部的西雅圖、舊金山、洛杉磯等六個城市進行示威遊行，高呼保衛釣魚台，正式展開保釣運動。那時候大家都非常熱情，運動也發展得很快。

反觀臺灣當時還處於戒嚴時期，國內相繼發生《自由中國》雜誌被停刊、雷震案，[10] 連具有批判精神的非政論刊物《文星》雜誌也被迫停刊。當時的臺灣社會沒有表達異議的管道。政府認為海外留學生在臺灣時都很乖，只會讀書；而且我們在臺灣的時候，也是臺灣最安靜的時候，直到我們出國。所以在臺灣政府的心目中，我們一直都是很乖的，怎麼到了海外之後都變壞了？所以開始質疑留學生的背後是否有「共匪」在煽動？

10　一九六〇年雷震與臺港在野人士共同連署反對蔣中正三度連任總統。一九六〇年五月四日他發表了〈我們為什麼迫切需要一個強有力的反對黨〉，鼓吹成立反對黨參與選舉以制衡執政黨。五月十八日非國民黨籍人士舉行選舉改進檢討會，主張成立新黨，要求公正選舉，實現真正的民主。決議即日起組織「地方選舉改進座談會」，隨即籌備組織中國民主黨。雷震擔任地方選舉改進座談會召集委員，與李萬居、高玉樹共同擔任發言人。七至八月間舉行四次分區座談會，情治單位進行密切監控。一九六〇年九月四日雷震、劉子英、馬之驌、傅正被逮捕，並被軍事法庭以「包庇匪諜、煽動叛亂」的罪名判處十年徒刑。

另外一個重大因素是，在保釣運動之前的兩、三年間，臺灣的外交重挫，尤其是在保釣運動發生之前的半年至一年之間，中國透過乒乓外交與美國逐漸開展外交關係，全世界主要國家見狀也紛紛轉向，臺灣執政當局處於很大的外交壓力下，對海外留學生參與保釣運動更是敏感。也因為臺灣覺得美國逐漸不可靠，只能尋求日本的支持。當時日本首相佐藤榮作執政多年，與臺灣的關係非常緊密，臺灣當局對海外留學生參與保釣運動，抗議對象竟是「唯一可靠的盟邦」，對保釣運動不僅懷疑，甚至轉為敵對，導致部分參與保釣運動的人與執政當局敵對。最初，我們也不知道為什麼要擔心？後來才比較清楚，就是政府暗中阻撓保釣運動。可是一阻撓就引起學生更大的反彈，我們自認為愛國，為什麼要阻撓我們？所以逐漸和國民黨政府形成對立。剛開始只是反對日本，抗議日本，後來發現這件事的起源是美國將釣魚台交給日本，所以我們連美國也抗議。我們在做這件事時，認為臺灣政府應該給我們鼓勵才對，因為我們是愛國行動，就是以前所接受的愛國教育的實踐。沒想到，就像是葉公好龍一樣，龍真的來了，葉公反而被嚇死了。

第一次示威遊行在一九七一年一月底。這是臺灣留學生第一次的大量集結，自主上街，衝破了長期戒嚴所形成的恐懼感，具有里程碑的意義。雖然如此，保釣運動的直接目的並未達到，因為不可能一次遊行就達到目的，所以大家繼續抗議，不達目的，絕不罷休。第二次保釣遊行在四月十日舉行，是非常大規模的示威遊行。兩次示威間還發生一件大事，就是海外五百位華裔學人共同發起連署，要求政府一定要保衛釣魚台。這些學人都是國際知名的學者，有很多位還是中央研究院院士，帶頭者之一是近一、二百年來中國最偉大的數學家陳省身。陳省身不但學術地位很高，和臺灣政府的關係也很好，他帶頭發了一封連署信，對臺灣政府產生很大的壓力，政府也很難說參加保釣運動的人都是被匪利用，或是為匪宣傳。這份連署信共有五百位學者連署，所以稱為「五百學者的連署信」。他們聯名上書蔣總統，要求保衛釣魚台。當時的總統府祕書長是張群，由他代表總統回覆，內容刊登在報紙上。[11]

四月十日，第二次大遊行之後，按理應該會繼續抗爭下去，但是沒有繼續的一個非常重要的理由，是當時臺灣政府的處理方式實在是很糟糕，可以說糟透了！讓大多數的留學生感到失望。保釣運動之初，有一些參與的學生還有點怕；五百位學者的連署信出來後，也不怕了。不久，臺灣政府開始勸戒、開始打壓留學生，明的、暗的，像我在芝加哥，就被寫了匿名信、打恐嚇電話。校園裡的國民黨員，人數雖然不多，卻做了一些很不應該的事，例如寫匿名信、造謠、黑函，使大家越發生氣，很多人都收到黑函，甚至打架。在臺灣的家人也會受到騷擾，和家人通信就會感覺到，臺灣政府和他的家人說：「你要勸勸你的孩子，專心讀書，不要去搞這些事情，小心被壞人利用。」有些勸不聽，或是擔任政府的公務人員的話，那壓力就更大了。打壓一段時間後，就開始對立。所以我們和臺灣政府的關係就越來越惡化。

11 〈維護釣魚台嶼主權，政府立場素極堅定——總統囑張祕長函覆旅美學人，嘉勉愛國忠誠深望共體時艱〉，《中國時報》，一九七一年三月十九日，第一版。

我本來對政治沒有太大的興趣，但是透過《科學月刊》聯絡了很多人，並建立了一個非常有效的聯絡網，很多支持《科學月刊》的人也都支持臺灣、關心臺灣，他們支持《科學月刊》之後，也會關心釣魚台。雖然我不是那麼有興趣，但是大家這麼關心、這麼有興趣的狀況下，我就這麼被捲進去了。

最初我認為保釣運動是政治運動，但是有人來說服，說這不是純粹的政治運動，而是國家的大事，現在國家被人家侵略了，不論是誰都應該挺身而出。因此，很多《科學月刊》的人都參加了保釣運動。而且從《科學月刊》起，大家已經有了共識，彼此的信任感很高。不然的話，保釣運動是有政治性的，有些人難免會猜測，或者很容易被分化，如果這樣的話，整個運動就很難發展起來了。保釣運動之所以一下子擴張開來，這是一個很根本的原因。

一九七一年四月十日第二次的示威遊行，一般估計有兩、三千名學生參加華府的遊行，聲勢浩大，為保釣運動示威的最高潮。同一天，在美國西岸的西雅圖、舊金山及洛杉磯也各有一場，總共四場。華盛頓是美國的首都，當然最重要，美國的東部、中西部的留學生都匯集到那裡去，希望能製造出較大的聲勢，美國《紐約時報》報導估計有四千人參加，並指出根據在美國的臺灣留學生比例來看，四千人相當於當時美國參與反戰示威活動的六十萬人，所發揮的影響力當然是非常驚人的。

四月十日華盛頓保釣遊行的第一站到美國國務院，抗議美國將釣魚台交給日本。之前保釣人士已經有人和國務院的官員接觸，知道他們的說詞，所以我們就根據這些說詞做好預備，結果我們大隊人馬集中到國務院，前面停著一部小貨車，裝有擴音器，以及一張桌子，主持人就站在桌子上，當作臨時講臺，然後有人上臺演講，並推派三位代表，手拿我們事先擬好的抗議信進去國務院。代表們進去之後，大家都在外面，有人就上臺演講。過了一陣子，他們出來了，並上臺向大家報告進去後的情形。代表們說明，美國國務院只派出一位三等祕書在那裡等我們，顯示對保釣遊行不夠重視。更重要的是，國務院根本不理會我們的抗議內容，只簡單地說：「我們認為釣魚台是屬於琉球的一部分，它的管理權將隨著琉球交給日本。」對我們駁斥的理由完全不理會。當代表們說明美國政府的反應後，很多人聽了很難受，我參加芝加哥大學的遊行隊伍，旁邊是伊利諾大學，有一些參加遊行的女同學一聽到這種答覆，當場就哭了。過去我們以為美國應該是會主持正義的國家，結果和想像差距太大，所以很多人都很生氣、很難過。但是回頭一想，這裡畢竟是人家的國家，我們又能怎麼樣呢？

接下來一站是中華民國駐美大使館。從國務院走到駐美大使館，大約花了近一個小時，遊行過程中，大家都憋了一肚子氣，好像小孩子在外面被人欺負，想要回家訴苦一樣，終於要到我們的大使館了，總是希望得到什麼，至少出來說一些安慰或鼓勵的話。這之前，又出現一個插曲，就是四月十日遊行示威之前的兩、三個星期，政府發表外交部長魏道明即將退休，由當時的駐美大使周書楷接任外交部長。按理說，發布他是新任的外交部長，應該儘速趕回臺灣就任，但他並沒有回去，而是拖到四月十五日才回去，傳聞他要等到接見保釣運動人士，聽了意見以後再帶回去。很多人因此有所期待，特別是在美國國務院的抗議不受重視下，大家更加期待。

結果到了中華民國駐美大使館，周書楷竟然不出來和大家見面，令大家很憤怒，認為你好歹出來和大家見個面、講幾句話，怎麼不出來呢？大家在外面一直喊：「周書楷出來！周書楷出來！」當然我們在外頭還是有演講，也派了三位代表進去，其中之一是在辦《科學月刊》認識的。事隔半年之後，有一次遇到他，聊起這件事情，他講了一些當時的過程。他說進到裡面後，就問周書楷說：「請問臺北對這封抗議信有什麼回應？」周書楷答說：「臺北還沒有回應。」代表們覺得很奇怪，為什麼還沒有回應？我們在兩個星期之前已經以雙掛號將抗議信寄到臺北了，怎麼沒有收到？周書楷說：「這有什麼呢？說不定在飛機上掉到太平洋去了！」這不是公開講的，是事後講的。我想如果當時公開講的話，說不定大家會憤怒得衝進大使館。

周書楷說沒收到，所以大家準備一大堆要和他要求或抗議的材料都派不上用場。代表只好問說：「周大使，我們也寄一份抗議信副本給你，請問你的意見？」周書楷回說：「對，好像有這個印象。」他把手一攤，指著一大堆檔案信件說：「我現在快要離開了，忙得不得了，好像有印象，讓我查查看。」這表示他還沒看過，代表們就更生氣，只能當著他的面把抗議信念給他聽，然後就出來了。這些細節並未向遊行大眾報告，只表示臺灣政府對這件事沒什麼意見。即使上述戲劇性的細節沒有公布，但是政府沒有積極的反應還是令大家非常失望。遊行人士普遍覺得，保釣問題不只在日本和美國，恐怕我們自己的政府也有很大的問題。在這種狀況下，大家覺得再到日本大使館抗議，又能怎麼樣呢？如果我們的政府是這種態度，向日本抗議又能怎麼樣？所謂示威遊行只是在製造一種氣勢，來督促政府要強硬起來。但是如果自己的政府態度消極，再去向日本抗議有什麼用呢？

當天晚上，我們在馬里蘭大學召開檢討會，邀集參加遊行的單位各派一、兩位代表參加，大概有一百多人，會議情形一面倒，大家都很生氣，都在罵臺灣政府。同時，也不知道下一步該怎麼辦。在那樣的氣氛下，沒有人提出再舉辦第三次示威遊行。我們不是政府，沒有軍隊，沒有資源，憑什麼保衛釣魚台呢？

如此一來，一方面留下很大的失望，一方面留下很多的疑問。主要有三大疑問，第一是日本為什麼又來欺負我們？以前的歷史告訴我們，日本從甲午戰爭或明治維新以來就企圖征服亞洲，征服世界，但是教科書也說，第二次世界大戰日本戰敗以後，蔣中正總統對日本以德報怨，從此日本就洗心悔過，怎麼現在又來占我們的釣魚台？第二個問題是美國為什麼偏袒日本？以前我們所接受的教育說：美國是主持正義的國家，怎麼現在是這樣的表現？我們也不了解。第三個是我們只是純粹去保釣，為什麼臺灣政府不支持？反而打壓我們？

另一個背景是，保釣運動之後，臺灣有一些作家如黃春明、陳映真等人，發起了鄉土文學論戰。鄉土文學論戰爆發之前，鄉土文學已引起廣泛的注意，因為有一份《夏潮》雜誌刊登了很多臺灣鄉土文學的作品。鄉土文學的論述，包括自治時期一些臺灣作家楊逵、賴和，以及戰後一些新生代作家陳映真、黃春明等的作品，相當引起注意。另外，高信疆也多少受到保釣運動的影響，所以才編輯《中國時報》副刊，辦得有聲有色，其中一個專欄刊了許多報導文學的作品，引起大家對社會弱勢族群的關注，剛好可以和鄉土文學相呼應。保釣運動發生以後，他們也多多少少受到一些影響，在臺灣社會產生了一些作用。

二、保釣運動的探索階段

四一〇大遊行之後，就進入保釣運動的探索階段。保釣運動共有三個探索階段，第一階段是從一九七〇年八、九月以後到該年年底，即從臺灣漁民在釣魚台海域被日本軍艦驅趕引起留學生注意，到美國各地留學生紛紛成立保釣組織準備第一次大遊行為止。這期間，很多留學生去探索釣魚台的歷史、法律等方面的資料，目的在弄清楚釣魚台到底是不是屬於我們的？找資料作研究本來就是學生的拿手本領。於是上窮碧落下黃泉，圖書館或其他收藏資料的地方都被留學生翻遍，並弄懂領土主權歸屬的依據，確定釣魚台確實屬於我們。這是第一個探索階段。這個過程顯示保釣人士並非只有情緒性地反日、狹隘的民族主義；而是具有理性求真的精神，要先弄清楚真相。

第二個階段是四月十日的示威遊行之後，大家心中浮出許多困惑：首先，戰後日本為什麼併吞琉球、覬覦釣魚台？過去學校歷史課本告訴我們，日本二戰投降後在蔣總統以德報怨下，從此洗心革面，不會再對外侵略。可是現在它又要侵占釣魚台，這是怎麼回事？經過探索學習，發現所謂「戰後日本洗心革面」，只是臺灣一廂情願的說法。

其次，關於美國。我們以前被教育，美國是自由世界的領袖，在國際事務上主持正義。但是在釣魚台問題上，為何美國偏袒日本而未主持正義？也是經過研究學習，保釣人士才認識到美國是一個資本主義國家，它的外交目的是在保障或擴大美國的利益，而非主持國際正義。事實上，從美國介入越戰，保釣人士已經漸漸體認到美國不僅不是正義的主持者，而是一個侵略者，一個不折不扣的帝國主義國家。保釣人士才聯想到，美國在一九〇〇年也參加八國聯軍，本來就是帝國主義國家，只是我們把它美化了。

第三，探索近代史，特別是國民黨政府在中國大陸時期的歷史。保釣運動受到國民黨政府的打壓，讓留學生很納悶，明明是愛國運動，而且是根據過去在臺灣所受愛國教育的實踐，為何被打壓？這就引起大家對國民黨歷史的興趣，進一步延伸到對中國近代史，乃至於對世界近代史的興趣。結果不看則已，一看就發現，從九一八事變以來，中國有一大堆人要抗日，常常被國民黨打壓下去。可見國民黨打壓學生愛國活動，早有前科。

這三個問題弄清楚後，更大的問題是：怎麼辦？怎麼保釣？本來不知道這些歷史真相，還覺得或許是政府忽略了釣魚台問題。因此只要我們用宣傳、示威的手段，一方面表達對美、日的抗議，同時督促政府，就能達到保衛釣魚台的目的。如今發現，日本根本具有侵略野心、美國根本不會主持正義，更重要的是自己政府不僅不去保釣，還打壓愛國運動。不了解這些，以為保釣有希望；了解了以後，覺得沒有希望了。總之，探索之後，困惑解決了，但是卻更加茫然，看不到保釣的出路。

就在這個時候，那一年的七月，發生了一件震撼全世界的大事，七月十五日晚上六點，全美國的觀眾、聽眾，包括臺灣留學生在內，吃完晚飯正在看電視的時候，忽然全美國的電視臺與廣播電臺的節目一律中斷，聯合插播美國總統尼克森的重大宣布。尼克森總統發表聲明，指出他曾經祕密派遣顧問季辛吉到過北京，他本人則打算於隔年（一九七二年）訪問北京。尼克森在聲明中提到，周恩來總理聽到季辛吉轉達尼克森總統有意訪問北京，就代表中共政府邀請尼克森在適當時候訪問中國。念完聲明之後，尼克森還用一種非常高興的語氣說：「我非常愉快地接受這個邀請。」這項消息一出，全世界大為震動。

從一九四九年中華人民共和國成立以來，美國就對之全面孤立、封鎖與圍堵。美國不僅不承認中共，而且要求它的盟邦不得與中共建交。可以說，四分之一個世紀的國際局勢建立在美國與中共高度敵對的框架上。如今雙方要和解了，這對世界局勢衝擊之大不難想像。中華民國當然是首當其衝，但是一些主要的國家，如前蘇聯、日本等國，也遭受巨大的衝擊，甚至美國的民眾亦感受到巨大的震撼。美國在二十多年與中共敵對的過程中，為了獲得民意的支持，對中國的報導傾向於負面，甚至妖魔化，以此合理化美國政府對中國的敵對政策。美國民眾長期在這種負面報導下，已經形成對中國的負面刻板印象，認定中國是一個落後、貧窮、不民主、愚昧、窮兵黷武的國家，不應該與之交往。如今美國總統竟然要到這樣的國家訪問，這就引起美國社會的好奇：到底中國的實況如何？

臺灣留學生受到的震撼就更不用說了。許多人覺得自己好像被拋棄，畢竟我們是從臺灣出去的。還有人擔心未來，不知道怎麼看待國家與個人的處境。

保釣人士的反應更是複雜，一方面覺得難過、徬徨；但是因為經過保釣運動的洗禮，特別是四月十日那一場示威遊行之後，大家對臺灣政府都很失望，覺得政府不爭氣；但也同情其處境的困難，感到受美、日兩大強權的欺負。不僅如此，那時候在聯合國的席次也是岌岌可危。事實上，在那一年，一九七一年十月，中華民國被迫退出聯合國。保釣運動風起雲湧之時，正是聯合國席位非常危急的時候，所以臺灣一些官員對我們說：「目前國家碰到這麼大的困難，實在是沒有力量！」這些我們當然都知道，也能夠諒解；可是另一方面，我們也覺得，縱使外交上有困難，也不能把我們的土地當作禮物交換，不能為了保有聯合國的席次而把一部分的國土斷送掉。而且很多人認為今年用釣魚台交易，縱然是保住了，但是明年呢？明年要拿什麼去交易呢？是不是把澎湖群島拿去交易呢？所以大家雖然了解政府的苦衷，但無法認同它的做法。

更重要的是，在這個過程中，大家覺得臺灣政府實在是沒有力量，特別是針對日本那麼蠻橫、美國那麼偏袒，就算真的要臺灣政府去保釣，恐怕也是保不住。因為你連自己在聯合國的席次都保不住了，還能保衛釣魚台嗎？在這種情形下，突然發生美國總統尼克森宣布要到北京訪問的重大新聞，而且宣布的口氣，讓我們覺得尼克森以能得到中共的邀請為榮。我們看了，一方面覺得臺灣政府很悲慘；另一方面又讓我們覺得驕傲，這真是一個非常複雜的感覺。不管如何，大家感覺到中共有實力保釣！於是有人認為，說不定保釣的希望在中國，所以很多人開始往那邊去接觸。

尼克森總統的聲明還有一個效果，就是美國掀起一波中國熱。過去美國社會對中國的形容是兩種很奇怪的混合，一方面說中國人是陰險、奸詐的，非常負面；另一方面又說中國人是愚昧、無知的，但是這兩種性格事實上是衝突的，如果愚昧、無知，怎麼會奸詐、陰險呢？反正一般美國大眾媒體對中國的形容就是這兩類的混合體，以前我們都相信，現在突然發現以前所受的教育，包括在美國所看到的，似乎都不太對勁。美國人也是如此，過去美國人認為中國人都是非常負面的形象，好萊塢電影只要演到中國人的角色，都是奸詐、陰險、貪小便宜、不識大體的。可是現在美國總統要去北京訪問了，很多美國人會說：「這是那麼壞的國家，你為什麼還要去？」所以美國政府必須改變過去的宣傳，開始宣傳中國一些正面的東西，引起很多美國人的好奇，過去美國和中共是澈底的對立，所以大家對中國根本不了解。現在大家都想要了解，於是一大堆新聞記者到北京去訪問。

我們當然也很好奇，當時中共還在文化大革命的後期。文革的定義，狹義的說法是指一九六六年到一九六九年；廣義的是到一九七六年，就是到毛澤東過世，所謂文革十年。但是不論是廣義或狹義，文革雖然有一些負面的、壞的地方，但所提出來的理念，強調要走社會主義的道路，理想性還是很高，當時沒有像現在貧富差距那麼大，也幾乎沒有什麼貪官汙吏。當時中國正倡導社會主義的理念，鼓吹社會主義的理想主義，對很多保釣運動人士來說很有吸引力，因為參與保釣運動的人都是比較具有理想性的，所以很多人從認識中國開始接觸社會主義，接觸社會主義之後，漸漸地被社會主義的理想性所吸引，並開始左轉！

被列為海外黑名單

一、護照無法延期，成為海外黑名單

從一九七一年一月底保釣運動第一次示威遊行之後，就有一大堆人被政府列入黑名單，估計至少有七、八百人以上。被列入黑名單後，可以由幾個方面知道，包括家裡受到騷擾、父母有沒有來信警告，以及能不能回去？我的情況非常明顯，當時出國必須先申請一本護照，通常一開始是簽三年，有效期限三年，到第二年時，如果確定第三年還要留下來，就要去辦理護照延期，每一次延期，都是延一年，每年都要去延一次。我於一九六七年出國留學，一九六九年就得去辦理護照延期，之後再到美國移民局辦理延長簽證。護照的有效期限更新之後，美國政府再根據護照給予延長簽證，這樣才能留在美國，所以我於一九六九年第一次辦理護照延期，一九七〇年再延第二次，都沒有問題；但一九七一年第三次提出申請時就出問題了。我去辦護照延期時，有人把我帶到一個小房間，並對我說了政府的苦衷，希望我能夠為政府著想，我回說：「我不是要反對政府，政府保衛釣魚台，我當然支持，海外留學生的保釣運動就是希望政府能夠堅強起來，保衛釣魚台。但我對政府的表現很不滿意，感到失望。」大概談了一個小時左右，談完之後，我問說：「我的護照延期辦好了嗎？」他回說：「你的案子太嚴重，駐外領事館沒有辦法做決定，必須送到臺北去，由臺北來裁決。」我接著問說：「那什麼時候可以簽下來？」他說：「不知道，等到臺北有消息，會通知你來領。」

一開始我以為只是要等，也記不得等了多久，一直沒有回應，我就打電話去問，駐外領事館回說還沒有消息，我大概打了兩、三次電話，每次大概隔兩、三個星期，每一次都說沒消息，後來他似乎有點不耐煩，就說：「你不用再打電話來，我們收到後就會通知你！」但是一直都沒有通知我。

沒有護照，我在美國就沒有身分了，變成非法居留，也不能讀書了，因為註冊的時候，必須要有一位外籍學生顧問簽署，他會先查驗發照是否有效。我連護照都沒有，也就沒辦法完成我的學業，甚至不能工作，還好沒有餓死！主要靠《科學月刊》及保釣運動的朋友接濟。

再補充一下保釣人士淪為黑名單的過程。一月底的第一次示威遊行，臺灣政府突然發現海外留學生怎麼都來抗議了？因為我們那一代的人，可以說是處在臺灣最安靜的時代。在戒嚴體制之下，從來沒有學生從事政治活動，甚至組織讀書會都會被抓起來，社會風氣非常肅殺。因此，我們都是乖乖讀書的學生。保釣運動一發生，臺灣政府忽然發現，怎麼這麼乖的學生，而且都是念理工科的居多，到了美國後都變了？當然開始進行打壓。但是留學生覺得：我沒做錯啊！我們保衛釣魚台是愛國行動啊！教科書不是教我們要愛國嗎？結果卻遭到打壓，大家很是生氣！但是沒有人因為這樣的打壓而退縮。而且當時參加保釣運動的人太多了，因而流傳一個笑話說：「你去參加示威遊行，沒有人會問你為什麼去參加示威遊行，反而是你沒有參加，人家會問你為什麼沒有參加？」因此大家都很生氣，自認為沒有做錯，沒有任何不良居心。在這個情況下，大家都出來參加保釣運動，令臺灣政府很傷腦筋，完全壓不住！少數的國民黨忠貞黨員，一方面打小報告，一方面也建議不要再打壓下去，會有越來越多的人反政府。很多國民黨員後來都脫黨了，而且還和我們講他們怎麼開小組會議，怎麼樣來對付、恐嚇我們，我們才知道很多國民黨的內幕，很多人也因此反國民黨。最初大家還有一番掙扎，因為很多人一開始加入國民黨，是以為國民黨不錯，結果這麼一來，他們在良心驅使之下出現反彈。聽說有些國民黨的忠貞黨員向臺北反映說：「不能再打壓了，再打壓下去也沒用；再打壓的話，所有的人都反了。」後來他們似乎也聽進去了，因此想用懷柔的辦法，或是採取恩威並濟的辦法，該壓的壓，該懷柔的懷柔。

怎麼個懷柔法呢？首先，在第一次示威遊行之後，政府派教育部國際文教處處長姚舜到美國和大家溝通。照理說，姚舜是國際文教處處長，留學生似乎是他管的，他是主管，有責任，當然也有這樣的權威；更重要的是，傳聞四月十日紐約大遊行的總指揮李我焱與姚舜相識。李我焱是美國哥倫比亞大學物理系研究生，清華大學物理系畢業，出國前曾經在臺灣被關過，是政治犯。因為曾經是政治犯，因而不准出國。當時臺灣正努力發展科學，並舉辦暑期科學研習營，主要對象是研究生及大學四年級學生，我因為對科學很有興趣，也曾經去旁聽，講師都是海外歸國學人，有一年還邀請吳健雄回來演講，地點就在清華大學物理研究所。當時李我焱是清華大學研究所研究生，而且成績不錯，所以由他擔任吳健雄的助教。他很認真地做了很多準備工作、筆記，獲得吳健雄的賞識，鼓勵他到美國留學。他說因為過去坐過牢，沒有辦法出國。吳健雄基於愛才，鼓勵他說：「你到哥倫比亞大學來，可以提供獎學金。」並向臺灣政府提到，有這麼一個優秀的學生，應該讓他出國留學。政府本來不准，但是因為是吳健雄的請求，所以特准；但是必須有兩位保證人，吳健雄是他的保證人之一，另外一位據聞就是姚舜。有了這段因緣，姚舜就更加義不容辭，他似乎也覺得更有條件溝通。

結果，他訪問美國各大校園與保釣同學對話，到處都被質詢得很厲害，簡直是招架不住，鎩羽而歸。臺灣政府發現派正式官員來恐怕不行，於是改找一些對年輕學生有影響力的人士出來替政府講話，認為這樣比較有用。所以那一段時間就有好多知名學者到美國來，到處找參加保釣運動的學生「聊天」。沈君山就是其中一位，曾到很多地方去演講。當然，政府似乎沒有要求他像政府官員一樣地為政府辯護。其實這做法也沒有太大用處，但是他們總是做了一些努力。我因為辦《科學月刊》的關係，他們認為我對留學生有一些影響力，所以對我有所期望，希望我替政府說說話。沈君山到領事館時，也找了我去，感覺他們有這個企圖。

一九七一年護照被沒收之後，因為變成非法居留，自己當然有一點怕怕的，有些對美國法律比較了解的，要我先不用怕，並分析指出：首先，因為美國非法居留的人很多，當時估計有一百五十萬人之多，移民局不見得會找上你，所以不用太擔心。第二，你要小心，不能去打工，只要沒有非法打工，就沒有犯法，就算被抓到，也可以上法庭，說這是政治迫害，不見得會被遞解出境；但是如果打工的話，美國就會根據勞工法認定是非法打工，並把你驅逐出境，根本不理你政治上是不是受到迫害。所以那些比較了解的朋友就警告我說：「重點是不能去打工！」因為不能打工，只好靠《科學月刊》或是一些保釣運動的朋友接濟。第三，不要寫信回家。當時我哥哥、姊姊都在美國，但我沒有去投靠他們，不是怕他們擔心，而是保釣運動之後，我想多了解一些中國近代史的發展，以及臺灣的實況。

如此我才注意到原來臺灣還在戒嚴時期，也比較了解什麼是二二八事件和白色恐怖。以前我沒有聽說過白色恐怖。小時候我媽媽偶爾在私下談話中會提到臺灣曾經有一段時期很恐怖，但我不知道細節。當時我不敢問，其實也沒有興趣問。我相信即使問了，他們也不會講，父母何必跟你講這些呢？萬一你在外面亂講，反而容易惹禍！所以對這段歷史一無所知。保釣運動之後，我們才比較了解。美國芝加哥大學有一座藏書非常豐富的中文圖書館，藏書達二十多萬冊，比臺灣絕大多數圖書館的藏書都來得多。我在那裡看了很多資料後才比較了解臺灣的情況，了解臺灣有很多人在二二八事件，或是在白色恐怖時期受到迫害，甚至被抓、被殺。所以我的情況還是小事，自己並不算特別倒楣。

到美國留學之後，生活上都省吃儉用，也略有一點小積蓄，大概還可以維持兩、三年；在護照被扣以後，生活更簡單、更節儉，我還是在學校附近租房子，和其他人合租，基本上沒有太大的變化。有些朋友知道了，也會接濟一點，就是這樣，總算沒有餓死。

一九七八年底美國宣布將於一九七九年一月與臺灣斷交，當時臺灣正舉行中央民意代表增補選，那一次黨外的聲勢非常浩大，後來因為將和美國斷交，政府馬上在緊急狀況下取消選舉。第二年底又爆發美麗島事件，又是一次大規模的抗爭行動。我從一九七一、一九七二年以後才比較了解臺灣的很多問題，當時很多人一方面去了解中國大陸是怎麼回事、社會主義是怎麼回事；另一方面也回過頭來了解臺灣，才發現臺灣原來有這一大堆事情。特別是自己受到迫害後，才開始關心臺灣的政治迫害問題。

回過頭來再接續保釣運動的脈絡。一九七一年九月，隱約對立的保釣運動成員在安娜堡國是大會中正式分裂，即所謂保釣運動的左、右分裂，會後保釣運動分為三個不同路線，左派人士將保釣寄望於正要與美國建交的中共政權；右派成立反共愛國聯盟，捍衛國民黨政權；部分對國民黨政權失望的保釣人士則把關注的重心放在臺灣內部，形成保釣運動的第三條路線。我走的是第三條路線，開始關懷臺灣的政治、社會運動。

當時臺灣正處在山雨欲來風滿樓的階段。從保釣運動開始，在外交局勢迅速惡化的同時，臺灣內部也出現政權交班的變化，當時蔣介石年事已高，蔣經國正要接班而出現一些權力交接必然引起的內部紛爭。此外，當時臺灣經濟快速起飛，產生一批新興的中產階級，導致黨外民主運動的蓬勃發展。復次，長期戒嚴造成臺灣社會體制僵化，不公平、不合理的現象十分嚴重，各種社會改造運動蠢蠢欲動。雖然當時臺灣在戒嚴狀況下，但是因為海外保釣運動的聲勢太浩大，因而影響到臺灣，獲得一些響應，也有一些保釣運動，但是規模不是很大。因為保釣運動不能繼續做下去，因而逐漸轉化為校園民主運動、言論自由運動，臺灣大學也提倡要關心社會，發起像「百萬小時奉獻」運動等一系列的活動。同時，當時臺灣也出版《夏潮》雜誌。《夏潮》雜誌似有社會主義的傾向，對美國、日本有很多批評，與保釣運動較為同調，引起我們的關心。其他像鄉土文學論戰、〈一個小市民的心聲〉[12]以及《大學雜誌》的發行，黨外運動開始蓬勃起來，甚至《夏潮》雜誌也開始採訪海山煤礦的礦災、原住民的雛妓，並在新竹青草湖邊舉辦演唱會，為這些雛妓而唱；還有更早以前有些人開始提倡校園民歌運動，唱自己的歌。我們在海外很注意這樣的事情。

另一方面，我們也關注中國的情況，當時靠左是大趨勢，在大趨勢之中，有一些人將主力集中在中國大陸，甚至到中國去；[13] 也有一些人雖然關心中國，也了解中國，但是又花很多時間、力氣在關心臺灣，這是另外一派。這兩派其實沒有必然的衝突，只有優先次序不同罷了。在這樣的狀況下，我們就從保釣運動延伸下來，我因為不能讀書了，所以兩方面都有參與一些。我們開始從事一些活動，臺灣發生礦災時，我們還到處去募捐，設法幫助臺灣。同時，也開始和《夏潮》雜誌連繫，這些連繫都不能用公開的書信方式，而必須採取迂迴的辦法。這是因為我已經被列為黑名單人物，公然與臺灣朋友連繫，怕會不利於臺灣的朋友。比較保險的做法是經由可靠的第三者帶音信。第三者受委託來美國與我連繫，就會約在臨時選擇的陌生地點見面。這樣的接觸，主要是互相了解對方的一些消息，或是需要海外支援的要求。那時候花了不少時間進行這些不能公開的聯絡工作。但是像我這樣的例子不多，也不見得常常有人來。

12　〈一個小市民的心聲〉於《中央日報》副刊連載，自一九七二年四月四日開始連載第一篇至一九七二年四月九日第六篇結束，後續尚有相關報紙投書討論此六篇連載文章。

13　關於這些人的事蹟，請見喬龍慶、楊貴平和林盛忠等人的文章。收錄於謝小芩、劉容生、王智明編，《啟蒙・狂飆・反思：保釣運動四十年》，新竹：清華大學出版社，二〇一〇。

這種聯絡有點像是諜報工作，但其實傳遞的消息內容都是合法的，主要是避免帶給臺灣朋友麻煩。畢竟當時臺灣處在戒嚴時期；而我身為臺灣當局吊銷護照的黑名單人物，不能不謹慎，以免害了臺灣的朋友。

聯絡的對象不拘一類。《夏潮》雜誌的朋友最常聯絡，因為《夏潮》的理念與海外保釣運動最接近。其他黨外民主運動人士、各類社會運動人士等都有一些連繫。進行這些聯絡交流最主要的目的，是想更全面、更深入地了解臺灣。從參與保釣運動及隨之而來的探索，發現我們對自己成長的社會太不了解。學校教育及媒體資訊都不全面，只好尋求各種可能的管道。其次，從我自身受迫害的體驗，估計臺灣必然還有更多的弱勢者還在受各種迫害，經過保釣洗禮的留學生應該儘量支持臺灣的弱勢者、社會改造者或是民主運動者，因此要設法與他們建立關係。臺灣後來出來的留學生沒有經過保釣運動以及衍生的探索學習，因此與臺灣來的人聯絡也可以將我們在保釣運動實踐與探索所獲得的經驗與知識與之分享。記得有一次有三位年輕學生要到美國留學，臺灣就有人和我連繫，指這三人在臺灣都曾參加黨外運動，要我設法與他們接觸，並幫助他們認識保釣運動、國際局勢，以及近代史。過去臺灣的資訊很封閉，來到海外因為參加保釣運動，才看到很多東西，新出來的人未必有機會看到，因此可以提供他們一些資料，協助他們進入，包括我們對社會主義的一些認識。

進行這些活動，剛開始並沒有成立組織，但無形中從保釣運動延續下來的組織還在，並做了很多事情，譬如我們曾在芝加哥大學舉辦研討會，與芝加哥大學的遠東中心接洽，也得到他們的支持，因而舉辦了一次關於臺灣環保和原住民的研討會，這可能是全世界第一個舉辦臺灣環保和原住民議題的研討會，我們知道當時臺灣頗為關注環保問題，因此邀請各地的人來，也邀請一些臺灣學者來參加。這些工作一直到我返回臺灣之前都未間斷，忙得不得了，生活頗為充實。一九七五年我應邀到夏威夷，到處串聯，當時的我根本沒有收入，已經成為職業的保釣運動者，常有人邀請我去演講或交流。邀請方除提供機票、食宿，也提供演講費、出席費，對我這個沒有收入的人不無小補。

我在夏威夷碰到陳玉璽，他當時是夏威夷大學的留學生，那是他第二次去當留學生。他第一次也是到夏威夷大學，念政治系，當時中國大陸正在進行文化大革命，他的指導教授鼓勵他做這方面的研究，所以他就到圖書館看了很多相關資料，結果被打了小報告，說他看「匪書」，後來就不給他護照延期，逼他離開美國，結果他只好放棄學業離開美國，轉到日本。當時日本首相佐藤榮作和臺灣的關係特別好，都是堅決反共。臺、日之間有一項祕密協定，即日本政府會將在日本的臺獨或左派人士遣送回臺灣。陳玉璽的日本友人知道他在美國無法停留，就協助他到日本。不幸到了日本後，被佐藤榮作政府祕密遣送回臺灣，然後就被逮捕關起來。被祕密遣送、逮捕的消息傳到海外，他在夏威夷大學的老師、同學都很生氣，並向美國政府說明陳玉璽是為了學術研究才查看文化大革命的相關資料，卻因此被中華民國政府逮捕、監禁，嚴重違背學術獨立與學術自由。於是美國國務院就向臺灣政府交涉，最後爭取到審判時夏威夷大學的老師、學生可以在場旁聽，結果判刑七年。在此過程中，夏威夷大學的師生一直覺得對陳玉璽的遭遇有責任，所以每年都到中華民國領事館抗議、聲援，也常常投書美國報紙予以譴責，只要遇到什麼相關的事情，夏威夷大學的同學都會去示威遊行，雖然人數不多，但總是一直提出抗議，令中華民國政府感受到不小的壓力，所以他關了三年半左右，就獲假釋出獄。出來以後，他不能出國，就先到吳三連創辦的《自立晚報》當記者。這是一份民間報紙，政治立場支持黨外運動。期間，夏威夷大學還是有師生和他保持聯絡，甚至有人經常搭飛機來臺灣看他，並對他說：「上次的研究還沒有完成，現在假釋出來了，想不想再來念？」他當然想。所以夏威夷大學師生又示威抗議，要求臺灣政府讓他出國讀書。政府受了很大的壓力，只好讓他出國留學，再到夏威夷大學完成他的學位。當時已經是一九七四、一九七五年，保釣運動的高峰已經過了，但是他很關心，並和保釣運動結合起來。我才有機會到夏威夷，和一些臺灣留學生及關心保釣運動的人士座談，並進行演講。

當時陳玉璽告訴我說，臺灣又有政治犯被祕密逮捕，一批二十幾位，主犯是陳明忠。陳明忠在二二八事件時曾被逮捕過一次了，這是第二次。據說陳明忠刑滿出獄後，除了在一家民營公司就業，還積極連繫當時已經相當壯大的黨外運動。當時政府擔心黨外運動與中共呼應，對於黨外領導人比較傾中的如黃順興、余登發等人特別注意。據說黃順興的女兒黃妮娜不久前從日本祕密到中國大陸訪問。除了黃順興等人，陳明忠也和黨外運動青壯派領袖如康寧祥等人私下有往來。陳明忠這些活動顯然觸犯了國民黨的紅線，於是藉口陳明忠購買日文左翼書籍，在一九七六年七月初製造了這個政治案。這些無法證實的傳聞，合理地解釋了陳明忠被祕密逮捕的原因。

由於陳玉璽被逮捕的時候，日本的國際特赦組織曾經拯救他，他和國際特赦組織因而熟識。日本國際特赦組織關懷的範圍包括臺灣，他們知道陳明忠的事情後，就把這個消息傳給陳玉璽，我到夏威夷時，陳玉璽就告訴我這件事情。當時消息還沒有公開，我們先探討如何予以救援，首先將這項消息適當地披露，讓海外關心臺灣的人士先有心理準備。一旦判決了，而且如果是重刑的話，就可以迅速號召大家進行救援。國際特赦組織傳來消息說，這個案子被逮捕或被通緝的人共有二十一、二十二人，主犯是陳明忠。

果然到十二月間國際特赦協會傳來祕密判決的消息：陳明忠等三人被判死刑，其他則被判二十年、十五年、十年不等。於是我們緊急展開援救計畫，成立一個臨時性的組織，主張「拯救政治犯陳明忠」、「反對祕密逮捕政治犯」。所有的救援行動必須在一週之內完成。因為傳聞說，死刑犯最快兩週就可以執行。於是展開「黃金七天」的拯救活動，包括在美國英文報紙刊登廣告、示威遊行等。果然在一週內完成《紐約時報》刊登全版廣告（包括擬定廣告稿），連繫了幾百位中外人士與團體連署，包括諾貝爾獎得獎人等國際知名人士，策畫在芝加哥及紐約兩地遊行、抗議祕密逮捕與祕密審判、募款（主要用於廣告）等。這期間需要做大量的聯絡、協商、說服等工作，而且須在一星期左右完成。這麼短的時間內完成這麼巨量的救援工作，今天想起來還是覺得不可思議。這主要歸功於芝加哥大學的一批保釣同學。投入救援工作的同學幾乎沒日沒夜都在工作，總數也只有十幾位。特別要指出的是，其中有一半以上的熱心朋友是來自香港的留學生。她／他們經過保釣運動的洗禮，卻不是流行的「回歸祖國派」。[14]在保釣的成長學習中，她／他們也認識到臺灣處在戒嚴狀態，老百姓的各種民主權利多被剝奪，甚至還有祕密逮捕、祕密審判等事情。她／他們完全沒有狹隘的地域觀念，把臺灣的事情當作自己家鄉的事情。她／他們不是拯救工作的配角，而是主動積極地承擔起最吃重的工作，彷彿陳明忠是她／他們的家人。由於邀請簽署的知名人士遍及世界各個角落（美國當然占多數，但是也有少數住在歐洲與亞洲的知名人士），為了避免錯過電話，那批香港同學自己排班，二十四小時守候電話，沒有任何酬勞，完全自發自動。那種精神，真是人類文明最珍貴的結晶。

芝加哥之外，海外其他各地保釣人士也積極參加救援工作，也有許多感人的故事。這裡要特別介紹的是二〇一四年八月間去世的趙先國先生。他不是留學生，而是美國加州的一位家電維修工人，在北加州奧克蘭（Oakland）黑人區開了一間電視機維修店。他沒有高學歷，雖然也參加保釣運動，但不是要角，而是做一些後勤打雜、出錢出力的配合工作。趙先國低調、默默地奉獻，許多保釣人士剛開始也不知道有這麼一位熱心人士。但是一九七六年陳明忠案傳出後，他寫了一篇陳明忠第一次上綠島的故事。原來趙先國在一九五〇年代臺灣白色恐怖時期也是政治犯，是陳明忠的難友，在綠島相識。他看到過去的「同窗」再度被逮捕，於是站出來聲援。除了寫文章，還自費到全美各地保釣運動活躍的地方演講。趙先國不是善於演講的人，甚至有時講話口齒不清，但是他的誠懇、樸素卻感動了聽者，為日後迅速展開的救援行動奠定基礎。

陳明忠案原有三人被祕密判處死刑，其他人被判長短不一的有期徒刑。但是在海外迅雷不及掩耳且拯救力道強大的影響下，臺灣當局被迫宣稱尚未審判，並在幾天內重新開庭審判，原為死刑犯的陳明忠等三人改判十五年，其他人刑期亦減輕。

陳明忠案之後，我們仍持續救援臺灣的政治犯。或許受到海外保釣運動的感染，七〇年代臺灣也發生好幾起左翼學生運動的政治案件。還有更多是涉及黨外民主運動的政治迫害。其中以高雄的「美麗島事件」最引人注意，但其實在美麗島事件之前已經發生過幾次政治案件，例如余登發事件，以及其後發生的許信良桃園縣長被解職、宜蘭黨外前輩郭雨新助理陳菊被約談等事件，我們在海外也有救援行動。許信良被解除桃園縣長職務後，我們在海外舉辦示威遊行；至於美麗島事件，就更不用說了。

保釣運動之後，有一部分的人逐漸轉型，關心臺灣內部的事件，特別是當時開始冒出的各種社會運動，包括原住民運動、勞工運動、環保運動、校園民歌運動、鄉土文學創作，以及鄉土文學論戰等。海外這些經過保釣洗禮而關心臺灣社會的留學生經常保持連繫，逐漸形成一個無形的組織。這個無形組織的人數起起落落，但全美國各地都有，以參與保釣運動的人為基本

14　一八四二年，香港於鴉片戰爭時，因中英簽訂《南京條約》而使香港成為英國殖民地；一九四一年，日軍進攻香港，英軍被逼撤離新界和九龍，退守港島，日本占領香港共三年八個月；一九四五年，二次世界大戰結束，日本宣布無條件投降，便引發了香港的歸屬問題。在此之「回歸祖國派」應指政治立場上意屬香港回歸中國大陸政權之人士。

成員，再陸續擴充，並和臺灣保持連繫。在臺灣戒嚴政治高壓背景下，這些連繫當然不能公開。連繫的對象甚至包括剛出來的留學生，特別是那些已經參加過臺灣剛興起的學生運動、黨外運動或是社會運動者。例如當時有三位參加黨外運動的年輕人到美國念書，臺灣的朋友希望我能和他們接觸，這三個人，一位是邱義仁，一位是吳乃德，一位是當過勞委會主任祕書的賀端蕃，其中吳乃德申請到芝加哥大學研究所，邱義仁是南伊利諾大學，是一所比較偏遠的學校。

先是有人告訴我邱義仁在南伊利諾大學，我就想辦法開車去找他，開了六小時的車，和他見了面，他之前曾和吳乃德、張富忠等人幫郭雨新助選，那一次選舉好像落選，被做票做掉了，差一點釀成暴動。當時是郭雨新的助理陳菊去找他們的，他要請陳菊找一些年輕學生來幫忙，陳菊就找了林正杰、邱義仁、張富忠三人。他們出來後，就有人把這個訊息告訴我，說他們要來美國讀書，希望我和他們認識認識，所以我去找邱義仁。吳乃德因為就在芝加哥大學，所以很容易就認識了。

我找到邱義仁後，因為他曾在臺灣參加黨外運動，所以對哲學的興趣已經不是那麼濃了，轉而對政治學比較有興趣。我說：「你現在在這所學校，恐怕在政治學方面不是很強，你想不想來芝加哥大學？」芝加哥大學是美國最頂尖的大學之一，在政治學上也是最頂尖之一。他說他當然想，只是過去的成績不是很好，不見得能夠申請得上。我知道美國的大學如果有教授說這位學生可以的話，就一定可以的。於是我請鄒讜教授幫忙，鄒教授也很幫忙，所以邱義仁就轉到芝加哥大學。做這些事，當時都不能對外公開。至於那位曾任勞委會主任祕書的賀端蕃，當時也在芝加哥大學，但是因為芝加哥大學的學費太高，後來撐不下去，就轉到伊利諾大學芝加哥校區（州立大學）。

期間，我儘量參加其他海外臺灣人的活動，但是他們對我們有排斥。主張臺獨者，基本上對保釣沒有興趣，因為他們認為臺灣要獨立的話，必然會與中國對抗，所以一定要依賴日本；但保釣就是要抗議日本，所以從保釣運動開始以來，臺獨對保釣不僅是旁觀，而且經常講一些風涼話或批評的話。邱義仁和吳乃德等人是後來才強烈主張臺獨，最初我在芝加哥大學接觸吳乃德時，他並未主張臺獨。但是就在那一段期間，海外臺獨聲浪高漲，就被吸引過去了。

當時我和他們很熟，常常會聊天，邱義仁在臺灣時除了曾幫助郭雨新競選，也曾幫過施明德選舉。當時我們從海外看到施明德出版了一本小冊子《增設中央第四國會芻議》，後來談起，邱義仁說實際上是他寫的。因為那時候中央民意代表要全面改選，國民黨一直不肯，所以施明德就提出應效法美國設置參議院、眾議院，或像英國有上議院、下議院，臺灣已經是萬年國代、萬年立委了，就當作是上議院，然後另外重新改選一個下議院。

二、台灣民主運動支援會

我一直很關心臺灣，也想回臺灣，只是被列為黑名單後就不能回去了。從七〇年代到八〇年代，尤其在美麗島事件發生之前中斷的那一次選舉，黨外的聲勢很大，國民黨受到很大的壓力。企圖趁這個機會把這些黨外的力量壓下來，不然下一次選舉還是很危險。這是一年後爆發美麗島事件的基本背景。

當時我和臺灣部分黨外人士或社運人士有各種聯絡管道，傳來選舉中斷的消息以後，情況很危險，可能不久就會大逮捕，所以大家都很害怕，希望海外留學生能更積極地支持臺灣的民主運動，成立公開團體。所以我們就成立台灣民主運動支援會，由我擔任會長，不僅聲援臺灣的黨外運動，也支持臺灣社會的弱勢運動。成立大會時，大約有五、六十人參加，這時是一九七九年。成立不久之後，就發生余登發事件。余登發事件之後，又有許信良被解職桃園縣長事件。新成立不久的台灣民主運動支援會就舉辦示威遊行，聲援許信良與臺灣的黨外人士。

成立大會之後，大概不到兩個星期，美國移民局就找上我了。他們找我的時候，我剛好不在家。事後，我的室友敘述當時的狀況：他們問我是不是住在這裡？我的室友說是啊！接著說他們是移民局的人，並問說：「你知道林孝信的護照在什麼地方嗎？」他說：「不知道，你們自己去問他吧。」又問：「你知道林孝信靠什麼維生嗎？」我的室友當然就敷衍過去。最後，移民局的人留下聯絡電話說：「林孝信回來的話，一定要跟我們打電話。」我的室友就趕緊通知我一些從事運動的朋友，大家分頭去找，終於在圖書館找到我，並要我趕快躲起來。其實我知道不必躲，因為當初我成為非法居留時，朋友們曾告訴我不必太擔心，即使美國移民局找上門，通常也會有司法審判過程，不太可能馬上被遣送出境。但是朋友那麼擔心，不好拂了大家的好意，所以當天我就開了兩個多小時的車到另一位朋友的住處去，並趕緊打電話給律師。那位律師也曾參加保釣運動，當初我被吊銷護照成為非法居留時，就曾向他請教法律意見。他說：「你不要躲了，躲也躲不掉，躲反而不好。」我也知道躲不好，但是因為朋友擔心，叫我要躲。他說：「你趕快回去，打電話給移民局的人，他大概會約你去談，並進行調查，這都沒關係。為預防萬一，你最好找一位美國公民陪你去，他就不敢把你抓起來。」他說曾經有非法居留的人單獨赴會，對方見他落單一人，就馬上把他押上車，並送到機場，立即予以遣送出境；但如果有美國公民在場，他們就不敢這樣做。

我回來之後，就對我那些朋友這麼說，並打電話給移民局官員，果然如那位律師朋友所說的，對方開始問了一些問題，然後要我去和他面談，我當然只好去了。芝加哥的保釣朋友找了一位芝加哥大學的教授陪我去，這位教授過去曾參加美國的反戰運動，對我的情況頗為同情。在移民局調查談話了兩、三個小時，問題主要集中在我的居留身分及生活來源。首先，移民局調查員問我的護照在哪裡？我說我的護照被扣了。再問說有什麼證據可以證明我的護照被扣？我說被扣還要證據嗎？不信的話，你可以去問中華民國領事館，如果他們不承認，請他們補發一本護照給我。接著，又問我怎麼維生？有沒有打工？我說沒有打工。接著問說：那你靠什麼維生？我說我的生活很簡單，而且很多朋友會接濟我。他又問：「你不僅要吃，還要穿、要住？」我說：「我吃很簡單，穿也很簡單，我身上這件大衣也是朋友送我的，鞋子也是朋友送的。」「哦，你有很多朋友？」我說是啊！我有很多朋友。反正問了很久，反覆重點就是兩個，一個是身分問題，一個是有沒有工作？有沒有接受任何外國政府的錢？一直問這樣的問題，但是我都沒有，的確都沒有。

談完以後，他說：「你是非法居留，照理說我們可以把你遣送出境，但是我們給你一個機會上法庭為自己申辯，你一定要出席。」我說：「好，我知道。」接著，他帶我到一個地方，拍一張照片，然後捺指紋。這時候，我的腦海裡出現一幅景象，就是在美國的政府機構（譬如郵局的公告欄裡）會有通緝犯的照片，我的照片可能就在那裡。

後來我當然上了法庭，並請一位住在波士頓的律師朋友黃維幸幫忙。我從高中就認識黃維幸，他高我一屆，是建中軍樂隊的指揮，每天升旗典禮都會看到他。大學也是同校，但是他念法律系，接觸機會不多。大學畢業後出國深造，他到美國東岸哈佛大學就讀，順利得到哈佛大學的法學博士，然後在波士頓開業，我則遠在芝加哥。但是，因為共同參加保釣運動而拉近我們之間的距離。從籌辦《科學月刊》起，我就經常四處串聯，波士頓是常去的地方。他在保釣運動中不算最積極的分子，但還是有不少機會見面。友誼、保釣同志，加上他的專業傑出能力，我就請他幫忙。

黃維幸二話不說，從波士頓飛芝加哥出任我的辯護律師，完全沒有拿一毛錢，還要賠上來往交通時間，來一趟至少前後得花上三天時間，這三天他可以賺上多少錢啊！律師和我商量說：「你的案子很簡單，可以申請政治庇護，也可以申請政治難民。」我說：「我不用這個，當初我們發動保釣運動，抗議美國偏袒日本，現在卻要求美國的政治庇護，似乎很矛盾。」所以我說：「你幫我找另外一個方法，不要用這個方法。」

那位律師朋友果然厲害，不愧是哈佛大學的博士，就想了一個辦法，美國法律上稱為「suspension of deportation」，就是「暫緩驅逐出境」的意思。美國有這樣一個辦法，就是你本來要被遞解出境，但是法官可以裁決把這個驅逐出境的命令懸置。要獲得這樣的裁決，必須具備三個條件：第一是要在美國連續居住七年以上，沒有離開過美國境內。這個條件我已經具備，因為我已經在美國住十四年了；第二是沒有造成美國社會的負擔。所謂沒有造成美國社會的負擔，至少包括兩方面，一是沒有任何犯罪紀錄，所以我到居住地的警察局，請他們開立良民證；二是沒有在美國申請任何的社會福利，這個當然也沒問題。第三是你回到自己國家會有困難。

估計這個辦法的立法初衷是考慮到被告（非法居留者）已經離開自己家鄉七年以上，社會關係多半不存在了，回去難以生存。然而為了避免濫用這個辦法，它還有兩項補充規定：一、要有兩位以上的美國公民為你寫介紹信；二、司法裁決勝訴（即被告可以不被驅逐出境）後，還得經過立法機關的同意，亦即美國國會的同意。但是，美國國會當然不可能為這麼雞毛蒜皮的小事開會。黃維幸告訴我，美國國會每一會期會編印一本待議決的雞毛蒜皮案件彙編，發給每位議員。議員可以要求討論其中的任何案件，但是絕大多數的這類案件都無人理會。如果無人理會，經過一段時間就算自動通過。像我這樣的案件需要兩個會期，即兩年。

這幾個條件之中，關於未曾使用美國的社會福利一項，我當然不曾使用。但是回想起來，有過一個插曲。有一次我差一點申請了美國的社會救濟。那是一次急救上醫院的事件。在保釣後期致力於關懷臺灣的時候，因為太忙、太累，結果到一位朋友家聚會時，吐得非常厲害。朋友看到我這樣吐，當然很擔心，不由分說就把我送去醫院。我對自己身體的狀況很了解，知道吐完就沒事了。而且，我一沒錢、二沒健保、三沒身分，送去醫院急診一定有麻煩。但是因為嘔吐得很難受，說不出話來，就被好意的朋友強制送到醫院急診處。到醫院時，該吐的東西都吐光了，已經沒有東西可以吐了，只繼續吐一些胃液，沒有任何危急跡象。當時已是三更半夜，被先擺在急診室。護士看我好像沒那麼嚴重，也沒有太理我。到了清晨兩、三點鐘，看我沒什麼事了，就把我推到一般病房去。第二天，一位實習醫生先來量體溫、血壓，並問了一大堆關於個人健康史的問題，我就和他說：我已經沒事了，我想出院。他說不行，已經進來了，就不能隨便出院，態度很強硬。不久，主治醫生來看我，形式上問一些問題，巡視一下就離開了，我也來不及提出出院的要求。然後再隔一陣子，醫院的管理人員來了，要我填寫姓名、地址等資料，並問我說：「你的保險是哪一家公司？保險號碼幾號？」我說我沒有保險，他馬上緊張起來了，說：「那你要怎麼付你的醫藥費？」我說我不知道，並表示我要出院。其實我一入院即表示我要出院，但他們理都不理，甚至把我推到病房，我要出院，他們也不讓我出院，但他一聽到我沒有保險後，馬上就出去。過了一下，拿了一張紙來，上面寫著是我堅持要出院，如果有任何事情，一概與醫院無關，要我簽名，我當然簽了，簽了以後終於出院了。

出院一星期後，我收到一張五百美元的帳單。當時的五百美元，相當於現在的兩、三千美元以上，足夠我一、兩個月的生活費。我當然付不出來，這時候就很慘了，醫院不時打電話來催繳。後來他們看我支支吾吾，估計我付不出來，就對我說：「這樣吧，如果你付不出來的話，我們可以向州政府申請社會救濟。」我只好答應提出申請，但一問到我的證件號碼，我就慌了，因為我是非法居留，如果被牽扯出是非法居留，反而更麻煩，所以我回說：「我的證件一下子找不到了。」醫院一再向我追繳，我又沒有錢。正當狼狽不堪之際，剛好有一位朋友打電話來，我向他說了這件事，那位朋友馬上寄一張五百元的支票來，所以就不必申請社會救濟了，這筆錢後來也沒有還他。幸虧當時沒有申請社會救濟，否則後來就沒有資格申請暫緩驅逐出境了。

之後，我再找三位朋友幫我寫介紹信，他們是化學家李遠哲教授、華裔女作家聶華苓的先生安格爾（Paul Engle），以及哲學家王浩，都沒問題，所以最後獲得勝訴。勝訴之後，還要送到國會批准，經過兩個會期後，終於通過了，並發給我合法的居留權，時間是一九八四年，距離我於一九八〇年被逮到已經有四年之久。當然，被逮到一定是有人告密，但是不知道是誰告的密。

拿到美國居留權後，就可以在美國工作。我離開學校十幾年了，沒有博士學位，也沒有資金，更沒有美國的社會關係。更重要的是，我還繼續忙於從事支援臺灣各種改革運動的工作。獲得美國的工作權對我並無立即的價值。我的生活完全依靠朋友的接濟和捐助。開始是零星的、隨機的，如此經過五、六年之久，有人提議像給薪水一樣固定時間、固定金額給我，所以就找了十來個人，每一個人每個月出一些錢，算是我較穩定的收入，如此持續到獲得居留權之

婚禮照片

後依然不變。朋友們的捐助，到我結婚之後才結束。因為我太太有工作收入，這才停止朋友的捐助。

三、結婚

拿到合法居留權之後，我於一九八四年結婚。我是到夏威夷的時候認識我太太的。那一次到夏威夷的串聯耕耘，結出兩個果實：即拯救陳明忠運動與認識了我未來的伴侶。她在夏威夷大學取得碩士學位後，換到芝加哥南邊的伊利諾大學攻讀博士學位。一九八一年取得博士學位後，就在德州大學（University of Texas at Austin）擔任助理教授（assistant professor）。大概教了五年之後，再轉到芝加哥大學任教，一直到我們回臺灣都是在芝加哥大學。我們於一九七六年認識，一九八四年結婚。

一九八四年結婚時，收到朋友致送的禮金，當時我想保釣運動或支持臺灣的民主運動已經過了高峰期，為了要長期發展，考慮在當地開一家書店。所以就用大家送的禮金，再找一些人認股，在芝加哥大學附近開了一家書店，主要是賣亞洲研究相關的書籍，店名是士林書店，最初是僱用一位總經理經營，結果他做了兩年左右就離職了。後來一直找不到接任的人，所以由我來做，大概是一九八六年。當了書店老闆之後，還是繼續從事社會運動，兩者兼顧。

我一直是台灣民主運動支援會的會長，雖然有任期，但是大家還是選我，因為在某種情形下，大家知道一旦曝露出來的話，一定會被列為黑名單。

返回臺灣及其後活動

一、返臺定居

一九八七年臺灣解除戒嚴後，我在臺灣的一些朋友，尤其是從《科學月刊》開始的一些好朋友到美國來找我，很關心我，認為我在美國等於是被困在那裡。一九七九年美麗島事件之後，大概再隔個兩、三年，政府就恢復選舉，有很多被逮捕者的家屬「代夫出征」，像張俊宏的太太許榮淑、姚嘉文的太太周清玉，以及林義雄的太太方素敏等，都曾投入選舉。一時之間，整個臺灣的黨外運動顯得非常熱鬧，海外同鄉會也和他們有密切的聯絡，所以周清玉、許榮淑等選上之後，海外同鄉會每年都會有一些大規模的活動，邀請她們赴美演說。她們到美國時，很多同鄉會的人會向她們說，他們被列入黑名單，回不了臺灣，請她們幫忙。此舉果然有用。

一九八七年解嚴，立法委員許榮淑在處理多個同鄉會成員黑名單回臺要求的個案之後，質詢警備總部：「這樣子吧，你把整個名單給我，到底你們還有多少人是黑名單？」警總只好給了，這裡當然沒有我的名字，因為許榮淑、周清玉幫忙的對象都是臺灣同鄉會或是臺獨聯盟的成員，她們從未替非臺獨因素進入黑名單的海外異議分子講話。警備總部顯然摸清楚她們的傾向，就不必把她們不會關心的黑名單公布出來，畢竟政府有太多黑名單並不是什麼光彩的事情，能夠少給就少給。因此公布的名單中沒有我的名字。我的朋友看到信以為真，說：「你已經不在黑名單了！」不久，政府宣布解嚴，我的朋友說：「解嚴了，你又不在黑名單裡，要不要試試申請回臺？」我當然心中有數，我一定還在黑名單之內，可是也不能說：「我有！我有！」人家會說：「你到底是怎麼一回事？你是不是不想回去？你在海外一天到晚關心臺灣的事，每一次有臺灣來的人，都會問一大堆關於臺灣的事情，好像你非常關心，怎麼現在可以回去了，卻又不回去？」所以我於一九八八年初申請回臺灣，大概隔了四、五個月之後才收到回覆，不准！沒有理由！可見我一直列在黑名單之內，我當然知道。

我在申請的時候，很多朋友都很關心，申請結果出來之後，有一些人在問，我就說：「沒有批准啊！不准回去。」不少人感到意外，於是透過某種方式表達對臺灣政府黑名單政策的質疑。有些媒體記者們也注意到了，並把這些消息刊登在報紙上，報導說林孝信不能回臺灣，表明政府還有未公布的黑名單。這些反應對政府造成壓力，除了來自媒體的壓力，一些臺灣政府積極爭取的學者也表示不滿。譬如有一次我在芝加哥大學碰到李歐梵教授，不曉得為什麼聊到這件事，他聽了之後，說：「豈有此理，你也不能回去？」他很義憤填膺，路見不平，馬上打一通電話到中華民國駐芝加哥的北美事務協調會，向他們抗議，說：「怎麼林孝信到現在還不能回去？你們真的是……」反正把他們罵了一頓。李歐梵是芝加哥大學的知名教授，是領事館想要拉攏的人，這顯然對他們產生了壓力。

因此不久後，北美事務協調會的人叫我再去申請。我就去了，他們提出三項條件，第一是可以讓你回去，但是在臺灣停留的時間不得超過二十天；第二，回到臺灣以後，不准參加任何政治活動；第三我記不得了。我不接受，我說我離開臺灣很久了，家人、朋友很多，停留二十天根本不夠，而且中華民國有哪一條法律規定僑居的人只能回去二十天？所以我拒絕接受第一條；第二是不能參加政治活動，我說什麼是政治？孫中山曾說：政治是眾人之事，三個人就叫眾人，是不是有三個人的場合我就不能參加？我說臺灣當時已經有很多黨外運動，如果路上剛好有人經過，我在那裡站著看一下，算不算違反呢？我說到這裡，他覺得我的態度好像很頑強，所以也不和我辯論，說：「我們是奉命行事，我們會把你的申請與意見送到臺北去。」結果大概過了一、二個月，打電話告訴我說：「不准！」還加了一句話：「你不用再來申請了！」之後我就沒再試了。

這件事很多人都知道，報紙也都登了。到了一九八八年九月、十月間，一位在北加州的留

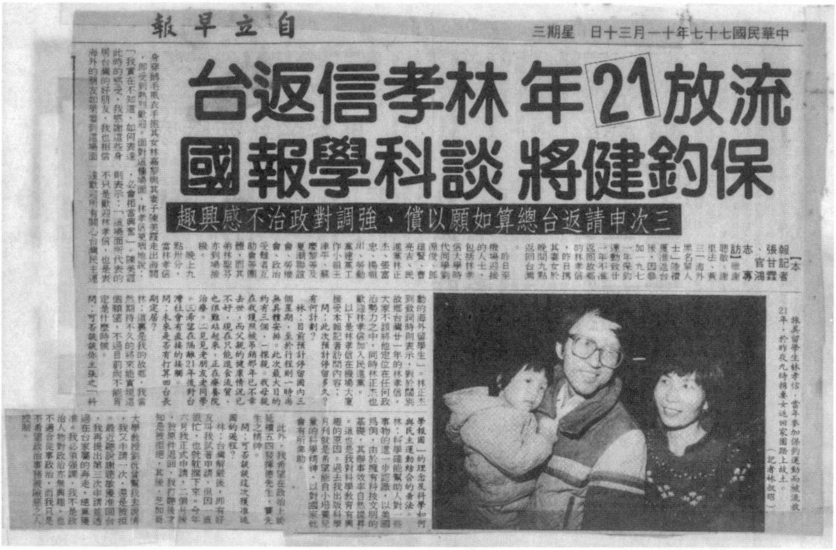

自立早報

中華民國七十七年十一月三十日 星期三

流放21年 林孝信返台

保釣健將 談科學報國

三次申請返台總算如願以償、強調對政治不感興趣

旅美留學生林孝信，當年參加保釣運動而被流放21年，於昨夜九時攜妻女返回家園踏上故土。（記者林叔明）

林孝信二十一年後終於得以回臺報導

學生打電話給我，劈頭就說：「恭喜你，可以回臺灣了！」我說：「怎麼回事，我不知道啊？」原來那時新上任的政務委員沈君山到加州柏克萊拜會華裔學者及臺灣留學生。當地一個留學生組織箴言社為他舉辦一個座談會，李遠哲也在場。會中，李遠哲發言指出海外還有很多黑名單人士無法回臺灣，希望沈君山能夠幫忙，因為沈君山過去也曾幫助一些黑名單人士回臺灣，譬如陳唐山就是他幫忙的。李遠哲說：「現在你更有權力了，應該幫忙更多海外黑名單的人能夠回臺。」沈君山回說：「會的，我會努力的。」接著他說：「譬如林孝信可以回臺灣了！」剛好有一位我認識的朋友參加這個座談會，聽到之後，趕快打電話給我。其實沈君山和我本來就認識，他也知道我是黑名單之一，但

是我從來沒有去拜託他。我說：「我不知道啊！我還沒有得到這個消息。」大概隔了兩天，芝加哥北美事務協調會就有人打電話給我，要我再去申請。我問說：「有沒有條件？」他說：「沒有條件了。」所以，我去申請了，很快就出來了。出來以後，我趕快去訂機票，那一年的十一月二十日，在出國留學離開臺灣二十一年後首次回來。

闊別臺灣二十一年，加上我的黑名單身分引起媒體大篇幅的報導，首次回臺灣，見了很多朋友、親人。除了私人聚會，也有公開的活動，科學月刊社幫我舉辦一個盛大的歡迎會。我小時候住在宜蘭，當時宜蘭縣長陳定南是我宜蘭中學初中的同學，他也特別找我去他那邊，並邀集我的小學、初中、高中、大學同學一起來歡迎我。因為之前申請回臺時，報紙已經登了很多，所以我一下飛機，就發現有二、三十名新聞記者等在那裡，所以那時候新聞登得很大，頗引起注意。

我的黑名單身分並未因這次回臺而解除。之後每年我都設法回臺，每次都要申請，繳交申請費（正常的程序，一次申請五年有效，五年內可以不限次數往返臺灣），而且要送到臺北批准，不是在芝加哥當地可以批准，可見我還是列在黑名單之內。這樣大概經過四、五年之後，我也覺得很煩，而且破費不少，每一次都要繳費、貼兩張照片。有一次我在臺灣和朋友聊到這種情況，有一位朋友告訴我一招，說：「你就把戶口遷回臺灣。」我說：「好，我試看看！」於是我把戶口遷回臺灣，當初戶口從哪裡遷出去，就遷回那個地方，我出國的時候，我家搬到彰化，所以當時的戶籍在彰化，彰化是個偏僻的地方，不像臺北；加上當時臺灣出入境管理才剛開始電腦化，還無法電腦連線，所以我到彰化申請時，他們從檔案櫃翻出手寫的資料，上面當然沒有寫到我是海外黑名單。承辦人不知道我有問題，因此順利地將戶籍遷回臺灣。

戶籍遷回來之後，就發給我一張新的身分證，我拿身分證到出入境管理局申請一本新的護照，這樣就沒有案底了，之後我出國、回國都不用再申請護照了。當時我在美國經營書店，回來時就順便帶書回來臺灣賣，服務臺灣的學術社群，也同時兼顧書店經營。有了新身分證，來往就方便多了。能夠經常回臺灣，然後又遷回戶籍，澈底解決了黑名單的困擾，就開始考慮全家搬回臺灣。最後於一九九七年全家搬回臺灣，距離第一次回來已經相隔九年。

搬回臺灣後，首先要考慮的，是我要做些什麼事情呢？總是要有收入的工作。當時《科學月刊》剛好要整頓，有人建議找我回來擔任執行長，基本上我也有意願，我對辦刊物很有意願，對於進一步創立臺灣科學促進會更是當年籌辦《科學月刊》的夙願。保釣運動使我成為臺灣政府的黑名單，與《科學月刊》的關係中斷了，也同時中斷了設立臺灣科學促進會的努力。但是這個中斷了的夙願並未從我的生命追求的清單中消失，它一直是我生命深處的夢想，因為我從籌辦《科學月刊》起，就留意歐美國家發展科學的體制因素，發現這些科學先進國家多有科學促進會之類的團體。我當時已經認識到，單純辦一份科學普及的刊物，還不足以有效地提升社會的科學水準。促進科學發展的民間組織是一個有效的、值得推動的工作。因此《科學月刊》有人建議我回娘家工作，正契合我長期企圖推動的工作。但是後來這件事情出了變化，此事就不了了之，所以我也沒有到科學月刊社工作。那時感受到在臺灣找工作並不容易，特別像我這樣沒有完成博士學位的人。

我太太也在找工作，但她顯然順利多了，因為她有博士學位，而且正在芝加哥大學任教。芝加哥大學是美國名校，包括臺灣大學在內的一些大學都邀請她去做學術報告。經過一些曲折，最後落戶臺南的成功大學。成大醫學院正計畫成立公共衛生研究所，院長黃崑巖態度積極，行事明快，很短時間就敲定。

一九九七年全家遷回臺灣，距離我於一九六七年出國留學剛好三十年。這三十年正是我青壯年階段。人生最有活力、創意的階段，不能在自己的社會服務，不無遺憾。但是，總算回家了。回來之後，我還是沒有工作。但是我對知識的喜好與涵養，很多朋友都知道。所以雖然我沒有博士學位，仍有很多大學要我去兼課。我是一九九七年四月回來，因為太太在成功大學任教，所以我們定居在臺南。搬回來後不久，剛好和一個朋友聯絡，這位朋友在臺南藝術學院任教，當時臺南藝術學院才剛成立一年，還只是學院，幾年之後才升格為大學。臺南藝術學院成立之初，只有研究所，沒有大學部，其中一個研究所是音像紀錄研究所，就是拍紀錄片，創所的所長井迎瑞和我在美國就認識了，他聽說我回來了，很是興奮。因為該所規畫了一門政治經濟學的必修課，找不到老師教，很是苦惱，所以希望我來教這門課。我本來是念科學的，但是保釣運動以後，先從歷史中找答案，後來延伸到對臺灣的了解，並念了很多社會科學的東西，包括政治經濟學。所以我在美國和他見面時曾談過，他知道我對這方面有所涉獵，也有能力可以教。所以他來找我，並說：「你回來剛好。」但是因為我沒有博士學位，加上它是研究所，所以不但不能專任，連兼課都不行，於是用別人的名義，由我去頂替，所以是黑戶，授課老師不能掛我名字。我記得最初可能是找夏鑄九，還是找馮建三，但都是由我上課，掛他們的名字，從一九九七年九月開始教，一直兼了十幾年，現在已經沒有教了。

一九九七年剛回來時，我另一位朋友林安梧，是清華大學通識中心主任，以前在美國時曾在威斯康辛大學麥迪遜分校（Wisconsin University at Madison）研究過兩年，我和他在美國時就認識了，他聽說我回來了，就要我到清華大學兼課；但是清華大學比較慎重，即使是兼課，也必須經過嚴格的審查，包括試教一門課，三位審查老師在臺下聽。審查通過後就在清華大學兼課，一直教到現在。

在清華大學的審核過程中，有一位通識教育中心教授王俊秀被借調到高雄第一科技大學（當時還是高雄科技學院）擔任通識教育中心主任。他聽說我回來了，也要求我到他那裡。該校楊啟航副校長，還有一位電機系教授試圖以專任副教授聘我任教，終因沒有博士文憑而未果。我初次嘗到沒有博士學位的差別滋味。但是對於他們幾位的努力，除了感激之外，也看到臺灣有人不完全只看表面文憑。他們與我均為初識，但是知道我創辦《科學月刊》及其他履歷，認為我有能力被聘為專任副教授，甚至那位電機系教授還主張應直接聘為教授。只因臺灣的規定太僵硬而未果。因為我住在臺南，離高雄比較近，所以就開始在那裡教。後來我也在很多學校兼課，主要教通識課程。

最初在南藝是教政治經濟學，後來又教另外一門：媒體的分析與批判。之後，因為南藝內部的派系鬥爭，其中一派向學校告發，指學校任用一些不合格老師，所以學校就做了一次大清理，不任用不合格或是頂替別人名義的老師，我因此遭到池魚之殃。不過因為我已經教了好幾年了，也教出了口碑，學生都說非常好，所裡的老師也都很認同，所以後來就弄了一個特別辦法、權宜措施，將我合法化，不必再頂替別人的名字，可以用自己的名字教書了。

其他學校的兼課都是教大學部的通識課程。當時臺灣正在推動通識教育，需要大量能夠教通識課程的教師，因此兼課的邀請很多。很長一段時間，每學期總共兼了十六、七個學分，差不多成了教書匠。

二、創辦社區大學

一九九八年，我教了一學期的課以後，到了第二年年初，有一位朋友唐光華打電話給我，邀請我參加籌辦社區大學。他一直在《中國時報》服務，關心一些教育性質的改革，並參加四一〇教改活動。[15]他說他們現在正要籌辦社區大學，問我有沒有興趣？我說我對教育很有興

15　一九八七年臺灣解嚴後，第一屆民間團體教育會議由人本教育文教基金會、主婦聯盟等三十二個民間團體召開。往後幾屆皆針對不同的教育主題提出建言。臺灣數個民間團體於一九九四年四月十日發起大遊行活動，並成立「四一〇教改聯盟」持續推動，引起社會各界廣大迴響。其提出的四項訴求分別為：一、落實小班、小校；二、廣設高中、大學；三、推動教育現代化；四、制定教育基本法。此次大遊行後來被視為臺灣教改的起點，而四項訴求也成為後來教育改革的主軸。

趣。當時臺灣還沒有類似社區大學的成人教育機構，一切都得從頭開始。為什麼當時臺灣會有人提倡設立這種成人教育機構呢？至少有三個因素因緣湊合而成。首先，終身學習已經成為國際潮流，成人教育正是提供終身學習的機制；其次，臺灣社會運動盛行了一、二十年後，開始有人認為需要深化運動，重點在於社區型的民眾教育，因此社區大學的提出很快就獲得社運人士熱烈的響應，並積極投入創辦與經營，成為社區大學蓬勃成長的基礎；第三，臺灣政府為因應技職教育的改革而促成社區大學的出現。一九九八年年初，基於臺灣產業升級的需要，很多高職都升格為專科學校或技術學院。但是部分學校的條件實在不合適升格，教育部技職司希望將它轉型成社區學院，並訂定社區學院的設置辦法，主要目的是為技職教育。多年來倡導教改、社運的黃武雄聽到這個消息，就寫了一篇文章，登在《中國時報》副刊上，主張臺灣需要的不是技職型的社區學院，而是公民教育型的社區大學。他提出來以後，得到很多人的響應。唐光華對黃武雄說：「你已經提倡社區大學多年了，不能只是口頭提倡，應該要做做看。」剛好前一年，臺灣舉辦地方選舉，新竹市新上任的市長蔡仁堅在競選時的政見之一就是要辦社區大學，所以新竹市編列預算來支持。有了新竹市的支持，黃武雄就接受唐光華的建議，邀請一些人開始進行籌備。

籌備一段時間後，剛好唐光華和我聯絡上，所以我也參與社區大學的推動工作。我在臺灣大學讀書時就已經認識黃武雄，當時已是相識四十年的老朋友。一九九八年六月間我開始參加籌備團隊，正好當時臺北市長陳水扁表示願意支持，並撥出六百萬元作為開辦費。於是籌備的重心就從新竹市移到臺北市，在臺北市文山區成立臺灣第一所社區大學。黃武雄看到我投入社區大學的籌備工作很高興。當年籌辦《科學月刊》時他就曾熱烈響應。《科學月刊》曾經吸引大量留學生共同參與，這段過程黃武雄是看到的。社區大學的創辦能否也掀起一股熱潮，想必是黃武雄等人的期望。同時，他對籌備中的社區大學期許頗高，包括社大的校長人選宜具備相當的學術資歷與聲望。但是這樣的人選不容易找到，因為有此條件的人差不多都已經在大學任教，很難要求學者辭去大學的專職而到才要開拓的社區大學工作。因此，那次開會之後，黃武雄就遊說我出任文山社區大學的校長。

我有興趣投入，而且那時候回臺不久，還沒有找到工作，隨時可以接任。但是進一步了解，才發現第一所社區大學要在九月間開張，而當時已經是六月下旬。我說這太倉促了，為什麼要這麼急？原來是陳水扁市長的要求。那年年底前就要改選臺北市長，陳水扁連任並不樂觀。顯然，陳水扁支持創辦社區大學是希望對其選情有所幫助。我不能認同這樣的理由，籌備時間也確實太過匆促，因而我沒有接受黃武雄的邀請。

不久，我被委託去新竹籌辦青草湖社區大學，預定在第二年（一九九九年）的三月初開學。其實，最早要辦社區大學的地方是新竹，後來因為黃武雄等人與陳水扁會談，臺北有意願創辦，創辦的優先次序轉到臺北，新竹反而被忽略了。後來有人提起說：「我們已經承諾蔡仁堅在新竹市辦，怎麼現在有了這邊，那邊就不理？這不對啊。」所以希望我到新竹去籌備。這就是新竹青草湖社區大學，也是臺灣的第二所社區大學，一九九九年三月二日正式開學，由我擔任校長。

當時社區大學在臺灣還是一項新的事務，一般人大多不了解。通常辦學，聘請好老師與規畫好課程是主要的工作。對於創辦社區大學，這些誠然都是主體工作，但並非最難克服的挑戰。當時創辦社區大學最大的挑戰在於宣傳，如何讓社會大眾知道一個新型的成人教育學校誕生了，知道這種新型學校沒有入學門檻、學費低廉、教學品質優良，適合任何成年人就讀？這個挑戰沒有過關，再好的師資、再精心規畫的課程都沒用。這就好比一家餐廳，菜燒得再好，如果顧客不知道這裡有物美價廉、美味可口的菜也沒有用。宣傳廣告本來就是經營任何事業的重頭工作，對於當時創辦的社區大學更是關鍵。

可是宣傳通常是用鈔票堆砌起來的。政府補助的三、四百萬元根本不夠，而且這筆錢還要支付各項開支，不可能分配到廣告宣傳上。沒有錢怎麼辦呢？所以要想一些免費的辦法，最常見的辦法就是舉辦活動，找新聞記者來參加。媒體朋友們對社區大學都很肯定，也很願意刊登相關新聞，就用這種免費的方式來打開知名度。

首先，在青草湖社區大學宣布成立的時候，我們先舉辦一個記者會，邀請當時的臺灣省主席趙守博、中央研究院研究員楊國樞教授、社區大學提倡者黃武雄教授等人出席。有這些知名人士加持，媒體的報導就十分踴躍。記者會還有一位特別來賓，就是時報文教基金會的執行長余範英。之前不久，我遇到余範英，談及我正投入社區大學的創辦工作。她聽了非常肯定創辦社區大學的意義，表示願意協助。我先邀請她參加那次記者會。記者會後午餐，我們談及下一步行動。我建議辦一個大規模的研討會，把新誕生的社區大學介紹給臺灣社會。余範英十分贊同，並表示時報文教基金會可以作為共同主辦單位。時報文教基金會長期從事文教活動，與全臺灣關心教育的個人或團體有許多連繫；透過基金會聯絡網散布研討會的消息，吸引了眾多的教育界人士參加。又由於時報文教基金會是研討會的共同主辦單位，《中國時報》也特別安排記者全程參加，並以一整版半的篇幅連續報導研討會的消息。於是全臺灣的人都知道一個新的教育機構誕生了。這場大規模的研討會在一九九九年三月七日舉辦，本來估計會有一百多人出席，結果到了近三百人，全臺灣各地都有人來參加。時報文教基金會的宣傳發揮了關鍵性的作用。這場研討會非常成功，媒體的大篇幅報導，更發揮社區大學運動與社會對話的作用，這種對話在社會新生事物萌芽階段十分必要。

長期負責青草湖社區大學並不容易，因為我不住在新竹，只因在清華大學兼課，每星期會到新竹，才被要求創辦青草湖社區大學。之後，由一位交通大學的教授接手，加上發生一次匿名信事件，我便辭去青草湖社區大學的工作。但是我繼續以新成立民間團體社區大學全國促進會（簡稱全促會）為平臺，推動臺灣社區大學的普及與深化工作。這期間主要的工作有下列幾項：

（一）繼續籌辦一年一度的社區大學全國研討會。這是延續前述一九九九年三月七日在新竹舉辦的研討會。由於那次研討會十分成功，全促會將之制度化，一直延續到今天。我負責籌辦到第九屆。

（二）創辦並主編《社大開學》雙月刊，作為全臺灣數十所社區大學的交流平臺，也是社區大學與社會對話的重要媒介。後來因為刊登陳水扁政府不喜歡的文章，被教育部假手全促會某領導人關閉。
（三）協助催生原住民社區大學，即部落大學。
（四）籌辦農村型社區大學，即將成立前因發生楊儒門案而遭到封殺。
（五）在SARS流行之際，聯合公共衛生人士推動「公衛教育在社大」，到許多社區大學進行公衛防疫教育。
（六）結合臺南藝術大學音像紀錄研究所師生，在社區大學推動紀錄片的拍攝、製作、欣賞，以及應用紀錄片走入社區的影像教育。
（七）與公共電視臺合作，在社區大學推動媒體識讀教育。

當時社區大學發展迅速，吸引了許多有熱情、有理想的年輕人投入，呈現一片欣欣向榮的氣勢。可惜自於種種因素，這種氣勢不能繼續成長下去，殊為遺憾。

三、推動通識教育

八〇年代中葉，臺灣開始推動通識教育，很多《科學月刊》的朋友都參加。我一直對教育很關心，也寫了一些文章介紹國外的經驗與理念。芝加哥大學是美國推動通識教育改革的領頭學校。藉地緣之便，我對芝加哥大學實施通識教育的情況比較熟悉。再從了解芝加哥大學通識教育的理念與歷史，衍生出對美國通識教育整體的認識、對西方通識教育理念的興趣與探討，以及對歐美高等教育史的認識。回來之後，發現臺灣正在推動通識教育，注意到在起步階段很少人懂通識教育，始參加這方面的推動工作。

我先寫了一篇文章登在《科學月刊》的姊妹刊物《科技報導》。接著，有人舉辦研討會，我向主辦單位提出建議：「你們辦研討會，我幫你們辦一個通識教育的書展。」他們當然很歡迎，所以在舉辦研討會的同時，我也經常參加他們的討論，甚至應邀上臺演講，中間茶敘的時候，我就在那裡賣書。大家一邊喝茶，一邊翻那些書，我也一邊賣書。我每年會回臺灣幾趟，而且越來越頻繁。此外，臺灣還有很多人要買英文書，美國書店的生意就開拓到臺灣，甚至臺灣一些學校的圖書館也向我買書，如此一邊謀生，一邊增加對臺灣的了解，為回臺定居預做準備。

全家遷回臺灣的初期，我主要的時間、精力都投入社區大學的創辦與發展，但我還是很關心通識教育。大概在十年前，我認為臺灣的通識教育已經發展一段時間了，應該要深化；同時，社區大學的工作也出現一些複雜狀況，我在全促會已經不容易做事情了，因此把心力轉移到通識教育的深化工作。但應該如何深化？首先，我認為應該要建立一個交流的平臺。所以我於二〇〇五年又創辦了一份刊物《通識在線》，是一份雙月刊，透過這個交流平臺，提供各方交流意見、對一些重大相關的資訊做深度的報導，並且對通識教育重大問題進行理念探討。迄二〇一三年，已經是第八年了。所以最近這七、八年，我花了很多工夫在編這份刊物。

四、慶祝《科學月刊》四十週年

回到臺灣之後，我自然又關心臺灣的科普教育。回到臺灣後立刻發現，與我小時候不一樣，臺灣的科普書籍已是琳瑯滿目，科普雜誌除了《科學月刊》外，還有《牛頓》、《哥白尼》，以及稍晚才創刊的《科學人》等。我心裡想，現代年輕人真是幸福多了，要看什麼就有什麼，不像我小時候找不到書。

但是我很快就發覺，現在學生對於科學書籍興趣缺缺。進一步了解，發現雖然科普書刊出版很多，但是民眾的科學素養似乎改進不多。記得當年要創辦《科學月刊》時，提出創辦的必要性理由之一就是臺灣社會充斥迷信。三十年後回到臺灣，發現算命、星座等缺乏科學依據的現象依然流行，甚至連大學生也有不少人相信星座會影響個人性格與命運者。另一方面，民主化後的臺灣，民眾普遍經由各種管道參與公共事務，而大多數的公共事務都與科學知識有關。如果民眾的科學素養不高，如何保障這種民主的決策是合乎科學的？同時，我在各大學教書，很快就發現非理工學生的科學知識往往只有國中程度。而網路的發達常常成為迅速傳播一些似科學、偽科學的資訊。年輕學生常上網，接觸許多披著科學外衣的錯誤知識。種種現象讓我深覺科學教育在臺灣仍有大力加強的必要。

二〇一〇年正好是《科學月刊》創刊四十週年，我建議擴大辦理慶祝活動，於是被推為科學月刊四十週年慶祝活動委員會的召集人。通常舉辦週年的慶祝活動，大多是以研討會、餐會、出版專刊或紀念文集等形式操辦。但我覺得可以更有創意，於是規畫舉辦科普演講、科普書籍閱讀、研討會等三大系列活動；同時，出版書籍／專刊，以及在重要事件時間（第零期出版四十週年、創刊四十週年、全年慶祝活動總結）舉辦紀念茶會。這些活動獲得臺灣科學家，乃至社會各界的積極響應。一年下來，第一個系列活動共舉辦了二百九十幾場的科普演講，接近一天一場，演講地點或在大學、中學、小學、社區大學、公共圖書館，或在偏僻的地方，或在大都市、博物館。第二個系列活動是舉辦九場學術研討會，主要討論科學教育、科學普及，以及科學家的社會責任。第三個系列活動是推動科普書籍的閱讀運動，我們請專家學者精選一百種科普好書，介紹給大家，鼓勵大家閱讀，並舉辦有獎徵文；之後又推動科普書籍的讀書會，培訓讀書會的帶領人等。最後，在總結茶會時，我指出臺灣對於成年人的科普教育重視不足，是造成今日臺灣社會理盲濫情的根本原因之一，影響公共事務的理性討論與決策。籌備委員會並把辦理《科學月刊》的精神以「理想、啟蒙、奉獻」來概括。

推廣保釣知識

一、釣魚台教育計畫

回臺後，我一直在清華大學兼課。當時清華大學圖書館謝小芩館長正要推動一項特藏計畫，蒐集海外保釣運動相關史料。謝館長熱心於推動通識教育，我於一九九〇年左右就與她相識。一九九七年回臺後，次年就到清華大學兼課，不久她繼林安梧教授出任清華大學通識教育中心主任，見面機會就更多了。她自通識中心主任卸任後，出任清華大學圖書館館長，並規畫建立圖書館的保釣特藏。她聽說我有一大筆這樣的材料，所以遊說我捐出來。一九九七年我從美國搬回臺灣時，以海運運回一百多箱行李，其中有二、三十箱是保釣運動相關的文件。這一大堆文件是我盛年時期的生命紀錄，而且隨我多次搬家，一下子要捐出，就彷彿嫁女兒一般，十分捨不得。但是回頭想想，這說不定是這批資料最好的歸宿。人生有限，百年之後這批資料總要與我分手，捐給圖書館反而可以長存下來，同時保留那一段特殊的歷史。因此後來都捐給清華大學圖書館。以這批資料為基礎，清華大學圖書館擬定辦法，積極向更多保釣人士連繫勸捐，又陸續從其他保釣人士那裡獲得更多的資料；但部分保釣人士擔心臺灣政局難料，又促成北京清華大學圖書館也建立釣魚台資料特藏。兩岸的清華大學圖書館共同成為釣魚台與保釣運動史料的集中地，象徵延續了早期北京清華大學師生抗日的傳統。

當初捐獻保釣資料時，我要求清華大學不要只是消極地典藏，應該積極地運用這批資料，期盼清華大學能以這批資料為基礎，讓臺灣社會更認識這段臺灣留學生的運動史，體認當年保釣運動所反映的熱情與理想主義的精神面貌。謝小芩果然信守諾言。二〇〇九年五月二、三日，在這批資料整理告一段落之際，清華大學圖書館舉辦了一場國際性的釣魚台論壇：「一九七〇年代保釣運動文獻之編印與解讀國際論壇」（簡稱：釣魚台國際論壇），世界各地的老保釣都來參加，大約有兩百人左右。保釣運動的各個派系代表人物共聚一堂。論壇的部分發言資料

文獻論壇記者會（2009 年 4 月 28 日）

保釣四十年海報

後來集結出版為《啟蒙・狂飆・反思：保釣運動四十年》一書。當時的研考會主委江宜樺也來參加，他和他太太都很關心保釣運動，兩天都來參加，從頭參加到尾。

在那次會議上，有人提及再過兩年，即二〇一一年，就是保釣運動四十週年，是不是要舉辦一些紀念活動。這提醒我《科學月刊》就要四十週年了。這是後來《科學月刊》四十週年慶祝活動的由來。第二年，二〇一一年，就是保釣運動四十週年，我們在臺灣舉辦了多次保釣運動的紀念活動。當時我發現臺灣社會，特別是年輕人，對保釣運動大都不太了解，臺灣大多數的人都認為釣魚台是我們的，可是又對它不了解，將來可能會對我們產生一些不利的後果。在這種情況下，我開始推動釣魚台教育計畫，以世新大學為主辦單位，向教育部申請計畫，在各大學、中學、社區大學等推廣。這項計畫主要有三項工作，第一是到各校舉辦釣魚台珍貴資料展，並發行導覽手冊，將全臺走透透去宣導保釣的重要性；第二是舉辦演講或座談；第三是舉辦認識釣魚台的研習營。這是從保釣運動四十週年活動延伸出來的。

二、近年來的保釣運動

二〇一二年日本右翼政客利用美國於二〇〇九年宣稱「美國重返亞洲」的機會，開始積極活動起來。除了不斷與美國進行大規模軍事演習、鼓動修改憲法以便可以主動對外打仗、參拜靖國神社等活動，當然也不錯過利用此一契機霸占釣魚台。釣魚台自從一九七一年留學生的抗議運動促使兩岸政府都發表聲明宣稱屬於中國（不論中華民國或中華人民共和國），當時日本也不敢過於造次。因此在一九七二年日本首相田中角榮訪問北京商討中日建交時，就主動向周恩來總理提起釣魚台問題。當時周恩來表示暫時擱置釣魚台的爭議，先完成建交。此後三、四十年雖然不時發生驅趕臺灣漁船的衝突，並未釀成巨大風波。雖然我個人認為，所謂的擱置爭議，日本政府也應該把軍艦撤出釣魚台海域。然而，日本並未這樣做，而且還不時驅趕臺灣漁船，造成世人以為日本實質上控制釣魚台。對於周恩來這樣的態度，我曾經在芝加哥的《釣魚台快訊》表達不滿意見。不管如何，雙方在此後三、四十年間也的確沒有引發涉及主權的重大衝突。如今回顧，中共顯然對日本的野心缺乏足夠的警惕。

二〇一二年，日本利用東京都知事石原慎太郎的購島風波，順勢將釣魚台國有化了，據稱日本政府只是為了避免太多的糾紛。但是，根據個人長期的理解，日本政府一定會聲稱：「尖閣群島（日本對釣魚台的稱呼）已經國有化，日本擁有了釣魚台。」如果我們再不抗議，日本一定宣稱當時我們沒有抗議，表示我們已經默認日本對釣魚台的國有化。

北京政府終於從缺乏警惕的麻木狀態驚醒過來。北京領導人終於認識到，所謂的擱置爭議，日本方面可沒答應。相反地，日本政府也不清楚地表示不同意擱置爭議，而是將計就計，利用中國信守諾言的機會，先實質占領釣魚台幾十年，然後在適當時機再將之國有化。北京政府認識到日本政府的詭計後，展開反制的措施，造成了釣魚台海域緊張局勢。

面對新局面，臺灣必須有所行動。事實上，全球華人包括中國大陸在二〇一二年到處掀起抗議遊行。海外的老保釣也在華人聚集的大都市舉辦遊行示威。臺灣也分別於九月二十三日與九月三十日在臺北與宜蘭頭城舉辦示威遊行，表達我們的抗議。九月二十三日那場在臺北的保釣示威遊行，大約有五千多人參加，呼籲臺灣民眾要讓國際聽到臺灣對釣魚台主張的聲音。

三、保釣運動的未來

釣魚台涉及的問題非常複雜，一個小小的島嶼，背後涉及日本的再度軍國主義化、美國重返亞洲、企圖遏阻中國經濟的崛起等，因此釣魚台問題不容易解決。我對保釣運動的認識是逐步地深化。開始的時候有很多問題不了解，只是覺得很生氣，生氣臺灣漁民被驅趕，生氣日本居然又要欺負我們。後來經過長時間的學習，從歷史、地理、國際法等去了解釣魚台到底是不是屬於我們的？接著，是四一〇大遊行，再來是美國宣布和中共建交，讓大家開始想要多了解中共，這又是一個轉折。現在我體會到保釣不只是保衛那個小島的土地，或是海底下的一些礦產而已。保釣涉及的面向非常廣，甚至可以說保釣如果成功，就象徵這些列強想要支配整個東亞局面，可能會受到比較大的抵制。保釣當然直接要保衛釣魚台主權，以及相關的一些權益，例如漁民的權益、漁權、礦權。目前日本因實際占有釣魚台，加上美國撐腰，仍有優勢。釣魚台問題涉及領土主權、經濟利益，以及臺、美、日、中四國政治關係的角力，涉及的問題相當複雜。如果釣魚台問題不能澈底解決的話，始終會是東亞區域的一個地雷。如果釣魚台被日本占領了，更會鼓勵日本侵略者的野心，那以後發生的戰爭一定更大，災難也一定更大。加上日本背後又有美國這個因素，安倍晉三會不會變成第二個希特勒？安倍長期的言論都很清楚，都是極右的。當然不只安倍，但以安倍最為突出。日本最近幾年來整個政壇都急速地向右轉，越來越法西斯化。因此，保釣絕對不只是單純的民族主義而已。

我認為臺灣政府並非什麼都不能做，應該好好從事教育、宣傳等基礎工作。我們要警惕日本長期在做這些教育、宣傳等基礎工作，因此當日本發起釣魚台國有化募款時，有很多人踴躍捐款，如果是臺灣，可能連百分之一的熱情都沒有。現在臺灣的年輕人對釣魚台議題非常冷感，主要是因為他們不知道釣魚台的影響非常關鍵、深遠，因為保衛釣魚台，就是保衛臺灣，所以保釣絕對不是小事，需要大家共同參與。

保釣運動改變了我的人生，因為保釣運動，我被政府列為黑名單，護照被沒收，甚至被迫放棄博士候選人資格。不過，人生雖因保釣而轉彎，但對社會的關懷並沒有減少，返臺後，仍積極投入通識教育與社區大學。

後記（林孝信）

本文是國史館的口述歷史，主題在記錄過去臺灣威權統治下列入黑名單的受迫害者的經歷。很長的一段時間，臺灣社會認為列入海外黑名單者都是因為牽連到臺獨活動。事實上，七〇年代海外保釣運動也產生了數以百計的黑名單受害者。由於這一大批黑名單受害者從未在臺灣參與政治活動，她／他們的事蹟，甚至她／他們的存在，都被臺灣社會所忽略。這個計畫據說原來只包括涉及臺獨活動的黑名單人物。多虧謝聰敏先生（他本人也是黑名單人物）提醒國史館尚有另一批黑名單人物的存在，我才有機會受訪做口述歷史。

國史館的訪問不只問及與主題（被列入黑名單）直接有關的活動，並訪問追溯受訪者的思想與人格形成的過程，以及受訪者生命中其他的活動，我很認同這種方式。這些活動雖然未必與列入黑名單直接相關，但是卻可以從比較全面的方式呈現受訪者的理念，幫助閱讀者比較完整地評估黑名單的意義或弊病，為這段被扭曲或掩蓋的歷史重現比較接近真實的原貌。我也本著這個精神，補充了一些事蹟。

在接受訪問時，我力求盡我記憶所及忠實地答覆所有的問題，不迴避敏感問題，也力求客觀、更不受個人情緒所干擾。我也注意到，在數以百計被列入黑名單的保釣人士中，我是極少數有幸被訪問者。因此我的答覆也儘量顧及保釣運動的共通性，力求減小個人特殊遭遇的比重。

第三章

一生釣運、普及教育的苦行僧

陳光興、林麗雲

（原刊於《人間思想》第 12 期，2016，頁 12-46)

時間：2015 年 3 月 24 日週二晚
地點：交通大學亞太／文化研究室

兒時成長與佛教經驗

林孝信（以下簡稱「林」）　我一九四四年出生在臺北，出生後一個禮拜左右就離開臺北了。那時是戰爭末期，美軍已經開始轟炸，但沒有要主攻臺灣。聽我媽媽講，當時大家要疏散到鄉下去。我媽媽是鹿港人，可是鹿港還是一個目標很大的大鎮，於是我們就到了鹿港南邊的沙山。我問了很多人都不知道沙山是什麼地方，直到十年前辦社區大學的時候以串聯的精神到處跑，遇到創辦了彰化二林社區大學的謝四海，他告訴我沙山就是現在的芳苑。[1] 聽說我滿月的時候是在芳苑度過的，因為媽媽產後不久就被疏散，所以我們應該是在我出生後先住到媽媽鹿港的娘家。六歲以前我的記憶比較模糊，只記得有一小段時間在臺北住過，六歲左右就搬到宜蘭了。我爸爸在日據時代算受教育程度蠻高的，從臺北工專（現臺北科技大學）畢業。但因為臺灣內部省籍對立的因素而被歧視，他只能在宜蘭的電力公司做業務，甚至也不能發揮他工程方面的專長。父親一直在那裡做到我大學一年級的時候，終於調到了彰化。他提出調職，一來是因為我媽媽抱怨父親的上司對他很不好；二來媽媽每次回鹿港娘家都要一大清早出發，晚上七、八點才能到達，很辛苦。

我一九五〇年進中山國小，學校在宜蘭市中心的宜蘭公園附近，是那時極少數的男女混校。其實我進大學以前相當單純，是個「來來來，來臺大；去去去，去美國」的標準乖學生，書也讀得不錯。我從小就對科學和數學很有興趣，五、六年級之前數學從來不用複習，成績就能考到非常好。一九五六年我在宜蘭縣聯考考了第一名，考取宜蘭中學。其實很多人都跌破眼鏡，因為我小學在愛班，前三班的第 名都比我好，而且我會考考得也不好。我想有一個因素是那一年國語作文的題目是「我的母親」，我現在還有點印象我寫了一篇頗有創意的作文。

我有位念同個國小、同個國中的好朋友叫李宗德，是他帶我去學佛。我小時候有一陣子信佛教很虔誠，還打算要出家，當時法名叫慈文。那時星雲法師是我的皈依長，我算是他的第一代弟子，如果我出家留在佛光山體系的話，地位應該非常高。我小學時候在李宗德建議下開始參與兒童班，那是星雲法師在宜蘭北邊雷音寺的念佛會之下的兒童班。我爸爸有傳統的文人味道，喜歡喝酒、下棋、寫詩和種花，禮拜六我會摘家裡的花拿去寺院供奉。有一次星雲法師想要找小朋友去弘法，那是我第一次上臺演講，講佛教的東西。一直到初中我還是非常有熱忱的，後來參與的一些活動其實也跟這個有關。到了初中的年紀，兒童班就變成學生會、青年會，成員大概有一百人。我當時對佛教非常有熱忱，很想把這個會做好，所以常常去訪問會友，也拉攏一些有慧根的同學。讀了一些高僧的傳記後，我覺得如果要弘法的話要去關心群眾——現在左派的說法也是這樣。宜蘭經常有風災，風災之後我會騎腳踏車去會友家裡訪問。

---

1 原編注：根據《芳苑鄉志：歷史篇》中之鄉長序，芳苑一名的來由：「本（芳苑）鄉原名『番仔挖』或『番挖堀』，日據時期更名『沙山』，光復後改為『芳苑』鄉。」詳見魏金絨著，《芳苑鄉志：歷史篇》，彰化縣芳苑鄉：芳苑鄉公所，一九九七。

有一個小學同學叫許阿松，[2]住在農村，我一直想要拉攏他。有一次我去他家看到他家房子整個被吹掉，因為蚊子很多，房子裡弄了一個蚊帳。我問那下雨怎麼辦，他說那也沒辦法，就是看著星星睡覺——這一幕給我印象很深。

李宗德的父親是醫生，初二時家裡搬到臺北市，他考試插班到建中。這件事給我一些刺激，之前覺得我們鄉下的孩子跟城裡的沒法比，如果過去考建中一定是名落孫山。而且李宗德成績不比我好，於是我就有了考過去的信心。初二時有個老師也私下跟我們這些成績好的小孩講，去臺北考的話比較容易進好的大學，但是要先把戶口調過去。之後我就把戶口遷到臺北，一九五九年考高中時就參加臺北的聯考，以第二名考進建中。而且那個第一名本來是可以直升，不用考的，但因為初二時當槍手被記了大過，才又參加聯考。

高中時我跟李宗德是隔壁班，我們在學校裡也很熱誠地招兵買馬和傳教。至於我的綽號「和尚」是後來王曉波叫的，他大概知道我以前信佛教；他去美國找我時我剛結婚，他回來後在《夏潮》寫了篇文章叫〈和尚結婚了〉。高中時我也同時對科學很有興趣，而且除了數學、物理、化學外，高一的生物老師楊育賢教得很好。我們學生時期有個很有名的學生刊物叫《學友雜誌》，裡面有個回答別人科學問題的專欄叫「萬能博士」，楊老師就是那位「萬能博士」。高中時候我知道了在動物和植物之間還有一種生物，比如草履蟲。這讓我有點困惑，因為我很相信佛教說的不能殺生，但是這才明白佛教指的是不能殺動物，而不是所有生物，如果不能殺植物的話就餓死了。但其實我們喝一杯水就在殺生了，因為裡面有很多微生物，這讓我很苦惱了一陣子。更苦惱的是，如果說吃素可以吃植物，那些介於動物與植物之間的生物怎麼辦呢？我帶著這個困惑一直到了大學。在臺大圖書館參考室遇到了一個寫了一系列佛學書的管理員，比如原始佛教是怎麼形成的。這對我很有影響，因為此前我都是把佛教絕對化，覺得釋迦牟尼是聖人才能講出最高的真理，好像佛教是一個因為釋迦牟尼而從無到有的過程。看到這些文章才知道那些關於輪迴、苦的觀念，其實在原先的印度已經存在一些了，這樣我就漸漸把釋迦牟尼去神聖化了，對以前的教條也有了新的眼光。再說，釋迦牟尼也不知道生物中有草履蟲這種生物。那是兩、三千年前的觀念，一定有它的侷限，要把它當成某種東西來崇拜是有點可笑的。於是我就這樣漸漸離開了宗教。

臺大自覺運動與《中學生科學週刊》

林　一九六二年我以建中第七名保送進臺大化學系，因為我前面兩個人都進了物理系，所以我沒法以第一志願進物理系。爸爸知道我可以保送後很高興，特意請假跑到臺北來勸我讀醫，可是我沒有興趣。妥協的結果是：第一志願物理系，第二志願醫科，第三志願化學系。可是臺大醫科很威風，怎麼可能接受第二志願的人進來呢。於是我就進了化學系，我的學號是五一二三

2　原編注：羅東鎮民代表會有位許阿松先生曾經在一九八六至一九八九年和一九九八至二〇〇一年當過兩任鎮民代表，是否為老林的同學待查證。

〇一——「五一」是民國五十一年，「二三」是化學系，「〇一」是化學系保送第一名。大二我才終於轉到物理系。我從小就對科學很有興趣，可是除了《學友雜誌》外找不到一本科普書籍。中山國小沒有圖書館，附近的縣立圖書館裡也沒有。我找書找得非常挫折。建中的校風比較自由，我一有空就去對面的中央圖書館，找到了幾本科學類的書。主要拚命在看的有兩套書，一是《中華文化基本叢書》，其中也有一些翻譯的書，讓我如獲至寶的是《數學的趣味》和羅素寫的一本關於數學哲學的書。另一套是「大學叢書」，是商務印書館在大陸時出版的，其中有一些科學的書。進了大學開始看英文書，更覺得如獲至寶，因為之前找書的挫折感讓我想到可以把這些書翻譯成中文，讓其他找書的人也能看到。於是大一時我找了化學系、物理系的幾個人，每禮拜聚在一起，我帶頭翻譯了一本關於數學集合論的書。但是那時對出版沒有概念，翻譯之後找不到出版社，於是這本書從沒被出版。大二到了物理系，找到一個同是建中畢業的同學胡卜凱（胡秋原先生的兒子）。胡秋原跟我們講出書或出雜誌都要錢，不過現在《臺灣新生報》有個週刊可以交給我們編。我們就去那邊編週刊，不用自己出錢，也沒有拿編輯費。我們給它取名字叫做《中學生科學週刊》，因為覺得我們自己只有大學一、二年級的程度，還沒辦法為大學程度以上的人出週刊。這也是《科學月刊》的前身。

另外一個重要事件是「自覺運動」。當時一個在臺灣學了好幾年中文的美國人，在離開臺灣前以「狄仁華」為名寫了一篇文章投到《中央日報》副刊，作為臨別時對臺灣的觀感。這篇〈人情味與公德心〉講到他這些年來覺得臺灣是很有人情味的地方，但缺少公德心。比如，等公車時候沒有人排隊，或者本來有人排隊，公車來了之後就一擁而上，排隊的人就白排了。這篇文章刺痛了臺灣有些人的自尊心，覺得被外國人數落了一番。之後臺大的陳鎮國[3]就上臺講「我們不要這樣啦」、「我們要自覺」之類的話，之後也在他的提倡之下搞出了自覺運動。

因為當時很多人出來響應，但在戒嚴的狀況下，救國團很快設法介入，之後有了些曲折。劉容生是我的高中同班同學，高中時他就展現出各種領導所需的才能——下筆能寫，也有演講能力，被選為班長。高二或高三時，救國團想要培養一些有潛力的同學，劉容生是學校挑選出的兩、三個人之一。他高二時是《建中青年》的總編輯，高三是我們畢業紀念冊的總編輯，書讀得也還不錯。臺大代聯會選舉類似的事情劉容生高中時都玩過了，所以沒有去參與競逐。如果以他的聲望和跟救國團的關係來參選的話，只是探囊取物而已，可是體制內的東西對他而言都覺得是「家家酒」了。自覺運動出來時劉容生就覺得這才是他發揮抱負和能力的地方，馬上自掏腰包辦了一份報紙型刊物《新希望》（他的父親劉行之是監察委員，所以家境還可以），文章基本都是他寫的。這份刊物在某個觀點下是地下刊物，但是可以公開取閱，一期出了幾千份。臺大和國民黨對這個轟轟烈烈的自覺運動也不好直接取締，但還是要想辦法疏導一番。劉容生特別擅長寫這種慷慨激昂的文章，很多人讀了很感動、熱血沸騰。《新希望》的第一、二

3　陳鎮國，臺大外文系畢業，曾成立「中國青年自覺運動推行委員會」並擔任主席，以「我們不是自私頹廢的一代」為口號，號召學生從事社會服務。

期都是掌聲不少，第三期的掌聲有點少了，第四期就有點強弩之末的味道了。這種慷慨激昂的東西久了，人家會看膩；鼓動之後沒有實質的東西，人家也疲乏了。劉容生當時就碰到了這樣的瓶頸。

大一時我住在山腳下的第七宿舍，大二時住在校園裡的理學院第六宿舍。跟我同寢室的一個心理系的學生，跟我同屆，但大我四歲——就是《大學雜誌》的創辦人鄧維楨。大一念文學期間，他追一個女孩子，對方希望他念醫。所以他大四時重考到高雄醫學院，放棄了文學學士。他跑到南部去念書，可是女朋友在臺北，那時又沒有電腦，這個愛情故事的結果就是沒幾個月就分手了。他受了很大創傷，本來念醫就是為了女朋友，所以又休學重考到臺大心理系（可能因為內心受到創傷吧）。因為這些曲折，他比我們成熟很多，人情世故都懂，而我們那時還是毛頭小子。鄧維楨對羅素思想比較有興趣，跟楊國樞來往很多，對西方思想的接觸也比較廣。楊國樞是臺大心理系助教，在之前的《文星》雜誌寫過一些文章，當時也搞了一個讀書會讀費戈的《科學哲學讀本》。因為英文書很貴，大家會找翻版書社做翻版，可是要承諾賣出多少本才有書商願意做。所以鄧維楨在宿舍裡就跟我講這本書裡有很多跟物理有關的東西，想要勸我買。當然為了同寢室的立場我也要買，買書後也跟著去參加楊國樞組織的讀書會。之後我介紹劉容生給鄧維楨認識，鄧維楨建議他《新希望》要辦下去，就得搞一些思想性的、啟蒙的文章。

劉容生被鄧維楨說服了，把《新希望》從報紙型改成雜誌型，並聘鄧維楨當總編輯。改版後的第四期登了兩篇羅素文章的翻譯，後來一共出到第七期。雜誌有一些影響力，也集結了一些人，因為那時是臺灣社會很沉悶的時期，連文化性的《文星》也已經停刊了。雖然我對這些沒什麼感覺，因為對科學比較有興趣，但很多人感覺到苦悶——關心的議題不能講，有很多禁忌。我跟劉容生從高中時就很要好，因為我在《建中青年》寫過一、兩篇文章，做畢業紀念冊時也是他的助手。《新希望》起初已經聚集了一些人到他身邊，比如臺大的黃碧端、馬以南（馬英九的姊姊），甚至校外來的人也有，比如師大的王拓、文化大學的高信疆。劉容生也會辦一些座談會，會拉我去湊人頭。那時他或許有一些打算，但我沒有那麼多政治敏感度。比如，大一時他會找一些人去陽明山郊遊，郊遊時就談論國家大事。到第七期時雜誌被停刊了，歷時很短。停刊理由是因為兩篇羅素的文章。那之前不久發生的一件大事是蘇聯試爆了一顆超級氫彈，全世界很震撼，因為蘇聯在美國之前做出來了。有個記者去訪談當時非常有聲望的羅素，問他：「蘇聯如此狡詐，如果對立到引發戰爭，會不會人類社會就被毀滅了？還是西方世界應該選擇投降？」羅素當然回答說要投降了，這樣未來人類還有希望，如果硬碰到底就什麼都沒了。臺灣報紙說羅素是「附匪」、「寧降不死」，於是羅素就被反共的臺灣封殺了。臺大當然逮到這樣一個契機把《新希望》停刊了，因為《新希望》本來就被視為不聽話的小孩。雖然雜誌出不成了，劉容生還是找這些集結起來的二、三十人，每學期聚會一次。

我在《新希望》只是啦啦隊的角色，我自己在忙的是編《中學生科學週刊》和臺大物理系系刊《時空》雜誌。《時空》間斷過幾年，不過現在還在出。到了大四快畢業時，大家要找《中學生科學週刊》的接班人，便在臺大成立了「求真社」以維持雜誌，一陣子之後也停掉了。我在《中學生科學週刊》和自覺運動裡面認識了一大票人。《中學生科學週刊》聯絡了五、六十個人，除了臺大理學院、工學院的，還有師大的。我們有了這樣一個廣泛的朋友圈，出國前大家聚會提到出國後要維持聯絡，不要散掉了。於是他們要我負責建立一個聯絡的系統／方式。在沒有電腦的時代，維持連繫很困難，我一個人不可能寫信給五、六十人。所以就以一個循環信的方式，讓每一個人可以獲得更多人的消息。我寫一段話或我的近況成為第一站，下一個人再加上寫一段話成為第二站，這樣一一傳下去成為一個循環。為了讓一個循環不會太久，我們弄了好幾個循環，七、八個人一個循環，過一陣子再大風吹重組。那是一個可以讓很多人保持聯絡的有效率的方式。

《科學月刊》

陳光興（以下簡稱「陳」）　接下來搞《科學月刊》還是以這個循環信裡面的人脈為基礎嗎？

林　是以這個循環信做基礎，但聯絡面更廣。要辦《科學月刊》時，我開始到各處跑。這種搞串聯的動機和能力是從學佛時候開始的——要關心群眾，不能在辦公室當老爺，所以我到現在還是這樣。我到美國後發現了更多東西。芝加哥圖書館裡有很多的科學書，尤其是很多大師會出一些演講的小冊子，我覺得特別精彩。我想要把這些介紹到臺灣，覺得在臺灣還是井底之蛙，小時候讀不懂英文時就是井中之井了。另外一個很重要的心理是，在美國感受到臺灣還相對貧困，物質建設跟美國相比還差一截，比如沒有高樓大廈、高速公路。在想怎樣讓臺灣早一點富裕起來，跟美國看齊，這對我們念科學的來說，就是臺灣的科學有待提倡。從科學的層次來講，辦《中學生科學週刊》以來跟很多人接觸，覺得臺灣社會迷信還是很嚴重。科學之外，一到美國就覺得社會的氣氛跟臺灣很不一樣，在美國所有人都在罵國民黨，罵得很刻薄，讓我有點震撼。那時我在政治上還沒有開竅，還是覺得光把臺灣罵得一文不值沒用，要設法去做。可是海外很多人只是罵，罵到最後的結果就是不能回臺灣了。可是這些人才不回臺灣，臺灣的格局打不開，便還是井底之蛙，只是延續了被他們罵的那種狀態。六〇年代校園學生運動對我的衝擊，只是讓我看到美國學生一天到晚上街頭遊行，但那時我政治上還沒有開竅，所以並沒有受到思想上的影響。

我還有一個很重要的心理背景，我們大學時期那一屆物理系是學生程度最好的，卻是有史以來師資最差的，都是靠學生自己組讀書會。我那時起就很困惑為什麼臺大物理系的畢業生出國之後很少回來，如果他們肯回來的話，臺灣的物理系師資就可以提高了。我想可能是因為畢業生出去之後，我們沒有聯絡人家，如果我們一直讓大家了解臺大物理系的狀況，就會好一些。這也是在臺大辦《時空》雜誌的原因。到美國後才知道了他們不回來還有政治的原因，可是我年輕沒有太多政治感覺，只是覺得大家應該一起為臺灣做些事情。這樣大家也許會對臺灣有更多感情，就更願意回臺灣。倒也不是特別考慮救亡圖存的意思，主要是想改變臺灣的貧窮。總之，就是很天真地想大家一起做些沒有爭議的事情——教育、科學普及，也就是先不要討論國民黨好還是不好，或是討論那時已經出現的臺獨爭議。

我一九六六年從臺大畢業，當了一年預官就出國了。一年多後過了博士資格考，只剩下論文了。那時有了空閒，想要多讀一點東西，循環信之中也聯絡了一大批人，也有編《中學生科學週刊》的幾年經驗。考慮到上面這些因素，一九六八年十月到十一月左右我就開始籌備《科學月刊》，一九七〇年一月在臺北正式創刊。因為這個刊物是為臺灣做的，開宗明義不是為個人事業或賺錢，一是為臺灣的科學事業，二是做一個橋梁讓海外留學生能夠關心臺灣與合作。我做了一年多總編輯，組稿、規畫內容、找人、捐錢，可是已經超過負荷了。為了刊物的需要，循環信就顯得慢了點，於是我決定發行一個通訊《科學月刊工作通報》。前兩期是刻鋼版的，[4] 第三期開始拿影印機影印，發到二、三百份，建立了一個有效率的聯絡網。

《科學月刊》創刊後的一年保釣運動就爆發了，那時通訊每個禮拜出一期，雜誌在臺灣出版。一開始我們也沒有想得很仔細，收到一些捐款，就作為創刊經費。那時我碰到了清華大學的李怡嚴。一九六八到一九六九年間在芝加哥大學認識他後，他馬上非常熱忱、積極地投入。於是我請他做臺灣的負責人，可是考慮到他可能沒有在臺灣辦刊物的經驗，後來打聽到楊國樞在伊利諾念博士，一九六九年七月，他拿到博士學位後將要回臺灣。並且我大學時候就認識他，也知道他有辦刊物的經驗。於是我們飛過去找他，請他回臺灣後和李怡嚴一起做臺灣的負責人。李怡嚴非常熱心，他的薪水和辦公室都貢獻出來，楊國樞也投了很多他那邊的資源進來。另一個重要參與人是我在國際學舍的室友曹亮吉。

那時候參與這份工作的人已經有幾百位了，這個情形逐漸被大家傳到臺灣去了，後來臺灣也給予配合，刊物出來前臺灣的媒體還刊登了很多報導。我在籌辦刊物時，林懷民正在密蘇里的新聞學院念書，那期間他經常跑到芝加哥看舞蹈演出，我們在那時認識了。他看到我們在籌辦《科學月刊》就主動跑來幫我們的通訊貼名條、貼郵票。他也很會搖筆桿，寫了一篇文章到《中央日報》。（林懷民也參與了後來的保釣運動。）所以創刊前，《科學月刊》在臺灣社會已經有點轟動了。我還提議在各地設立聯絡員來推銷刊物，於是臺灣很多學校都在聯絡員的基礎之上成立了科學社，也就是說那時候圍繞著《科學月刊》儼然形成了一個蠻先進的社群和網絡。第一期的第一版和第二版剛出來就賣光了，訂戶也有一萬多，這在臺灣雜誌歷史上是很少見的，那麼辦刊物的經費也不成問題了。第一年比較順利，可是第二年保釣運動就來了。

保釣運動

陳　之後你介入了保釣運動，在運動過程裡面當然是很匆忙的，那麼現在回過頭來看，運動對

4　原編注：在影印普遍化之前，刻鋼版是一種平民化的複印方法。其法用特製的有鋼製尖端的「鋼筆」在塗上蠟的「蠟紙」上寫字和畫圖，然後把刻有圖文的蠟紙捲到「油印機」的滾筒上，沾上油墨把圖文印在白紙上。油墨透過蠟紙上被「鋼筆」刮掉蠟的部分就顯示出「刻」出來的圖文字跡。油印機和鋼筆、蠟紙等一般學校、辦公室或小型雜誌社都可以負擔，所以應用相當普遍。

你個人的撞擊是什麼呢？

林 我本來對政治沒有什麼興趣。還是先談一下保釣運動的幾個重要事件。一九七一年一月第一次示威遊行，臺灣政府慌了，馬上派人來疏導。疏導的代表是（教育部）國際文教處的處長姚舜，但他鎩羽而歸。三月間，海外五百位華裔學者聯名上書給蔣總統要求政府出面保釣，我們就更有底氣了。所以國民黨當時的做法我們都不理，不去想有什麼後果，覺得我們完全沒有做錯事，也沒有要反政府。日本人已經來欺負我們的漁民了，我們是要愛國，只是根據教科書裡面寫的愛國主張實踐一下而已。接下來是四月十日的大遊行，它的主要氣氛是對國民黨政府的絕望。因為當時國民黨的外交局勢非常困難，那一年的九月它在聯合國的席次也丟了。那時候姚舜來疏導我們的時候也說：「你們做的是對的，只是我們政府現在處境很困難。目前世界上比較大的國家只有美國和日本跟我們還有邦交，可是美國也不穩了。」那時美國確實已經準備和中國和解了，所以他們覺得真的會支持臺灣的只剩下日本了。保釣人士在這邊反對日本不是跟政府唱反調嗎？而我們並不是故意要跟政府為難，我們同情政府的困難甚至感同身受，但是不是因此就要把釣魚台主權讓出去呢？如果明年日本又來要澎湖列島，是不是也給它？那後年又要給什麼呢？我們不能認同忍氣吞聲，所以跟國民黨的人講不通。

參加四月遊行的人都覺得國民黨根本不會保釣——既無力保釣，又無心保釣。無力是它根本不是日本的對手，無心是它為了聯合國席次等考量根本不想保釣。正在這個困惑的關頭尼克森宣布了要去大陸訪問的消息，如果不是在那個時候剛好發生，保釣運動會往哪裡走還不清楚。所以歷史就是這樣必然和偶然的結合。我們很困惑，覺得學生手無寸鐵，只能通過示威遊行敦促政府去做。可是現在知道政府根本不會做，所以那之後就沒有第三次示威遊行了。如果我們要像太陽花學運一樣給政府難堪，一定會辦第三次遊行，政府一定會臉上更無光。可是我們不是為了跟政府過不去，而是真心為了保釣，所以沒有想要辦第三次遊行。

那該怎麼保釣呢？我們忽然發現還有另一個中國政府的存在，這個中國政府好像還蠻強大的，連美國總統都要親自登門訪問。以前我們臺灣媒體聽到哪一個美國議員來臺灣都覺得很光榮，甚至他們發表了什麼對臺灣有利的言論都被當成頭等大事，至於總統來訪則想都不敢想。七月十五日晚上六點大家吃晚飯時，美國所有電臺、電視臺聯合插播——總統有權力讓電臺、電視臺這麼做——尼克森宣布：「我已經祕密派季辛吉去會見了周恩來，以下是我跟周恩來的共同聲明。當周恩來聽到美國總統有意來訪，代表中國歡迎美國總統明年適當的時候來訪問。」之後尼克森以一種很得意的神情說：「我很愉快接受這個邀請。」這在我們留學生看來很不是滋味，一方面在想臺灣該怎麼辦，有一種悲從中來；另一方面美國總統竟然很榮幸去中國，好像有一種與有榮焉的感覺。這個心理狀態很複雜，如果要拍保釣電影，這一段是很好的題材，卻又很難捕捉。

陳　你講後來保釣的轉向其實是尼克森帶來的，如果沒有這件事，留學生的眼睛可能不會往中國看。尼克森的事情出來前，保釣內部的差異出來了嗎？《戰報》這些左傾的人的眼睛也不在中國大陸嗎？

林　差異還沒有出來。左傾的是很少數人，他們寫的東西戰鬥力很強，但我們還沒感覺到所謂的左翼。我們在四月遊行之後碰到幾個大問題：一是為什麼國民黨不願意保釣；二是為什麼日本又來欺負我們；三是為什麼美國偏袒日本。雖然國民黨說是因為外交，但似乎又不止外交理由。在我們從小受到的教育中，雖然日本曾經欺負過我們，可是經過二戰的失敗已經痛改前非了，特別是在蔣公以德報怨的心態下。另外我們在臺灣受到的教育都說美國是主持正義的國家，把美國的形象塑造得非常正面，不像現在連美國自己都在批評自己的漏洞。四月之後我們為了解開這三大疑問開始了探索的階段，這些疑問主要是跟近代史有關，於是大部分保釣積極分子就開始進入中國近代史。美國圖書館都有很多近代史的資料，之前根本不會去看，現在才有了動機去看，甚至很多保釣刊物改成了《國是通訊》等名字。讀到五月初碰到了五四運動的日期，大家也有一點心得了，又覺得保釣運動跟五四運動有一點關係——都是抗日，都是政府打壓抗日的人。那一年的五月一日剛好是週末，於是很多地方開始辦五四運動座談會，紀念五四運動，從回顧五四來了解保釣運動為什麼會發展成這樣。這是探索的階段，以上那些疑問基本上從近代史上澄清了。但澄清之後還是徬徨，了解之後覺得保釣更沒有希望。

這種時候尼克森宣布訪問中國，讓很多人看到中國的實力是可以保釣的，就有了希望想要了解中國近代史。從臺灣出去的人，除了極少數之外，一開始對大陸都不了解，完全按照反共八股去認識。那時候開始覺得應該去了解，而且連美國人也開始想要了解中國。冷戰期間，美國的媒體也把中國人形容為狡猾、貪婪等諸種惡劣品格的綜合體，電影中的形象也是獐頭鼠目搞陰謀的人。大家都被這種宣傳洗腦了。可如今發現連美國總統都想要去中國，美國人也會問為什麼，也意識到之前對中國的認識有偏差。對美國政府來說也不能再把中國形容得那麼壞，必須要調整關於中國的敘述了。於是美國社會就掀起了「中國熱」，而且尼克森宣布訪華對美國、臺灣、日本以及很多其他地方都有衝擊。因為當時的國際局勢是建立在美國和中共的絕對敵對之上，而如今這一國際局勢似乎就要瓦解了，所以全世界的人都想了解中國。另一個讓很多人對中國產生興趣的原因，是當時中國開始文化大革命，我們雖然都覺得這裡面很有問題，但還是承認其中的理想主義色彩仍然很高。文革之中的很多弊病是我們後來才知道的，但當時文革中反帝、反資的說法還是對世界上有左翼傾向的人很有影響。因為中國當時還是提倡社會主義，很有理想主義色彩。所以在上述因素的作用下，保釣中的很多人開始左轉。在這之前有左傾思想的人應該不會超過二十人，比如劉大任、郭松棻、李我焱（四一〇遊行的總指揮）。只有少數這幾個人對中國有點認識，但參與遊行的幾千個人是沒有認識的。

保釣運動的左轉與海外左派狀況

陳　於是保釣的主流開始左轉，到了九月有了安娜堡會議。從尼克森宣布訪華到安娜堡只有兩個月不到的時間，能夠造成這麼快的轉向，是因為大的國際局勢？

林　安娜堡會議是左轉的結果，那時保釣主流已經左轉了，而會議的結果是決裂。有些動作比較快的，七月就開始讀《毛澤東選集》等中國大陸的東西了。除了國際局勢的影響，還有對臺灣政府的失望。這個在尼克森宣布訪華前已經發生了，所以這些人要對中國政府抱一點希望了。到了十月臺灣退出聯合國，其實是被逼出去的。

林麗雲　在保釣之前已經有些人左傾了，對嗎？

林　有一些。保釣前他們已經有政治性的連繫出現，最有名的是「大風社」——在摩根鎮（Morgantown，美國西維吉尼亞州的一座城市）的西維吉尼亞大學，他們跟《科學月刊》差不多同時開始聯絡。所謂「大風」是來自漢高祖的〈大風歌〉，有一定的政治意涵，也有很大抱負。我的同學就有參與其中的，我也因為辦《科學月刊》管道比較廣，當時就知道了，但他們對外面還是有一定程度的保密性。保釣前左傾的有柏克萊的劉大任和郭松棻的讀書會，張系國也參加過，他們接觸了相當多中國大陸的東西，《毛澤東選集》也讀了。還有中西部威斯康辛大學的麥迪遜分校，是反戰運動中比較激進的地方。因為威斯康辛的移民很多來自於北歐，北歐比較有社會主義傳統。麥迪遜的社會系有馬克思主義的傳統，也是分析馬克思主義的重鎮，另一個重鎮是芝加哥大學。那裡有一些香港同學和兩個臺灣同學——社會系的王春生和化學系的程明怡——組了讀書會，保釣風波剛來的時候他們就談論過。我進芝加哥大學時候也碰到幾個左傾的學長，物理系有張子賢和陸光祖（兩人是舅甥關係）。

陳　那個時候講左傾的意思是指對中國認識比較多？

林　對。我也沒有跟他們談很多，但感覺上這些人左傾。比如他們的語言是批評國民黨，說國民黨會這樣是因為美國怎樣怎樣。張子賢是很熱情的人，不管你聽不聽，見到你就拚命跟你介紹中國大陸，說毛澤東多偉大。那時我們都不太敢聽，也有人聽他說過毛澤東是「哲學之王」（king of philosophy）。程明怡本來也要來芝加哥大學，但他的指導教授調到普林斯頓，他也跟著去了，然後又去了麥迪遜。大風社是政治性的社團，但未必是左傾的，其他幾個左傾的都還只是個人而已。東部的有在波士頓的香港人廖約克，以及保釣開始前就嚮往中國的段世堯和陳若曦。此外有一些臺灣本省籍的，他們更有決心、更埋名隱姓，每個學校可能有一、兩個人。他們想要回到臺灣幹革命，效法當時的「南越人民解放陣線」成立了一個「臺灣人民解放陣線」。感覺上當時他們有一點組織，其中一些人後來也回到臺灣，但沒有什麼影響。應該是到美國後讀了一些中國大陸的東西，有人想要把他們組織起來。再後來就成立了「臺灣人民社會主義同盟」，保釣發生後他們大概覺得時機到了，可以幹革命了。他們會組讀書會，據說開會時大家戴面具。這個居中搞串聯的人是黃武雄，也是《臺灣人民》的靈魂人物，大概大家都信任他吧，究竟有誰參與可能只有他最清楚。

陳　這在當時並不是所謂「海外獨左」？

林　其中只有一兩個是獨的，比較重要的是左雄，他後來辦了《臺灣革命》和《臺灣時代》。保釣應該也對社盟這些人有些影響，同時美國在越戰中也撐不住了，他們覺得這是回臺灣的最好時機，可以把美國帝國主義趕出臺灣了。似乎他們內部也有一種說法是不回臺灣就是背叛革命，其中左雄沒有回來。他們此前讀了一些東西，回臺灣之前想要把它們整理出來，希望能夠在海外繼續吸收一些新血。於是辦了《臺灣人民》。雜誌出到第二、三期時成立了社盟。那之前還不算是有正式組織，都是用一些代號——有鐮刀組、鋤頭組等七、八組。我並不清楚他們的願景是什麼，他們大概想「南越人民解放陣線」都可以成功了，要效法越南把美帝趕出去吧。

陳 可能就像是我們那一群人回來想要革命，可是願景是什麼？那大概是一個世界革命的環節，回來就是要投入到組織，投入到工農大眾去，因為你的關係都在那邊。某種程度上來講，黃武雄這些人還是有發揮一些作用的。

林麗雲 保釣前搞左傾讀書會的這些人在保釣運動裡面發揮了什麼作用嗎？

林 劉大任、郭松棻發揮了最大作用，這是大家都知道的。麥迪遜那些人也很積極，可以說是「中西部的柏克萊」。東部的廖約克、李我焱也是。但社盟這批人在保釣中的作用比較難講，或者說發揮了很複雜的作用。他們人數不會超過二、三十個，有一些回臺灣後發現這裡並沒有海外想像得那麼成熟，或者說時機非常不成熟，所以動彈不得。這些人對保釣沒有積極介入。但《臺灣人民》出刊時保釣剛剛左轉，我們讀到後覺得很驚訝，這群不知哪裡冒出來的人比我們理論水平更高。《臺灣人民》對保釣運動往左走有一種刺激作用，本來我們覺得自己變左是很正統的，怎麼突然來了一個不知哪裡冒出來的左派——這也可以算作是玩笑話了。

陳 劉大任跟《臺灣人民》這些人有沒有關係？許登源跟這些人的關係呢？

林 以我所知來講，郭松棻跟他們有一點關係。《臺灣人民》出了兩期後他們決定全體回臺灣，因為他們以留在海外為恥，於是就要找誰可以繼續辦刊物。他們在保釣運動中觀察合適的人選，因為郭松棻在《戰報》中已經表現一些左傾，他們就找他來當主編，但他沒有接受。

至於許登源，《臺灣人民》出來他非常興奮，但他本來不是他們的人。他本來在臺灣是殷海光的弟子，出國前覺得在哲學上已經讀通了，對哲學上怎麼建立一個認識世界的體系已經了然於胸了。但是到了柏克萊接觸了大陸的東西，發現有些東西竟然是自己過去的盲點。他因為念哲學，也對追求真理有很大的真誠，花了很多時間不眠不休地讀那些書。一段時間後他多年來建立在邏輯實證論上對世界的看法澈底崩潰，覺得自己過去的東西是被誤導的、經不起考驗的。本來在念的哲學也不念了，改拿了一個電腦碩士，然後跑到紐約花旗銀行做電腦工程師。他在紐約跟一些類似的朋友有些來往，但不是剛才講的那些。他讀到《臺灣人民》後很熱誠地想進去，《臺灣人民》在被郭松棻拒絕之後只好接受了他。再說回來，《臺灣人民》的主流是支持和肯定中國革命的，左雄並不是主流。

陳　那麼這個系統跟後來的洪哲勝有連繫嗎？

林　沒有。《臺灣人民》在歷史中經過三次鬥爭：第一次鬥爭是第二、三期時，關於要不要回臺灣，與找接班人的問題；第二次鬥爭是第八期；第三次鬥爭是第十期時，第十期後就停刊了。左雄到第二次鬥爭時就分裂開了，臺獨的人捐了一些錢給他辦了《臺灣革命》，一共出了四期或五期。臺灣黨外運動蓬勃興起，海外臺灣同鄉會的臺獨也擴大起來，左雄獲得一些這方面的資助。他覺得《臺灣革命》的「革命」不利於團結這些人，於是改出《臺灣時代》。《臺灣時代》跟《臺灣革命》基本上一脈相承，但《臺灣革命》比較左，《臺灣時代》在海外臺獨高漲時則比較獨一點。

林麗雲　許登源前後參與了《臺灣人民》和《臺灣思潮》的編務工作，這兩本雜誌有無性質上的轉變呢？

林　有，而且《臺灣人民》本身也有一些轉折。第一階段，《臺灣人民》的前兩期基本上是這群比較生澀的變左的人的研究報告。第二階段有兩條軸線，一是跟保釣運動的互動，二是跟臺獨的互動，這使得它受到的壓力蠻大的，也因此出現內部矛盾。第三階段的衝突以統獨矛盾為主。其實貫穿第二、三階段的是它與保釣運動之間的鬥爭，雙方都想獲得左派的領導權。而且以《群報》為代表的保釣人士認為《臺灣人民》包藏著臺獨的禍心——表面上不談統獨，其實是主張臺獨。從今天來看，雙方除了權力的爭議之外，左的內容本身沒有太大差異。與其說是路線之爭，不如說是領導權之爭。《臺灣思潮》比較沒有這三方面的關係，它出現時保釣已經過去了，臺獨力量已經高漲了。這時候海外跟臺灣的關係更密切了，它對臺灣的分析和左派的理論都比過去深刻。它面臨的兩個挑戰：一是臺灣社會急速地變化，很多社會力量被釋放出來，怎麼分析蓬勃興起的黨外運動，怎麼掌握大的脈絡；二是海外臺獨成為主流。

保釣運動左轉後的個人變動及行動

陳　運動開始左轉以後，你自己的狀態是什麼？是同樣在這個轉變當中，或是與其形成一個對話關係？

林　我轉變得很慢，開始看到大家都在念《毛選》時是很不屑的。這跟我自己的態度和念科學的經歷都有關係。我很不喜歡跟風，覺得那是沒有經過自己的政治判斷和認識，盲目跟著別人走。我是大概隔了一年多才開始改變。別人的刊物都改名《國是通訊》、《統一通訊》或《中國通訊》了，我們的還是叫《釣魚台快訊》，覺得自己是真誠的保釣。有一次我們在密西根開會，其他保釣人士開了五個小時的車過來，結果發現我們竟然沒有讀《毛選》很驚訝。雖然我們沒有跟著左轉，跟他們還是從《科學月刊》就開始的老朋友，但是在芝加哥還在做自己的。當時在《釣魚台快訊》的人主要有夏沛然和太太王渝（夏的父親夏濤聲是青年黨的重要人物）、化學系鄒寧遠和太太倪慧如、物理系虞光（他的父親虞兆中做過臺大校長）。第二年發生了南越侵占西沙群島事件，我們又發動了「保沙運動」。雖然我們沒有左傾，也都了解國民黨的問題，該批評國民黨的地方還是批評。其他人因為左傾開始認同中華人民共和國。我想中國已經實現社會主義了，可是臺灣還在水深火熱之中。真正的左派應該站在被壓迫人民的立場，所以他們應該更關心臺灣才對，而不是投靠大陸。

尼克森宣布訪華後，輿論開始關心臺灣問題，國際記者也會問到統一的問題。當時認同中國的人當然支持中國的政策要求，跟著認為要統一。這時就出現了一個很大的問題，這個問題對今天的臺灣都有很大影響，就是反臺獨。海外保釣開始反臺獨，但這就把海外很多本省籍臺灣人逼成臺獨。這些本省籍的人聽父兄講了很多對國民黨不滿的地方，所以會同情臺獨，但他們本身並不是支持臺獨的。我們對這些狀況應該是同情地了解，而不應該對他們冷嘲熱諷——甚至把他們說成是「帝國主義的走狗」。這樣的結果反而是把很多本來不是臺獨的人逼去支持臺獨。我辦《科學月刊》時接觸了一些人，覺得很多人並不是按省籍來劃分的，再加上我自己本來對政治不是特別熱衷，所以很不以為然。雖然我小時候也聽過父母抱怨過外省人，比如我爸爸因為他的不得志很容易有這樣的抱怨，但父母總體上很少講，可能也怕我們去外面亂講話吧。

我的意思是，本省籍的人因為不滿國民黨，容易同情臺獨。至少他們是為了臺灣人民在努力，而且是冒著上黑名單的風險站出來，不應該那樣批評他們。但有些保釣的人變成左派以及轉進統運之後，他們的對手已經不是美國、日本或國民黨了，而是臺獨。那時我就預言這樣只會把更多臺灣人逼成臺獨，最後果然是這樣。海外臺獨力量變得非常大。臺灣黨外運動興起後，臺獨又影響到黨外運動，直到現在仍影響著臺灣的政治生態。這是我覺得保釣人士起到的作用，很可惜，這本來是可以避免的。我當時也做了一些努力想要把運動拉回來，但是沒能成功。雖然沒有左派理論的支撐，當時我覺得省籍矛盾不是重要的，可以講臺灣的問題是國民黨統治者和被統治者的矛盾。我當時這樣的講法是統運的人不能認同的，也激起很多辯論。他們祭出一個理論講統一中國的三個力量：祖國的強大、國際條件的成熟、臺灣同胞的覺醒。這三個力量是有次序的，首要是祖國的強大，這樣才可以刺激「臺灣同胞的覺醒」。但是正如我所預料的，其結果恰恰適得其反。坦白講，我會繼續釣運跟這個有關係。我幾乎是在釣運圈子裡唯一注意到這個情況的。在這個狀況下如果我回到書齋，運動會很快乏弱，我還是想做些努力把它拉回來。結果越陷越深，還進了黑名單。一九七一年我就被確認是黑名單，雖然我對政府沒有表過態，但參與到運動的核心分子都是這樣的狀況（除了國民黨自己系統的人），當時進入黑名單的保釣分子我猜想有七、八百人。總之，我要繼續運動有幾個因素：一是保釣還沒有成功，二是我不要跟風轉向左派，三是統獨因素。並且我在保釣裡變成唯一可以做橋梁的人，我想我撤走了的話，連橋梁都沒了。

到了保釣之後的一九七二或一九七三年，我們在編《釣魚台快訊》期間跟新同學的談話中遇到了孫中山的問題。我還是一直可以接觸到新來的同學，因為《科學月刊》也會接觸到新的人。在臺灣的反共思想中認為馬克思、恩格斯、毛澤東這些共產主義思想的重要人物都是「匪類」，我想臺灣因為反共有這樣的認識可以理解。可是在大陸跟臺灣的對峙下，如果大陸像臺灣所講的那麼壞，它對待三民主義創始人孫中山應該比臺灣對待毛澤東罵得要更凶才對。懷著這個好奇心，我去圖書館查大陸怎麼評價孫中山，結果跟我想像的很有差距。於是我積極地收集大陸涉及孫中山研究的報紙、期刊和專書，看過之後覺得大陸很多東西我真的不了解。而且他們在評價孫中山時難免會用一些社會主義的觀念或專有名詞，我看得似懂非懂，就想要進一步搞清楚這些觀念是什麼意思。於是那之後花了一、兩年的時間，用這種很奇怪的方式接觸了社會主義思想。

後來我被吊銷護照，運動也沒什麼可搞了，有了很多時間可以讀書。但一開始的時候也不是很願意直接看經典的東西，總覺得經典太被神聖化之後不太容易了解，而且還是一百多年前的東西。我更喜歡看跟當下問題更有關係的，比如關於當下世界局勢的東西，所以一定程度上也就受到了美國社會和大學裡反越戰運動的影響。開始接觸這些後就對美國有了更深的認識，也有了對帝國主義與資本主義的批判意識。所以我自己其實改變得很慢，別人看到風聲一來馬上就可以衝到前面去了，我還落在後面。

陳　那麼，你是在保釣結束之後那段時間，在夏威夷遇到陳玉璽和你後來的老婆陳美霞的？

林　那時候在到處串，尋找同志。如果知道哪個地方有熱誠地支持保釣的人，我就跑過去，所以一九七五年第一次去了夏威夷。陳玉璽在夏威夷匯集了一個支持保釣的小團體，小團體形成後出了一份刊物《中國之友》，時間大概是一九七四或一九七五年——狹義的保釣已經結束之後。這群人主要是學生：陳玉璽、吳義博、王耀南、朱立創。王耀南有一段時間幫葉芸芸做《臺灣與世界》的主編，後來回了臺灣。朱立創後來以保釣的精神和方法在紐約做社區工作，被人稱是紐約法拉盛的「地下市長」。據說有一次一個女生在路上被欺負，沒人幫忙，他就提議成立一個守望相助巡守隊，至今已經招募到一千五百個志工。《中國之友》重點介紹中國的情況，也就是說這些人比較左傾，其中主要人物是陳玉璽。

保釣之前的一九六六或一九六七年左右，陳玉璽到夏威夷大學念政治系，跟導師商量要研究文革，在這裡開始了左翼啟蒙。他到圖書館查文革的資料，國民黨在那裡的眼線給他打了小報告，他被吊銷護照後只好去了日本。當時的日本首相佐藤榮作是非常右翼的，他似乎是日本歷史上做最久的首相，直到尼克森宣布訪華才退下來。他跟國民黨的關係非常好，聽說國民黨跟他有私下的交易——希望日本政府協助將一些滯留在日本的黑名單祕密地強制送回臺灣。據說陳玉璽因此被日本送回臺灣審判，刑求的過程也很痛苦。傳說他還要撞牆自殺，可是景美看守所的牆是撞不死人的。夏威夷大學的師生聽說後，去中華民國駐夏威夷領事館抗議，用輿論攻勢通過美國國務院對國民黨施壓。妥協的結果是夏威夷大學可以派人去旁聽審判。因為有人旁聽就不能判太久，他只被判了七年，最後三年半假釋出來。政治犯出來很難找到工作，當時《自立晚報》的老闆吳三連比較有膽，用他當記者。夏威夷大學的師生還是很有情義地跟他聯絡，他也表示很想到美國完成學業。於是夏威夷大學的師生又開始示威遊行，當時國民黨外交已經越來越困難，很怕得罪美國，所以美國一施壓就放人了。

他七〇年代中期回到夏威夷，辦了《中國之友》，也完成了學業。他的畢業論文就是後來人間出版社幫他出的那一本《臺灣的依附型發展》，把依附理論應用到臺灣。七〇年代末至八〇年代初他畢業後到了紐約《中報》，在那裡待了一段時間。聽說《中報》的老闆傅朝樞有一些不想得罪中共當局等考量，這些跟陳玉璽的原則有些衝突，於是他離開《中報》，去香港浸會大學教了幾年書，最後回到臺灣。他最初似乎先是到南華教書，那時我還跟他見過。聽說最近這些年他信佛教很虔誠，可是近五、六年我都沒有跟他聯絡過。今年寒假去紐約見到他過去的朋友朱立創，朱立創跟他還有連繫，聽起來他雖然進入宗教領域，還是保留了過去的一些東西。

陳　陳玉璽後來在臺灣圈子裡起了作用，比如跟陳明忠、蘇慶黎這些人的連繫。

林　陳玉璽被審判時有國際特赦組織關心，並且把這個消息轉告夏威夷大學。所以最終這個案子依國民黨《懲治叛亂條例》來說，算是判得輕的。他出來後被吸收加入國際特赦組織，對於一些內部消息都有聯通。一九七六年七月初陳明忠被逮捕，同時我剛好到夏威夷。陳玉璽就私下跟我說臺灣有一個政治迫害的案件——陳明忠案，也給我看了國際特赦組織從日本傳來的訊息。我們當時有商量一下該如何協助，或許他在那之後有跟《夏潮》連繫過。

林麗雲　所以你在陳明忠事件上的唯一消息管道是陳玉璽？臺灣那時主要針對政治犯的人權組織已經開始動了，最初是郭雨新，後來是陳菊、蘇慶黎、陳映真和陳鼓應等人都有參與。陳鼓應是老師，比較可以接觸到外國學生，他的說法是他有通過外國學生帶消息給你和另外兩個人。

林　陳玉璽那邊是國際特赦組織的梅心怡從日本把消息給他。我這邊除了陳玉璽和陳鼓應的消息管道，還有威斯康辛麥迪遜的鄭德昌、賴淑卿夫婦。鄭德昌是獨派的，但賴淑卿本來是左派且支持統一，四人幫事件後整個破滅。當時我跟他們也蠻熟的，王津平在麥迪遜時跟賴淑卿在理念上很談得來。陳玉璽在夏威夷跟我講過後，我剛好有機會到麥迪遜去，賴淑卿跟我講了王津平請她將陳明忠事件轉告給我。所以至少有這樣三個管道。

陳　陳明忠在訪談中說他出差去日本時，陳玉璽請他把一份臺灣政治犯名單轉交給日本的對口人，這一塊看起來是陳玉璽的關係。陳玉璽中間去了《自立晚報》做記者，這也是一個活動的空間，會碰到很多人。

林麗雲　另外陳映真在懷念蘇慶黎的文章中寫道，蘇慶黎想要辦一份有社會主義傾向的刊物時，陳玉璽把陳映真介紹給了她。說明辨《夏潮》之前，她和陳玉璽的關係已經不錯了。陳鼓應也說過，蘇慶黎大學畢業後寫過一篇關於孟加拉的文章，[5]那是臺灣很少數對第三世界國家的介紹。經過陳鼓應的介紹，蘇慶黎在《臺灣政論》寫一個關於國際觀點的專欄，因為她那時還沒有那個能力，所以是由她跟陳玉璽一起寫的。在今天看來《夏潮》是一個很有思想性和國際視野的刊物，為什麼蘇慶黎一開始就有這麼深厚的基礎？有一個說法是陳玉璽可能給了她很多的意見。

台灣民主運動支援會時期的活動與串聯

陳　你在一九七九年成立了「台灣民主運動支援會」，基地還是在芝加哥，參與者還是《釣魚台快訊》的那群人嗎？

林　夏沛然和王渝沒有繼續讀書，到聯合國做翻譯，離開了芝加哥。倪慧如夫婦留得比較久，但也陸續離開了。支援會成立時也有一批人，但跟之前的不太一樣。支援會聯絡的歷史蠻複雜的，變動很多，也牽扯到很多東西。我被吊銷護照後沒有工作或收入，有一票保釣人士基本認同我的主張——要以關心臺灣為主。支援會成立之前，我們已經做了一些事情，陳明忠事件只

5　參閱鍾秀梅，〈蘇姐〉；李黎，〈那夏日的潮水：懷念前夏潮雜誌總編輯蘇慶黎〉，《中國時報》，二〇〇五年十月二十七日。

是其中比較顯著的。另外比如，帶出其他一些政治犯的消息；臺灣圍剿鄉土文學時，在海外支持鄉土文學；臺灣原住民運動和環保運動起來時，在芝加哥大學辦一些座談會；每年暑假辦夏令營，分批邀請不同的人過來。鄉土文學論戰那一次，有個人從臺灣出來，跟我講了個暗號，我就知道他是我的朋友派來的。他拿出一個「〇〇七的皮箱」給我後就走了，裡面有一大堆鄉土文學論戰的資料。

保釣運動後的一九七二年左右開始，我們有了一個中西部保釣運動團體工作會議。每年大家聚在一起，聚集了十幾個活躍的團體——密西根大學、密西根州立大學、印第安納大學、伊利諾大學、麥迪遜分校、普渡大學、聖路易大學、愛荷華州立大學等。以這些堅持保釣運動或堅持辦刊物的團體為基礎做了一些事，如辦二二八紀念會。這本來是內部工作夥伴的交流，後來決定邀請更多人參加，甚至臺灣的——陳明忠、蘇慶黎、莫那能等。這些活動在支援會成立後也在繼續辦，夏令營也是如此，每年會有五、六十個人參與公開或半公開的夏令營。

支援會的成立是因為黃武雄從臺灣寫了一封祕密的信給我，支援會的名字也是他取的。那時候我跟臺灣已經有了不少聯絡，比如蘇慶黎等人。有一次有個人拿了一張信封裡面的白紙給我，拿一枝筆在上面畫了畫，紙上就顯示出字來。這些人的聯絡都很隱蔽，也有人用公用電話打給我約在很偏僻的地方，談話並交代了資料之後就分手了。總之很多臺灣來的人跟我單線連繫，但是這些人當時都絕對不能透露，因為我們最大的考慮就是不能害到他們。

我大學時就認識黃武雄，他在數學系，我們都住在第六宿舍。我們差一、兩屆，但好幾門課都是一起上的。剛開始辦《科學月刊》時，他就會寫信給我，每次都寫很多張。之前並不知道他的經歷，保釣時他已經變左了，我還什麼都不懂。一次我在舊金山的時候，朋友來電話說有個從臺灣來的人叫我過去，我跑過去見到了黃武雄。我不知道他找我幹什麼，似乎有什麼重大的事情要跟我合作，但還在考察我。之後碰了幾次面後比較熟了，才會談一些事情，比如他講到他回到臺灣支持王拓競選、跟陳菊建立關係等。

一九七八年年底的選舉中黨外聲勢大振，剛好碰到卡特總統宣布美國跟臺灣斷交，臺灣進入緊急狀態，中斷了選舉。那一次選舉中可以看出國民黨一定慘敗，國民黨應該會開始設法整治黨外領袖。他們知道余登發是黨外的金主，是橋頭鄉的地主，而且很慷慨。國民黨便借用吳泰安事件拿他開刀，後來假戲真做的吳泰安被槍斃了。之後黃武雄的朋友帶了一封信到美國給我，說臺灣局勢很緊張，希望我們在美國聲援。他講得很具體——支援會的名字、操作辦法都想好了。他之所以找上我是因為雖然海外臺獨派也在聲援民主運動，但他覺得如果民主人士落到國民黨手裡，這狀況可能對他們更不利。而我長期以來聲援民主運動，而且不統不獨，也沒有去過大陸。我第一次去大陸大概是二〇〇一年，但之前一直有謠傳說看到我去過，可是如果我去過就不可能回來美國了。

陳　阿肥（丘延亮）等人辦的「臺灣研討會」跟你有關嗎？當時蔡仁堅有去發表，我也有跑去參加。

林　那是八〇年代中期我們規畫的，設法跟芝加哥大學的遠東中心合作，由阿肥出面來執行。

在海外跟臺灣黨外運動有關的人士，我們都會出面接觸，蔡仁堅就是這樣認識的。另一個接觸到的重要人物是邱義仁。邱義仁、張富忠和林正杰曾經在陳菊的邀請下為郭雨新助選。中壢事件後，《選舉萬歲》的書稿很早就送到我這邊來了。張富忠到美國後，我幫他聯絡到很多地方演講。當時邱義仁、吳乃德和賀端蕃三人都在芝加哥大學念書。邱義仁本來在南伊利諾大學念哲學，在臺灣時他在黨外運動中參與得很多，並且跟施明德是密切合作的。施明德曾經出了一篇〈增設中央第四國會芻議〉，提議把萬年國會當作「貴族院」，實際上的權力應該放給民選國會。邱義仁說這一篇是他的意見，由他執筆，施明德掛名發表。我到南伊利諾找他，勸他來芝加哥，他後來在吳乃德之後到了芝加哥大學。因為芝加哥大學學費太貴，賀端蕃轉到比較便宜的伊利諾大學芝加哥分校，但繼續跟邱義仁、吳乃德住在一起。邱義仁很快拿到碩士學位回到臺灣，或許是臺灣局勢變化太快，讓他覺得留在外面是一種「奢侈」，也或許是芝加哥大學學費太貴了。

支援會的人很多、很雜。雖然支援會是公開的，但有些人不願意露面，我覺得自己是黑名單，也就無所謂了。舒詩偉在一九八〇年左右到芝加哥大學。他在中原大學時候就跟張富忠成了好朋友，也跟陳國坤很熟。我忘了是通過陳國坤認識阿偉，還是反過來。但阿偉跟我關係很密切，他待了很長一段時間，後來還是我的室友。總之這邊的人進進出出的，陳津渡來的時間稍早一些，阿肥來得稍晚。夏威夷還有一個李義仁，之前跟陳玉璽他們一起。他到芝加哥大學之後跟我住在一起，在支援會參與得比較深。阿偉參與得也比較深，做過一段時間支援會機關刊物《民主臺灣》的主編。阿肥沒有正式加入，但很多事情會幫忙。比如郭雨新到美國後，我們會一起開車去找他。

另外因為我進了黑名單沒有收入，剛開始大家會零散幫忙，一九七五年左右開始就有幾個家庭會按月定期資助我的生活，長達十年之久。支援會本身的開銷並不多，辦活動就是參與的人各自出錢，但張富忠來美國前我有特意為此去募款。另外每年夏令營需要一些錢，尤其是從臺灣請人來的開銷。我們另外一個常合作的管道是聶華苓的愛荷華寫作班，她們辦活動時我們會過去。我跟陳映真、王禎和、楊逵都是在那裡第一次見面的。

林麗雲　支援會的活動看起來是對黨外圈子內的統獨都有邀請。那麼，在支援會、《臺灣與世界》和《臺灣思潮》幾個團體之間，統獨構成一個問題嗎？支援會跟臺獨聯盟之間的關係呢？

林　支援會的人整體來講並沒有那種基本教義派的臺獨，主要是關心臺灣的弱勢者，探討臺灣的左翼力量能不能興起。就兩岸問題而言，沒有堅持統一或獨立，更多還是基於尊重臺灣人民的意願。當然對於臺灣長期在反共教育下的狀況，我們也想要做一些努力。支援會剛成立時，遇到余登發事件及其後許信良被免除桃園縣長職務。我們想要搞示威遊行，跟臺獨聯盟提議聯合聲援許信良和余登發，他們沒有答應。我們已經表示過合作的意願，但這一次之後就沒有什麼合作了。

葉芸芸剛開始想要找我去編《臺灣與世界》，因為那時我正在失業。但我有一些很複雜的考慮，我想要發展跟臺灣更多的關係，離開芝加哥到東岸不一定適合，而且編務也會占據很多精力。此外相當影響我決定的一個考慮是，我覺得《臺灣與世界》的做法是服務在美國的臺灣人，而我更想要直接支援臺灣內部的運動。它當然也會報導臺灣內部的運動，但刊物因為財力的考量在美國發行，一定要顧慮這邊讀者的口味。我想要把自己的事做下去，是覺得自己可以作為保釣認識臺灣的橋梁，因為很多保釣人士對臺灣並不了解，尤其是對於臺獨意識很不理解，而且也一窩蜂地湧向中國。後來還是跟《臺灣與世界》有一些合作關係，我們辦活動也會邀請葉芸芸過來。

如前面說過的，《臺灣思潮》跟支援會的成立有密切關係，成立前我已經連繫上蔡建仁了。蔡建仁來美國前在一九七三年「黨外四人聯合陣線」（王昆和、張俊宏、康義雄、陳怡榮）臺北市議員選舉中助選，那一次黨外全軍覆沒，讓他覺得臺灣毫無前途。在臺灣時他聽說海外保釣運動轟轟烈烈，可是他來的時候保釣運動已經過去了，在紐約打工一年也沒有找到想要找的人。我從朋友那裡聽說了他，一九七八年左右跑去洛杉磯找到了他，並把他介紹給洛杉磯參加過保釣運動的一批人。另外，黃武雄之前在社盟有一個回了臺灣但發現做不了什麼事的夥伴——顏朝明，筆名李義雄，黃武雄要求他來美國跟我配合。顏朝明之前在洛杉磯，這一次也回到洛杉磯跟蔡建仁他們結合，辦一些讀書會。我們這邊除了辦夏令營等活動，也會辦讀書會讀經典左派著作，找一些年輕人來一起住三到五天。有幾次我邀請許登源參加，許登源因為編過《臺灣人民》便知道顏朝明跟這批人的關係。於是他們很快連在一起，在支援會成立後一年左右創辦了《臺灣思潮》。

回到臺灣後的行動與對戰後左翼運動的思考

林麗雲　從一九七九年支援會成立至一九八八年，臺灣經歷了解嚴。支援會的角色有沒有因此變化？

林　有。解嚴後，我在一些朋友的鼓勵下設法申請回臺灣。我也在美國開了一個士林書店，往臺灣賣書，賺一點旅費。其中也接觸到更多的人，比如跟通識教育接上線。我一九八八年第一次可以回臺灣，期間往返多次，真正搬回來是一九九七年。一九八八年起我就試圖搬回來，但有很多現實因素要考慮。我結婚後都是由太太在養家，我想如果要回臺灣的話，總要有一份收入。所以想要找到一個合適的辦法，既能發揮我的作用，也不能長期靠人家養。之前在美國是因為非法居留而無可奈何，但我覺得要為社會做事情前自己要先自立，不能說因為要搞運動就可以讓別人或社會養。我想到第一件回臺灣後可以做的事是回到《科學月刊》，我對科學普及還是有些熱誠，但種種因素下沒有去成。其實一九九六年陳美霞先回到臺灣，她在芝加哥大學做助理教授，回到臺灣很快找到成大的教職。

支援會本來的工作會議轉型成為公開的夏令營，在新的條件下有了新的運作方式和內容。早期支援會在做保釣這群人對臺灣的了解，收集臺灣政治、社會、文學藝術的資料，希望我們自己深化對臺灣的認識。之後漸漸地跟臺灣的連繫建立起來了。支援會的轉捩點是解嚴，但形式上而言它到現在還沒結束。我搬回來後，支援會在美國基本是停滯或半停滯狀態，雖然形式上沒有結束。最近幾年反倒又有一些作用，因為我在推動「釣魚台教育計畫」。教育部提供的經費只有計畫所需的三分之一左右，其他錢還是要靠支援會組織向海外老朋友募款。

陳 你回到臺灣後做的幾件事情似乎是之前從保釣下來的一路延續。包括人脈上，如去南藝大井迎瑞那邊、與交大孫春在合作，以及一九九九年跟黃武雄去青草湖社大等。二〇〇五年跟通識教育界合作創辦《通識在線》雜誌後，二〇〇七年去弘光大學的緣分是什麼？

林 回到臺灣後我想要在教育上做些努力，雖然不算是直接左派的東西。大部分左派的做法是只做跟左派有關的東西，我覺得這樣圈子會很窄。我回臺灣後的前兩年還在探索要做什麼，花了很多時間在工運上，對勞權會、鄭村棋的工委會系統、讀書會和示威遊行有一些介入。可能這樣講有些魯莽，探索的結果是我覺得臺灣社運圈子太小了，資本主義整體力量那麼龐大，以這個小圈子很難成大事。於是我滋生的想法就是要暫時跳離這個社運圈，發展更多接觸面，雖然還是朝著社運方向的、比較理想主義的。主要做的兩個方向都是教育的——社區大學和通識教育。

或許有點不謙虛，我辦社區大學和通識教育都很快有一些成績。最早辦社大的時候，我應該把全臺灣的社區大學都跑過了。一來，包括臺灣在內的全世界都要重視學習，左翼的人也要管這件事。二來，黃武雄最早在臺灣提倡社區大學，構想社區大學成為社運界招募新血的地方。而且在那裡教書既可以拿到薪水，又可以宣傳自己的理念。黃武雄給社區大學兼任老師的薪水比一般大學還要高，如果一個禮拜教兩學分、九小時，可以拿到四千六百塊，也就是每小時五百塊。他本來的規畫是想要每小時給一千塊的，希望可以通過這個方式讓這些社運人士得到經濟上的獨立。另外，社區大學很多參與者都是社運人士，因為他們覺得在街頭喊太久是不夠的，不能永遠喊下去，要深化就要從教育著手。社大創辦的前一年我曾經看到一個報導，關於在嘉義搞社區總體營造的陳錦煌在社造研討會上的談話。他說社造一定要跟社區教育結合，如果不能從人的教育著手，只是把景象搞好、把產業搞上去、蓋些房子是沒有靈魂的東西。所以黃武雄找工委會辦蘆荻社大，很多其他社大也有社運界的經驗。

通識教育則是高等教育改革的部分，因為我們覺得臺灣教育問題很多。黃武雄曾經做過「四一〇教改」，要改的是制度上、形式上的，但我覺得更需要改的是教育的實質與內涵。臺灣目前的教育有以下幾方面亟待加強。一是國際觀不足，現在的國際觀只是歐美、日本觀，要擴大視野，有第三世界觀。二是歷史觀不足，臺灣近些年因為去中國化的原因，也連帶著去歷史化。三是科學素養不足，我從辦《科學月刊》就意識到這件事。那麼我可以在大學裡通過通識教育的改革來加強這些，這算是間接的進步吧。

臺灣一九八四年開始通識教育，我一九八八年回來時感覺到大家對它是一股熱，但並不知道通識教育到底是什麼。芝加哥是二十世紀美國通識教育改革的重要典範，我自然對它有動力和機會多了解。臺灣的通識教育進行得一團亂，有些像是寵物保健、寶石鑑定之類的都被算是通識教育了，似乎通識教育就是什麼都可以教。我在美國賣書給臺灣時，一個很大的客戶就是通識教育界。我也寫一些文章到臺灣的報紙或研討會，介紹美國的通識教育，研討會茶敘時我一邊賣書也一邊認識了很多人。而且臺灣政府越來越重視通識教育，通識評鑑已經成為大學評鑑的重要部分。至於二〇〇七年去弘光大學是因為弘光大學大概有一些評鑑的壓力，想要充實通識教育的師資陣容。他們徵詢通識教育協會的意見，大家都推薦林孝信，因為我既懂通識教育，又沒有職位。於是我終於脫離了無業遊民的位置，而且被當作正教授、特聘教授來聘。二〇〇九年左右我去了世新。之前我認為通識教育發展到現在需要深化，而且需要有一個刊物的論文是跟升等無關的，就創辦了《通識在線》。世新大學當時的校長牟宗燦熱心地提供辦公室給我們，因為刊物的工作都在臺北，可是弘光大學在臺中，於是有一次我問世新校長賴鼎銘可不可以聘我到臺北。他一口答應了，雖然只是作為客座教授。《通識在線》從兩年前起由別人接手編了。

林麗雲　關於臺灣戰後左翼運動的部分。支援會主要的工作除了作為臺灣民主運動人士在美交流的平臺、保釣人士交流平臺和讀書會之外，在吳永毅的書裡寫到，[6]支援會扮演了八〇年代後留學生跟之前脈絡交會的平臺，比如夏林清、夏鑄九、甯應斌這些人。

林　支援會主要的工作就是支持臺灣各式各樣的社會運動。同時我會跑很多地方見各種人，其中很多人是到目前為止沒有被人知道跟我接觸過的，甚至有些是回到臺灣後當了官的。這是靠長期的到處串聯把人連結起來。柏克萊我去了很多趟，開始時認識夏鑄九，他安排我見了很多人，比如陳光興。那時候我並沒有要求他們加入支援會，支援會只是個殼子，只不過實際上做的事是上面這些。我當時努力想要儘量跟所有對臺灣進步運動有熱誠的人聯絡，聯絡面很廣，包括陳菊這些人。

林麗雲　八〇年代那一批留學生有些回到臺灣搞運動。你覺得這些人的運動跟保釣之間是有承繼的關係，還是他們開創了自己新的形式？

林　總的來說，我覺得他們開創了新的形式，當然還是有一點小關聯。我覺得《島嶼邊緣》的做法一定程度上反映了西方社會運動的新傳統。我個人並不那麼熱衷於引進這些東西，我覺得那些東西有蠻重的西方社會和文化的烙印，並不是那麼適合臺灣。東方或第三世界的情形中有一個西方社會運動很少涉及的課題——反帝國主義，十九世紀以來的殖民主義問題並沒有完全解決。而這樣引用西方新社會運動、西方馬克思主義，甚至後現代主義，有一點像是把西方的病移植到東方，自己再呻吟一番。他們跟上面保釣等系統連結得很少，左翼理論主要是從西方得來的。其實二十世紀第三世界左翼歷史是很豐富的寶藏，第三世界的人自己反而很少去注意，這種遺忘也跟中國走資的影響有關。但這些歷史需要被比較公正地、科學地了解。現在還很難，因為這些多少跟文革結合在一起，但中國大陸現在非常反文革，對這方面管得很緊。

陳　《島嶼邊緣》跟鄭村棋、夏林清、吳永毅等回來投入社會運動的人不能畫等號，後者似乎跟保釣運動之間是有延續性的？這個很難講清楚，比如「台社」（台灣社會研究季刊社）的出現跟保釣有沒有關係呢？雖然我們在知識分析上不一定有關係，但想一想這些人為什麼會跑到台社來，似乎前面的一些點是有關係的——至少是人脈的關係。

6　見吳永毅，《左工二流誌：組織生活的出櫃書寫》，臺北：台灣社會研究雜誌社，二〇一四。

林　是，夏林清等人不太屬於我剛才講到的部分。但有一些人不是如你所講的這種情況。例如搞媒體的，這些人的左派思想是從西方馬克思主義來的，比較少考慮第三世界的、反帝的立場。因為帝國是西方馬克思主義的母國，或許越戰的高潮中他們會反帝，但平時並沒有。我長期的觀察是，在西方馬克思主義中大概只有美國的《每月評論》（*Monthly Review*）比較有第三世界立場，英國的《新左派評論》（*New Left Review*）和《科學與社會》（*Science and Society*）都還是有相當程度的歐洲中心主義烙印。臺灣一些左派主要接觸的是這一批人，懂了一些左派的詞彙或觀念，也好像是「左派」。但總的來講，他們似乎不能站在東方的受壓迫者的立場上。

陳　在你跟陳映真的接觸中，你對他的看法是什麼？以及，你怎麼看他跟臺灣戰後左翼的關係？

林　知道陳映真是因為他坐牢與辦《夏潮》的經驗，之後初次在愛荷華寫作班碰面後有一見如故的感覺。自從我初次回臺灣後就開始去找他，賣書期間也跟他的弟弟陳映朝維持著某種合作。那期間陳映真辦了一個讀書會，我回臺灣時都會去參加，他們有時安排聚會也會考慮我的時間。我經常過去潮州街，跟他有過多次深入的對話。記得他很多次建議我不要搞那麼多活動了，要多做理論的建設，因為臺灣非常需要理論的工作。但我認為理論的建設需要實踐的基礎，我在臺灣的實踐還太少。我覺得陳映真當然是連結臺灣戰後左翼老一代和《夏潮》的關鍵人物。他和「老同學」[7]有相當程度的接觸，也透過《夏潮》和《人間》雜誌一直跟年輕人保持連繫。另外，他的文學也對戰後左翼運動發揮了影響。從六〇年代中期到勞動黨成立之間，他的左翼有一定程度的發展。但勞動黨成立後他反而為了要把黨務弄好、解決糾紛，對外的開展變得弱了，這也是我擔心的地方。

陳　那麼工黨成立時，雖然你不在，也會知道一些狀況吧。陳明忠在自傳[8]中也提到，他曾經期待工黨的成立可以成為臺灣的第三大勢力，可是中間出了很多問題。對於這一過程，你有什麼看法？

林　基於對其他國家的左翼政黨和勞工運動的了解，在海外聽說要成立工黨時，坦白講我是有點懷疑的。臺灣工黨成立的條件成熟了嗎？臺灣剛剛經過長期戒嚴，包括勞工運動在內的左翼運動還有很長的路要走。當時工黨是以《夏潮》系統為一方、王義雄為另一方，以及羅美文等工人力量的三方結合。總之我們在海外覺得有點倉促，我回臺灣時工黨就分裂了。工黨成立那一年，我們的夏令營邀請了工黨相關人物——羅美文、王義雄，但辦夏令營的時候工黨已經分裂了，只有羅美文出來。羅美文來參加夏令營時，我們這些海外保釣人士向他表達了覺得工黨在大好形勢下分裂非常不應該，雖然我們還是會支持勞動黨，但是希望勞動黨可以汲取教訓，好好地經營。這算是相當委婉地提出批評，然而這個批評也沒有用，勞動黨始終成長不起來。當然我一開始就不認為臺灣已經有左翼政黨成長的背景了。我的一個或許有點狂妄的批評是，臺灣的左翼太急切，沒有耐心地打基礎。在臺灣的選舉文化下很容易躍躍欲試，就會被人家牽

7　原編注：指白色恐怖時期的受害人。

8　陳明忠，《無悔》，北京：生活・讀書・新知三聯書店，二〇一六。

著走，不能掌握自己發展的方向。其實現在左翼的大家士氣已經不高了，似乎也不適宜再這麼嚴厲地批評了……

回到臺灣後我接觸比較多的是勞動黨系統和工委會系統，可是連這兩個都不能整合，大家力量分散能做什麼呢？臺灣的工運和社運界內山頭很多，這在早期是難以避免的。但要起到真正歷史性的作用，這些山頭之間求同存異是必須的——用左派的語言講就是一定要訂出最低綱領和最高綱領。最低綱領就是大家有這個就可以相互合作了，可是在臺灣這些問題都沒有被充分討論。總的來講，臺灣成立左翼政黨有點操之過急，現在亦然。回到臺灣之後，我也跟很多相關朋友講現在還不是往前擠的時候，因為左翼的力量還不足以跟人家玩這個。我這樣的看法在臺灣應該算少數，但經過這些之後左翼力量並沒有什麼成長。左翼政黨越來越困難，很少人還對勞動黨抱期望，也看不到新的黨會從哪裡冒出來。有人提出太陽花學運之後國民黨會衰弱下去，尤其是如果二〇一六年選舉再敗得很厲害，可能會逐漸變成一個無足輕重的小黨。國民黨中很多選出來的民意代表等都是很投機的政客。如果他們看到在國民黨得不到選票，一定會跳出去。國民黨萎縮的可能結果，第一是民進黨一黨獨大，第二是新的政黨出現。新政黨的出現會制衡民進黨，這種制衡可能導致民進黨分裂成更獨與更溫和的政黨，如此一來也可能導致新政黨崛起。

陳　老林，非常感謝你接受我們漫長的訪問。

第四章

保釣與海外左翼運動

林麗雲、陳瑞樺、蘇淑芬

（原刊於《台灣社會研究季刊》第 103 期，2016，頁 155-175）

時間：2009 年 11 月 6 日
地點：臺北紫藤廬

訪問緣起

二〇〇九年五月，林麗雲、陳瑞樺、蘇淑芬等三人組成「尋畫小組」，訪問曾經與吳耀忠生命交會的朋友，並探尋散藏各處的吳耀忠畫作。「尋畫」計畫的目的有三：替畫家寫下生命故事、追溯臺灣戰後現實主義文藝的流變、理解臺灣左翼精神的發展。基於這些目的，我們訪問了林孝信老師。雖然訪談內容涉及吳耀忠的部分很少，但卻拉出了海外保釣運動與左翼運動的關係，特別是臺灣左翼運動如何在一九五〇年代白色恐怖後重新萌芽與發展的線索。[1] 謹將這份訪問紀錄整理出來，以紀念林孝信老師。

＊　＊　＊

一、左翼思想的萌發

一九六二年我從臺大畢業，一九六七年當完兵不久就到芝加哥大學念書，一九六八年底，通過博士資格考後就開始籌辦《科學月刊》。籌辦半年多，一九六九年九月暑假出了第零期試印本，一九七〇年才正式創刊。那年暑假，臺灣釣魚台海域發生漁民被日本軍艦驅趕的事件，到了年底，許多臺灣留學生開始醞釀要出來抗議並舉行示威遊行。一九七一年一月二十九、三十日，一個禮拜六、一個禮拜天，在全美國六個城市舉辦示威遊行，那是第一次保釣遊行。當時參加的人很多，我因為辦《科學月刊》的關係，形成一個網絡，聯絡了很多海外的臺灣留學生，這些學生當中很多人對政治與釣魚台事件非常關心。我想，如果我沒有辦《科學月刊》，也許我仍會參加，但不會介入很深，但因為辦《科學月刊》後，成為主要的發行人、聯絡人，才導致我參與保釣非常深，也由於涉入太深，後來就上了黑名單。

保釣運動的重要成員劉大任，在臺灣就是小說家，當時他們有一批小說家、文人，抱持著社會主義的理念，其中一位就是陳映真，他們還搞了個讀書會，後來遭人出賣，在當時是個有名的大案。這案子破獲前不久，劉大仟出國留學，逃過一劫，沒被抓到，要是當時他沒出國，大概也和陳映真一樣被送進監牢。事後我回想起來，他在保釣前就已接觸了社會主義思想。你們可以想像，起初劉大任應該充滿了熱情，小說家通常都比較熱情，不像我們念科學的人，比較務實或是理性，或可以說比較冷漠。劉大任離臺後不久，陳映真案子就爆發了，這事件對劉大任來說是很大的刺激。

那時我們在臺灣完全不知道這些事情，我原先念科學，對這些完全外行、也毫無興趣，後來開始接觸、關心，最主要是由於保釣，等於是被逼上梁山，當時我大概就是個普通的科學

1　時隔六年，二〇一五年三月二十四日，在林孝信老師罹病入院前，交通大學亞太／文化研究室由陳光興主持的「臺灣左翼思想口述計畫（七〇年代至八〇年代）」研究團隊連同尋畫小組成員再度訪問林孝信老師，訪問稿刊於《人間思想》第十二期（春季號）。亦見本書第三章。

家、科學工作者而已。但在臺灣，有些少數先知先覺的人，而這樣的人總是比較倒楣，像陳映真就是其中一位。出國前我完全不知道陳映真、劉大任這些人。因為我念的是科學，對文學不大注意，所以當然不知道。一直到保釣運動才開始接觸。保釣前，一九六九年，那次劉大任他們開車過來，其實是要辦一份刊物，那時我才知道，劉大任要把在臺灣搞的讀書會搬到柏克萊，有好些人參加，像是他的老夥伴郭松棻、傅運籌、張系國、鄭清文都有參加，估計應該是一九六八、一九六九年左右。

其實，劉在保釣前就已經左傾了。我在籌辦《科學月刊》時接觸了不少人。因為要到處找人，有一次就聽說有三個人從加州驅車往東。芝加哥離加州非常遠，開車約要兩、三天，當時我心想，竟然有這樣的人，願意開這樣久的車尋訪同志，覺得很不可思議。這三個人，一個就是劉大任，一個是郭松棻，另一個是唐文標。他們三個從柏克萊往東開，芝加哥是交通中心，東來西往的人總會經過。

在芝加哥大學時，我們有個念政治系的同學，和劉大任在臺灣時是同學。我記得劉大任在臺灣時好像也是念政治，到了柏克萊後好像也是。我對政治是外行，一直聽他們兩位政治系的同學談政治。當時美國很多學生對中國大陸的文化大革命很感興趣、很嚮往，所以很自然地就談到這個話題，我那個芝加哥的朋友比較冷靜、對文革有很多保留的意見，當時我們在一邊聽，就覺得劉大任簡直把文革想得盡善盡美。如果你批評他，他就會講一堆話來為文革辯護。那是在保釣前。他們回去加州不久，保釣就發生了。劉大任之前就有些社會主義傾向，後來就更清楚了，因為原來在臺灣他就有接觸，不像我們這些念科學的人，在臺灣時完全懵懂無知。

其實我和劉大任聊天的機會不多，因為我在芝加哥，他在加州。起初，我覺得他對政治的看法有點偏激，不大敢和他多談。他談的多是些政治的、大的東西，基本上我對這些東西興趣不大，但我和另外兩個倒是比較能聊。應該這麼說，劉大任話不是很多，比較安靜，不像一般政治人物那樣喜歡高談闊論，他給人的感覺是比較有思想的。後來我和郭松棻交情算是不錯，我對哲學有一點興趣，辦《科學月刊》時也需要一些科學哲學的東西，所以就和郭松棻聊得比較多一點。和唐文標也算聊得開，他是香港同學，鼻音很重，加上又是廣東口音，我聽起來有些吃力。「鄉土文學論戰」的過程中，唐文標是主角之一。他寫了幾篇文章，文筆氣勢非常盛，唐的現代詩和文章力道很強，讓人印象深刻。鄉土文學論戰前他已經在中時副刊人間版批判現代詩了，例如余光中的作品。唐文標批評別人的文章非常凶。陳鼓應也批現代主義、現代詩，後來還出了一本書叫《這樣的詩人余光中》。

我曾經問過陳映真，你是怎麼開始形成社會主義信仰的。他說當時是聽大陸的廣播，尤其中共與蘇共衝突時，就是那次關於國際共產主義運動總路線的大辯論，大概發生在一九六三、一九六四年，中共發表了九篇評論的文章，就是很有名的「九評」[2]，九評對陳映真影響

2　一九五三年三月五日，史達林去世。一九五六年，赫魯雪夫在蘇共二十大上發表《關於個人崇拜及其後果》的祕密報告，全面否定史達林主義，實施去史達林化。當時的朝鮮勞動黨、中國共產黨、阿爾巴尼亞

很大。史達林去世後，赫魯雪夫開始反史達林、批史達林、鞭屍。中國對於蘇聯全面否定史達林的態度不是很同意，就開始有些爭議。爭議起來後，赫魯雪夫就想逼中國就範。中共剛建國時，蘇聯對中國有很多的援助，後來就威脅要把援助停掉。中國那時也蠻有骨氣，不接受要脅，在原則前面，絕不退讓。中蘇原本只是對史達林的評價有歧異，但鬧到最後兩國關係變得很僵。蘇聯開始逼中國就範時，有許多理論家批評中共，甚至東歐還有一些以蘇聯馬首是瞻的國家也跟著批評。

中共起初沒有回應，認為這種家務事不要公開，或說應該以當面討論來解決彼此的紛爭，要是公開事情會很難收拾。據他們說，當時蘇聯、東歐一些國家，發表了不知成百成千的批評文章，後來中共覺得爭議不明，完全不回應不行，就決定要回覆，寫了九篇文章，也就是九評。中共的回應算是寫得相當不錯，蘇聯後來受到壓力，就覺得應該公開辯論。九評一出來，美國一個左派組織《每月評論》（*Monthly Review*），剛開始不清楚，總覺得中共是錯誤，因為長期以來從列寧到反法西斯，蘇聯有很大的貢獻，聲望比較高。如今突然發現，中蘇論戰時他們只知道片面之詞，中國的九評透過《北京週刊》翻譯成英文後，美國一些左派看到，認為中共其實比較有道理。世界其他左派看了中共的九評後，也認為中共是對的，可見寫得很不錯。陳映真當時也是透過對臺廣播，大概是中央臺，那時候他們都躲在棉被裡偷聽，藉此重新認識新中國。陳映真就是從那時候開始接觸社會主義，一開始應該是有點好奇。像我們這些念理工的，對政治比較沒興趣，雖然也會好奇，但不會像他們這麼想去了解。他們念文科，也許好奇心更強，真的想去聽聽看。反正廣播來，拿著收音機，到空曠的地方自己小聲地聽，大概也不會有人知道。因為好奇，去聽些大陸的東西，開始對社會主義有興趣。

臺灣人至少有三、五千人和保釣有關係，但在保釣前已接觸社會主義思想的，我估計不會超過二十個，劉大任、郭松棻大概都是。特別劉大任在臺灣至少接觸過一年，至於他如何開始接觸社會主義，我不曉得。那陳映真就很清楚，我剛提的，是他親口告訴我的，我跟他常有機會見面，他常和我提到，他是從聽廣播開始，一直聽到九評。讀書會開始後，我猜，劉大任和陳映真是好朋友，兩人都寫小說，文筆也都非常好，有可能是這樣的關係。

劉大任在案子發生前到美國，赴美不出幾個月他的好友就被抓，他就更加痛恨國民黨的特務，這也激勵他朝著社會主義的方向走。他到柏克萊後繼續搞讀書會，也想辦刊物，我聽郭松

勞動黨、印度尼西亞共產黨及越南共產黨和紐西蘭共產黨的某部分派別，紛紛反對赫魯雪夫領導下的蘇共的做法，紛紛指責蘇共搞修正主義。在這樣的背景下，中蘇論戰拉開序幕。一九六三年六月，鄧小平率領中共代表團赴莫斯科參加中蘇兩黨會談。會談期間，一九六三年七月十四日蘇共中央發表《給蘇聯各級黨組織和全體共產黨員的公開信》，這封公開信主要就國際共運所涉及的一系列問題，對中共中央六月十四日《關於國際共產主義運動總路線的建議》（簡稱《二十五條建議信》）進行了全面的反駁與回擊。從一九六三年九月至一九六四年七月，中共中央以《人民日報》和《紅旗》編輯部的名義，相繼發表九篇評論蘇共中央公開信的文章，批判「赫魯雪夫修正主義」，這段歷史與生產的相關評論被稱為：九評蘇共。見孫沛東，〈「九評」的生產、傳播及紅衛兵一代的記憶〉，《思想》第三五期，二〇一八，頁四三—九一。

棻講，雜誌名稱都定了，就叫《中國世紀》，大概認為二十一世紀就是中國的世紀，也許是對啦，你看現在中國的經濟，再過二十年，美國的GDP可能就會被中共超越。

雜誌籌備期間，他們四處尋找志同道合的人。保釣前，海外認識社會主義的人不多。當時美國東岸，很奇怪，一個不像柏克萊那樣有名的學校，叫西維吉尼亞大學（Western Virginia University），在摩根鎮（Morgantown），裡頭有些臺灣去的留學生，在保釣前就胸懷大志要救國救民，成立了一個叫「大風」的社團，社名取自漢高祖劉邦的〈大風歌〉：「大風起兮雲飛揚，威加海內兮歸故鄉，安得猛士兮守四方？」漢高祖稱帝後有次回到故鄉，躊躇滿志就做了這首〈大風歌〉，這個大風社也就是要救國救民。我會知道這團體有兩個原因：一、那時辦《科學月刊》要和很多人聯絡，而他們辦雜誌也要發展人脈，而劉大任他們的讀書會主要是抒志論事，大風社這些人雖然也是書生，但他們是要發展組織，而且是有點神祕的組織，碰巧他們組織不知怎麼地發展到一個芝加哥大學的同學身上，而這個同學正好參加《科學月刊》，就把這情形跟我說了；二、我大學時認識的同學，出國後到摩根鎮讀書，也被吸收到這個社團裡，他也向我提過大風社，說他們要搞一個內部團體、要訓練人。

劉大任聽說有大風社這個團體就很興奮，因為有這種革命意志的同伴不容易找，就想要找他們。當時大風社也想辦一份刊物，就叫《大風》雜誌，劉大任就想跟他們合辦，為了表現誠意，劉大任、郭松棻不惜移樽就教，因為那時候都是窮學生，辦刊物也要錢，寧願從加州一路開部破車到摩根鎮而且路過芝加哥，我們就是這樣才碰上。後來他們也果真結盟，還辦了《大風》雜誌，郭松棻他們很有誠意，連雜誌名字都以他們為主。

二、保釣運動的演變

保釣開始的時候，在臺灣的情形是，王曉波比陳鼓應積極。保釣剛開始時，海外第一次示威遊行後，國民黨就有點吃驚了，覺得在臺灣這麼乖的學生，怎麼在海外就造反起來了，所以他們開始想用高壓，但高壓卻引起大家的反感。而這時候又出現一件意想不到的事：當時海外一些很有名的學者連署，有五百位學人連署寫信給當時的總統蔣介石，說要保衛釣魚台，連臺灣當時極有名的、媒體拚命稱讚、想要拉攏的這些人，都說要保釣，這對國民黨造成很大的壓力，連署的這五百個當中，包括陳省身、楊振寧與許多國際級的大師，這樣一來，國民黨也不敢澈底打壓保釣，因為連學者都說要保釣，難道要打壓這些大學者嗎？而且一打壓就引起反彈，尤其一些忠貞的國民黨員也批評，向臺灣當局建議：你別這樣打壓，不要覺得所有都是共匪的陰謀，這些人有很多都是大家的好朋友，都很純正，不要一竿子打翻一船人。這對政府造成很大的壓力，不敢澈底地打壓，而分別採取不同的措施，對於有些人政府就繼續打壓，但是對其他人就用懷柔政策，總之有好幾種政策，有時間我們再慢慢談。

在懷柔政策方面，政府就喜歡找一些它覺得在年輕學生中較有影響力與號召力的人物，希望這些人出來為臺灣政府講話，至少我知道沈君山是被找過的。沈君山到美國後就很積極地關心，但他不完全要當政府的打手，他有自己的判斷，而政府也希望他能到海外跟大家溝通。雖然沈不會像國民黨那些小黨棍一樣，但基本上他還是比較站在政府的立場。他本來想弄一個革新保臺路線。另外，像是張俊宏、魏鏞也被找過。

還有一位是陳鼓應，因為陳鼓應也是年輕人的偶像，他也寫了一些文章，有些名氣，臺灣政府覺得他在年輕人中有一定的地位。陳鼓應到美國後也有來找我們，剛開始我們沒有防範，很坦然，因為保釣實在沒有什麼陰謀可言，所有來的人，只要願意跟我們談保釣我們都很高興。其中最沒料想到的大概是陳鼓應，陳鼓應到美國以後，完全被保釣運動給說服。他到密西根，跟一些保釣的人住在一個大的房間。這地方本來都是租一間一間的，後來變成全部都是華人住在一起，這些人都參加保釣運動，所以那裡就變成一個大本營。大家因為保釣有了革命感情，都很要好，就戲稱那裡是人民公社。陳鼓應就被安排住在那裡，跟他們一起吃住，看到大家的熱誠、人民公社無私的心情，分享那種浪漫的情懷、關心國是的那種高談闊論。我是側面聽說，陳鼓應馬上融入那個氣氛裡頭，完全忘掉他的任務。

保釣運動後來分成了兩支：一支是關心中國的發展，甚至有些人就到了北京定居、工作；另外一支就是從保釣中漸漸認識臺灣的問題。前一支大家比較有注意到，因為較為公開，保釣運動以來有一批留學生對臺灣政府澈底失望，那時剛好中共與美國發生乒乓外交，美國尼克森總統前往中共訪問，這樣發展過來，中共的聲望突然提高。很多人在保釣運動中，見過了兩次肅清，對臺灣政府很失望，甚至是絕望，不指望臺灣政府會來保釣，甚至你要保釣，它還把你當作需要整治的對象，當敵人般對付，當黑名單來打擊你。這種狀況下，臺灣政府不能依靠。

那出路在哪裡？大家真的一心想要保釣，可老百姓赤手空拳哪能保釣，還是要政府出面，我們示威遊行的目的，在於督促政府出來保釣。老百姓沒有經費談何保釣？一方面對臺灣政府失望，中共又剛好引起了世界注意，突然冒出頭成為強而有力的一股國際力量，那時很多人就將希望寄於中共。在這過程中，大家逐漸開始認識中共，也開始接觸社會主義思想和理念，也有很多人開始公開表態支持中共，附和中共當時提出統一臺灣的要求。

另外有些人經過這番洗禮，更關心臺灣的現況。保釣期間很多人莫名其妙變成了黑名單，反而刺激我們更加想要了解臺灣的實際情況。慢慢地知道了原來臺灣仍處戒嚴，過去對戒嚴沒有什麼感覺；也了解了臺灣的歷史，像是二二八與白色恐怖，自然而然感受到我們僅僅是參加保釣運動，就受到這樣的迫害，那臺灣可能有更多人受到更多的迫害，就覺得應該支持他們。在這個背景下，這些人越來越關心臺灣。後來我們就想辦法支持臺灣的弱勢者運動，像是人權運動、黨外運動、原住民運動、環保運動、勞工運動，都慢慢冒出來，我們跟這些團體都有接觸。約從一九七二、一九七三年左右起，我們就很關心臺灣的情況，一九七五、一九七六年，開始聲援臺灣一些受迫害的、弱勢的團體。其中有一個較大的案件，不知道你們有沒有聽過，就是陳明忠案。我們在海外發起一個黨外救援運動，大家都很積極參加。臺灣鄉土文學論戰發生時，我們也擔心國民黨又要抓人，因此準備安排一些救援行動。一九七八年年底的中央民意代表增額選舉，後來因中美斷交而中斷。那次是臺灣戰後民意代表大補選，黨外的聲勢很大，臺灣就停止選舉。選舉中斷後，臺灣的政治肅殺氣氛越來越濃，當時就傳出風聲，說黨外力量太太，國府可能會趁機鎮壓黨外力量，就是要開始抓人。隔年就發生吳泰安咬出余登發的「匪諜案」，黨外去聲援，許信良桃園縣長的職位就被革除掉了。當時我們覺得政府可能會抓人，因此，一九七九年我們就在美國成立了「台灣民主運動支援會」。

我們在海外也嘗試聲援當時受政治迫害的政治犯，像施明德等。後來台灣民主運動支援會每年暑假都會舉辦夏令營，邀請各地方的保釣成員參加，也邀請在臺灣從事民主或社會運動的當事人在夏令營中分享他們的經驗，包括南方朔、林正杰，從事勞工運動的羅美文、蘇慶黎、汪立峽；夏林清我們也邀請過，她本來在哈佛，邀她時她應該已經回到臺灣，從臺灣過來的，那時正參與勞工運動；還有從事原住民運動的莫那能等。邀請的層面算蠻廣。在芝加哥大學時，我們還舉辦過首次正式公開支持臺灣原住民運動的研討會，與一場臺灣環保研討會，當時還邀請了林俊義[3]與會。

三、海外運動組織與刊物

「台灣民主運動支援會」，講白了，我就是創會會長，那是我們從保釣以後對臺灣的關心、對弱勢的支援，以及反抗當時的戒嚴。那時海外統獨對立已趨明顯，所以保釣結束後的四、五年，從臺灣出去的人越來越無法融入保釣，也就是保釣運動漸漸沒有新血。那時大家普遍都有這種感覺，特別是臺灣那麼反共，你卻在歌頌祖國的偉大，這東西對剛從臺灣出去的人絕對是受不了、不適應，這是其一；再來，統獨對立，臺獨方面一直批評保釣運動這些人變成了統派，他們認為保釣的人不關心臺灣人民，只是要這塊土地而已，想併吞臺灣。這就使得從臺灣到美國的人，不敢碰政治又或是較靠近臺獨。這種狀況導致有些早一點出去的人，他們某種程度也參加一點保釣運動，但涉入不深，或至少不是檯面上的人物，我覺得他們基本上是認同保釣運動的，但他們感覺到，如果直接參加保釣運動，就很有可能變成黑名單，或至少他們和同鄉會或新來的臺灣留學生就會被隔離開，他們覺得這樣做心情很不好，他們希望可以辦一個統獨色彩不那麼鮮明的組織，以關心臺灣為主的。這些人聚集起來就辦了《臺灣與世界》。《臺灣與世界》的前身是《臺灣》雜誌。《臺灣與世界》的靈魂人物是葉芸芸，她的父親是葉榮鐘，她的先生本來在耶魯大學那邊也參加保釣，他們對於保釣運動只參與一些，不是檯面上的人物。

臺獨的人之所以會以臺灣意識、臺灣情感來拉攏一些人，除了前面提到的原因，還有一個很重要的因素，因為戒嚴統治下，統治階級大多是外省人。雖然保釣運動起初，大家沒有分本省外省，但敏感的人就會注意到，那些主要領導的、站在臺上的人，大多還是外省人。這某種

3　林俊義，生物學家、生態環保（反汙染、反核等）社會運動的先行者。早年於淡江、臺大、師大研讀文哲；赴美轉讀生態學，獲印第安那大學博士學位。曾赴非洲擔任門諾教會義工。回臺後於東海大學及臺大任教。著有《林俊義文集》等共八本書。之後從政，歷任臺北市環保局長、行政院環保署長、國民大會代表、臺灣駐甘比亞大使、臺灣駐英國代表、行政院北美事務協調委員會主任委員。退休後居住在關渡。

程度也有一點道理，因為從小在臺灣的教育過程中，外省人本來就占有許多優勢，像是語言，他們講所謂的國語就比臺灣人來得較有利或標準、字正腔圓，也因為家境，從小見的世面就多，不像臺灣人，一般農家，個性比較畏縮。到了七〇年代，經濟狀況改變，臺灣人開始四處經商，見識廣了，就有這樣的視野，但在過去基本上是沒有的。所以臺灣人出來基本上都比較畏縮，在臺灣求學時也隱約感覺到臺灣人和外省人這樣的區隔：外省人比較豪放、能言善道，臺灣人比較沉默，的確有這樣的差別。而這樣的差別後來就醞釀成統獨或臺灣意識相當重要的潛在因素。這樣的背景下，保釣運動需要有人領導、引導開會、上臺演講、組織、協商，自然而然都是些見過世面的外省人。在臺灣可以得到演講比賽第一名的、作文比賽第一名的，寫文章、寫標語的，都是這些人，而臺灣人則都是當搖旗吶喊的群眾。這一點當時被臺獨的人充分地利用，說在臺灣的時候，他們（這些外省人）就騎在臺灣人頭上，到了海外搞保釣，還是他們在發號施令。這當然也有一定的道理，保釣運動剛開始，很多從臺灣出去的外省人有相當高的比例都是國民黨的高官子弟，高官子弟也算是從小就見了不少世面，講得難聽一點，就是要比臺灣人懂得多。所以當時浮出來當領導人的大部分都是外省人。而我個人是因為在這之前搞了《科學月刊》，認識了比較多人，所以大家自然而然就把我當成一個比較有代表性的人物。這樣來講，如果沒有我這個角色，在運動裡面本省人可能很快就會覺得被冷落，或更容易感覺到這個運動複製了小時候在臺灣的情形，感到猶如在學校裡，出鋒頭的總是外省人，到了海外也是一樣，就比較會有這樣的情形。《臺灣與世界》這個組織就是在這種複雜的因素下浮出檯面。

葉芸芸當然是《臺灣與世界》的主要創辦人、靈魂人物，因為她父親的緣故，她對臺灣史也很關心。當時，戴國煇是一位研究臺灣史的學者，就我的理解，保釣發生後大家對國民黨政府非常失望，但失望歸失望，情緒還是在，大家還是無法理解，我們根本是愛國，沒有要和國民黨對立，為什麼還會受到國民黨政府打壓，打成黑名單？為什麼國民黨不願意保釣？這些我們都不能理解，更深入點說，如我們在臺灣說的，自二次世界大戰以後，我們先總統蔣公，如何對日本以德報怨，從此日本就不會再欺負我們了；在臺灣也說，美國是世界主持正義的國家，是世界的領導。但我們覺得在釣魚台事件上，美國並沒有主持正義啊，這都是很大的疑問。這疑問的結果就是一九七一年四月十號以後，很多保釣的人，包含我自己，就想了解究竟怎麼回事。剛好美國有一些學校，像我所在的芝加哥大學，都有藏書非常豐富的中文圖書館，當時在臺灣，除了中央圖書館和臺大圖書館，其他圖書館大概都沒有這麼豐富的中文藏書。其中非常重要的一點，就是它的藏書除了從臺灣採購來的，還來自香港、大陸，而臺灣一般圖書館就只有臺灣的書。因此在那裡我們看了很多這方面的資料，從書中才漸漸了解臺灣的歷史，或國民黨為什麼這樣打壓我們。過程中，我也想多了解臺灣的歷史，我在那看到日本出的一套中國對臺政策、與臺灣的問題相關的出版物匯編，當時看了很多早期相關資料，上中下三冊，我看那編者的名字，是戴國煇，那時候就注意到這個人。他顯然是研究臺灣歷史的，所以後來我們成立「台灣民主運動支援會」，我就想辦法和他聯絡，請他來我們的夏令營演講。我記得那次葉芸芸有來參加我們的會議，後來葉芸芸應該是對歷史更有興趣，所以後來她和戴國煇的關係更密切，還一起寫了書。

除了《臺灣與世界》，還有一份《臺灣思潮》，其前身是《臺灣人民》。一九七二年，釣魚台事件發生一年左右，在海外出了一份左派的刊物，叫作《臺灣人民》。這份刊物很神祕，負責人沒有曝光。如今大致知道是哪些人，但是也不確定是不是全部。出版社寫的是「臺灣人民社會主義同盟」。那裡的文章，每一篇都署名為鐮刀組、斧頭組。大概是有五六組、七八組之多。他們所寫的內容都和社會主義有關係，有的寫北韓或古巴的社會主義情形，或南越的情形。後來我漸漸了解，他們有些人在保釣前就已接觸社會主義和左派，但這些人也並非全部都有參加保釣運動。這些人人數也不很多，大概一、二十個，分散在很多學校。在保釣前有點社會主義傾向的，現在想起來還有其他人，像是劉大任一票人，至於大風社則是愛國主義為主，左的色彩比較淡，劉大任他們則是很左；而保釣運動還未發生前，就想要到大陸去服務的，像是陳若曦跟她的先生段世堯，也有幾個這樣的人。

陳若曦他們在保釣前，文革發生不久，還是正要發生時，他們已經完全認同中共，想要回到中國服務。他們抵達大陸時，正好遇到文革爆發，或正在熱的時候，他們在那看到一些現象，後來終於受不了，就離開回到臺灣，寫了《尹縣長》。因此陳若曦跟保釣基本上沒有交集，因為保釣時她已到大陸去了。後來跟我們有交集時，她的身分似乎變成了反共人士，因為她逃離中國大陸後，寫了些批評中共的東西，就被當成反共作家，臺灣當局甚至安排她到美國各大學做巡迴演講。

此外，還有一些基本上都是本省籍的留學生，他們很大程度是受到南越影響，當時在打越戰，除了北越，南越有一個「南越人民解放陣線」（按：National Front for the Liberation of Southern Vietnam，中文通常譯為「越南南方民族解放陣線」）。像當年國共內戰中的共產黨一樣，北越是由北越的勞動黨統治，南越還是由美國扶植與掌握的政權所統治，但當時有個「南越人民解放陣線」，就在那裡從事反抗運動。在保釣之前或保釣初期到美國的這一批變左的人，就是社會主義信仰者，如果是外省人，像陳若曦他們，有段時間去了大陸、後來留在美國的基本上較屬於這樣的傾向；但有些是臺灣人，臺灣人就覺得要效法「南越人民解放陣線」去成立一個臺灣人民解放陣線，後來就發展成為「臺灣人民社會主義同盟」（簡稱「社盟」）。他們組了這個聯盟，組織讀書會，互相交流讀書心得，所以後來《臺灣人民》雜誌的前兩期的文章，都是讀書會的心得，就是鐮刀組、斧頭組、鋤頭組所寫成的文章。

「社盟」是在保釣時成立，或是保釣之後不久成立的。成立後他們覺得是玩真的，要幹革命了。總之，他們覺得應該要回臺灣，回臺灣後也要想辦法互相支援，但彼此又無法露面，害怕一旦有人被發現，其他人就跟著遭殃，這些考慮都有道理。更重要的是，他們相約都說我們不能只在海外喊，就像臺獨。他們當時也批評臺獨，說只會在海外喊。他們就相約一定要回去，但海外還是應該要保留一個據點不斷地吸收新血，讓組織能夠繼續存在，將來才能夠有源源不絕的新血，和他們一起幹革命。為了達到這個目的，他們覺得在某種程度上必須要公開。

但討論的結論大概還是不要公開，因為那時已經發生保釣運動，他們估計保釣運動會培養出一批左派，想吸收這批左派成為他們的新血，就辦了這個《臺灣人民》雜誌。

《臺灣人民》雜誌出來後，很明顯跟保釣運動有點不同。保釣運動還只是在保釣，最多只是有愛國主義，或只是對社會主義開始有點接觸，可能其中有些人開始認識、接觸中共，但對於社會主義的基本理論，基本上大家還未必有深刻的認識。《臺灣人民》出來，大家一下子又覺得，不只是大陸的東西，是直接談馬克思之類的，相較於保釣那時出來的一大堆刊物有深度，所以他們就對保釣運動造成了一些影響力。有些人覺得這雜誌神神祕祕的，又沒有人名，很多人猜是不是臺獨想用這個方式來轉移我們的運動路線，裡頭又是臺灣人民社會組織，臺灣意味比較強，所以人家會覺得這個是臺獨，至少是左派臺獨，那時候還不見得相信有左派臺獨。無論如何，這份刊物因此跟保釣運動產生很高的互動，事實上也有很多衝突。另一方面，這份刊物對臺獨方面也產生了很大衝擊，臺灣很多人陸續感覺到臺獨明顯是很右的東西，因為當時美國學校的反戰運動非常高昂，反戰運動充滿左派的內涵，而臺獨那些東西抱著美國大腿，大家感覺臺獨實在太沒水平了，那時很多人受到反戰運動影響，感到無法認同臺獨這些東西。現在突然發覺這個《臺灣人民》他們不講統獨，也沒有明顯說要統一。剛剛有提過釣運有些比較統的人，就對這個東西很懷疑，就覺得是臺獨來這裡挑戰。然而懷疑歸懷疑，因為沒有講統，所以也比較容易進入同鄉會，很多同鄉、臺灣人，甚至是臺獨的人都會看這份刊物，也難免會受到一點影響，所以臺獨也很多人有意識，這是保釣或統派的人（辦的刊物）。

在這個狀況下，外頭壓力很大，外頭的壓力就影響到內部，內部就產生矛盾。更重要的是，「社盟」也覺得我們不是只在海外高談闊論，當一個客廳的革命家，而是要走入人民，就相約要回臺灣。那些有疑慮、畢業以後不想回去想繼續念書的，在那種氛圍之下，大概都會被人家瞧不起。那種氛圍下來，大家都覺得該回臺灣了，不回臺灣就是差勁的、口是心非的人。所以大家都要回去，事實上有些人就真的回臺灣了。他們大部分的確都要回去，既然都要回去，那要在海外搞一個據點，需要有人。這個誰來辦？他們後來就繼續挖，先是從保釣的參與者，因為這些人志在搞保釣，比較容易拉攏到。他們開始找的第一個對象是郭松棻，郭松棻跟他們討論後拒絕了。這個時間大概是一九七二年左右，他們刊物剛出不久，或在出之前，或已經出了兩期。後來就找了另外一個人，那人不是他們自己找的，是他聽說了很有興趣，自己進來，這個人叫許登源，[4] 他的筆名叫何青，可能至少從第二期或第三期開始由許主編，第一期好像不是他，是他們內部的人自己編的。如果你注意看，前兩期有標明是「臺灣人民社會主義

4　許登源（一九三七年九月二十一日—二〇〇九年三月三十一日）。臺南人，臺灣大學哲學系畢業。曾任殷海光的助教。《文星》雜誌事件爆發後，許氏遂於一九六三年九月前往加州大學柏克萊分校哲學研究所進行三年多的研究工作。雖在保釣初期並沒直接參加運動，但保釣中的許多積極分子都參加過他組織和串聯的讀書會，因而在保釣和統運圈內頗具影響力。在保釣中、後期，許登源積極參與了保釣刊物《群報》的編排、抄寫和社論撰寫等編務。七〇年代初，許登源因與嚮往社會主義的臺灣本省籍留學生合辦含納臺灣左翼觀點的雜誌《臺灣人民》，卻一度曾被一些保釣人士誤解，認為他搞臺獨，而遭到攻擊。

同盟」，但是因為那時大家都回臺灣了，所以第三期開始連「臺灣人民社會主義同盟」這幾個字都沒有了。

這批人回臺灣後，主要還是在學術機構。因為都是留學生，回到臺灣順其自然，就是成為大學教授。或許我們可以這麼說，早期變左、接觸社會主義的人，外省的，可能就選擇回到大陸去了，像陳若曦的先生段世堯是外省人；如果是臺省籍的，就比較會選擇參加社會主義同盟，準備回臺灣幹革命。

《臺灣人民》總共出了十期，因為外部壓力大，導致內部分裂。依我所知，《臺灣人民》短短的十期裡，內部就經過了三次分裂。外頭壓力大，一定會影響到內部路線的差異與構造。最後一次分裂，應該是在第八期，那次基本上是統獨分裂。《臺灣人民》內部大部分是統一的，因為當時認同社會主義大概就是要統一，「社盟」組織的幾位成員認為，臺獨的人基本上都是右派，要靠美國、日本政府來支持的。第八期出刊後的統獨分裂，偏臺獨的人就離開，但是他們很不開心。過了幾年，聽說得到一個有錢人的支持，他們就重振旗鼓用原來的開本、形狀又出了一份刊物，因為當時《臺灣人民》已經停刊幾年了，他們重新出了一份刊物，有點像復刊，但名稱改了，叫作《臺灣革命》。《臺灣革命》開始時，批評當時《臺灣人民》就是被統一派把持。先前《臺灣人民》裡頭的成員比較是臺獨傾向的，基本上就是利用《臺灣革命》這刊物算這筆帳，算帳同時拚命宣揚左派臺獨。主要的人物叫左雄，左雄也是神神祕祕的。

那時臺獨的力量在海外越來越壯大，一方面壯大，一方面又覺得理論太薄弱，所以《臺灣革命》出來，對這些同鄉會一樣造成影響力。不過終究說來，第一，《臺灣革命》的革命味道太濃；第二，裡頭糾纏著一些《臺灣人民》的東西，外人也看不太懂在講些什麼。所以這份刊物其實影響有限，只是剛好有資本家贊助了一點錢，總共出了五期，然後就出不下去啦。《臺灣革命》之後又出了一份刊物，叫作《臺灣時代》。《臺灣時代》還沒完全停刊，就出現《臺灣思潮》，所以整個脈絡是這樣：《臺灣人民》→《臺灣革命》→《臺灣時代》→《臺灣思潮》。《臺灣人民》停刊了一段時間才出現《臺灣革命》。

四、左右與統獨

一九八七年臺灣解嚴，有人建議我申請回臺灣看看。一九八八年初我就開始申請，將近一年，中間被打回票兩次，最後才被批准。一九八八年十一月下旬，是我離開臺灣二十一年後第一次回來。回來後，和許多過去合辦《科學月刊》的朋友見面，他們很歡迎我回來。我在海外成為黑名單那期間，還有許多朋友設法來找我，很關心我。一九八八年是第一次短期回臺，真正搬回來是一九九七年，中間又隔了九年。回來的時候，我還在黑名單中，申請時也發生一些波折。起初他們還不讓我回來，但這消息傳出去，我很多朋友又來聲援，像是南方朔當時辦《新新聞》就寫了好多東西，針對我還不能進來的這件事批評。因為在那之前，臺灣對海外黑名單已經開始解禁，特別是一些臺獨分子都能回來了。臺獨分子能回來，我這種搞保釣的卻不能回來，這遭到很多批評。保釣跟臺獨不一樣，臺獨照當時的規定，是意圖要變更國體，在當時真的算犯罪。像我們這種保釣，實在是愛國的啦，叛國的都能回來，我這種純粹愛國的反而還不能回來。

問　就政治運動和社會運動的路線分歧而言，一般很容易把左跟統連繫在一起，雖然沒有人說右獨，但左好像就被留給了統。原本在黨外運動雙方合流，一起對抗威權的狀態，好像就消失了。您怎麼看這件事？

首先這是兩個問題，第一個問題是，左為什麼比較統，這應該很自然啦。首先，如果統一必定是跟中國大陸，而中國大陸是左派的政權啊，特別在還未開放改革的時候，那更是清楚明顯的。所以你要跟他統的話，如果不是左大概不會統。可是現在不一樣，現在有很多右派的資本家都很贊成統啊！恐怕是資本家更贊成統。那時候可不一樣，那些資本家都很擔心，因為當時中共進入聯合國，甚至壯大了起來，連美國總統都要親自到北京訪問，整個氣氛好像臺灣和大陸很快就會合在一起。我參與保釣運動期間，有個表哥在王永慶那工作，階層蠻高的，不過後來離職了，他說那時王永慶也很擔心，不知道老共來了以後臺灣會怎麼樣，那個時候很多人覺得老共可能明天就來了。當時我在黑名單裡的事在親戚裡傳開了，我那個表哥大概也知道。王永慶沒有門路，就透過我表哥到芝加哥來找我，問我該怎麼辦、老共來了他們會怎麼樣？但我也不知道。從這個事件可以看出，當時中共是高唱社會主義頌啊，你如果贊成統，那當然就是左了；或反過來說，在當時的狀況下，如果你不是左，大概也不會贊成統，對吧！其實有些人還是有中華民族感覺，像王永慶，我們現在看來，他絕對不是臺獨分子，他絕對是不折不扣的統一派。當然支持臺獨的人也不太敢罵他，因為他太有錢啦，罵不起。所以左跟統很自然會在一起，至少就以前的政治情勢來談。不過現在就難說了，有的右派也是統派，不像過去大概統的就是左。另外反過來，左的人那時總覺得，因為獨的有些是臺灣意識延伸出來的，此外，有些人純粹只是情緒講一講，若稍微以具體的現實來考量，中共既要統，獨要怎麼獨？想要臺獨的人就想到可以靠美國和日本支持。

問　獨裡面沒有左嗎？

有，海外也有，但那是少數。他們以前叫左派臺獨，最主要是他們獨的意識或臺灣意識很強，為什麼這意識強到這個地步呢？多少和整個氛圍有關，先是在海外，後來在臺灣也是如此，獨的意識變得非常氾濫，人人都在喊獨時，好像獨才是政治正確。加上他們又自稱或覺得左的東西好像較進步、具理想性，總覺得右的東西比較保守。

問　那時左統和一些左派有臺灣意識的，事實上是合流、合在一起。當時不僅是對國民黨威權體制的挑戰，同時他們也希望臺灣是一個更合理的社會，所以基本上有些黨外運動者同時具備了左派的思想。

是，是，是，沒有錯！我相信總的來講，會參加黨外運動的人，多數，我不敢說百分之百，是有點正義感的，有社會改革的理想與理念。當然也的確有些人是因為純粹情緒的原因，或是他的親戚、親近的人曾經被國民黨欺負過，或二二八的時候被殺害，即使沒有也是在戒嚴時期，他的父親或家人受到欺負或迫害，就是很不爽嘛，當然也有這樣的人。這樣的人多少有一種樸素的反抗不公義的心情在裡頭，如果完全是逆來順受的人大概也不會出來。臺獨就這個意義上來講，具有一點所謂左的意識，這個左的意識可以說只是一種反抗不公不義，有一點正義感這樣的層次。但如果深化到更直接的制度面、政策面，或是政治理想面來講的話，這個分別就出來了。就是說，如果你缺乏一些對社會主義思想上的認識，不僅認識而且是認同，如果缺乏這個東西，你只是有一種情緒上的反抗壓迫，如此你可能未必會一直走在左的這邊，也可能會走到其他面去。

那時候雙方可以合作，但發展到一段時間，你政治力量大了，可以選上議員或是民意代表、縣市長之類的，這時你就會握有很多政治權力，或是分配資源的權力，大概就會去爭奪。一旦到這個層次，雙方的差別就會凸顯出來。一開始的時候共同的敵人都是國民黨，而且這個敵人太大，所以大家都沒有什麼好處可分，那時就可以合作。等到敵人的力量相對下降，或勢均力敵，比如說我們可能會選上，可以得到許多政治或經濟利益，或是可以利用職位來宣揚你的理想，這時大家就會開始當仁不讓，或是開始排斥對方。所以說一開始，在敵人太強大時，大家總是會合作一段時間。

五、通識教育與《科學月刊》

我兩年前到弘光大學專任，以前非專任時我就到處兼課。我對通識教育比較有興趣，很早就開始談通識教育。這些年來，臺灣各校都開始推動通識教育，碰到一個問題，很多人過去並未上過通識教育，至少我這個年紀是沒有的。多數的人沒有經驗，就算有，對通識教育也不大了解，眾說紛紜。這種狀況下，懂得教通識教育的人並不多。十幾年前開始推動通識教育時，我有機會和大家一塊交流。廣義來講，《科學月刊》也算是種通識教育，有很多學校就希望我到學校裡教課當兼任老師。最高紀錄是一學期教十七學分，是普通老師的兩至三倍。成為專任後，很多學校仍希望我去授課。像原本在清華未成為專任前，一學期開兩門課。教的內容很多，像是人類對時間觀念的探索、渾沌現象、對稱之美、無限之謎等等，都和哲學有點關係，都是科學和人文。我還教一門數學與文化，還有空間的概念，還有一門是科普經典名著導讀。

我現在正忙著籌辦《科學月刊》四十週年慶祝活動，屆時會有一整年、一系列的活動，這活動分三大類，首先會有兩場慶祝茶會，一場已在九月十九日（二〇〇九年）舉行，因為一九六九年的九月十五日，我們出了一本第零期試印本。一般辦刊物是從第一期開始，我們則是從第零期，那場茶會是慶祝第零期出版四十週年。明年（二〇一〇年）元旦，打算再辦正式創刊四十週年茶會。第二類活動，明年一整年會辦五場研討會，分別在四月有科學普及四十年、五月的兩岸科普交流研討會、六月是科學教育四十年，再來是九月的臺灣科學社群四十年，十一月會和交大合辦《科學月刊》在臺灣社會的意義。第三類是慶祝四十週年時，我們要將科學送到民間，舉辦一系列科普活動，目標兩百場，和中學、大學和社區大學或其他的民間單位合辦，都可以。根據合作承辦的單位，這些中學、大學與社區大學，視他們的需要決定舉辦的形式。我估計百分八十以上的活動會是科普演講，像是談天文的可以講黑洞，或是談目前的氣候現象、全球暖化的問題或H1N1究竟可不可怕等等，這些都和科學有關。其實我們日常生活樣樣都與科學有關。

第五章

保釣、兩岸與理想主義

王智明、錢永祥、陳宜中

（原刊於《思想》第 30 期，2016，頁 95-130）

編者說明

林孝信先生，一九四四生於臺灣臺北，二〇一五年十二月二十日於臺南辭世。臺大物理系畢業後至美國芝加哥大學攻讀博士學位。一九七〇年代留美期間創辦科普讀物《科學月刊》，以「普及科學、介紹新知、啟發民智、培養科學態度」為宗旨。因為積極參與保釣運動，他被國民黨政府列入黑名單，吊銷護照。留滯海外期間，潛心研究中國近現代史與政治經濟學，並且關心與支援臺灣的民主與社會運動。一九九〇年代初回到臺灣，在大專院校擔任教職，同時從事社區大學與通識教育的推廣工作；二〇一一年起，創設釣魚台公民教育計畫，持續推動保釣運動。

此一訪談始於二〇〇三年的聖誕節，在臺南林宅進行，主要是為了理解釣運在北美發展的脈絡。釣運四十週年前夕，再次訪談，於二〇一〇年八月十九日、二〇一一年一月十九日，以及二〇一二年九月二十五日在臺北一共進行了三次，由王智明、陳宜中與錢永祥提問。訪談稿由王智明加以整合、編輯、校對。由於林先生已經辭世，這個最後版本未能經他本人過目。《思想》謹發表此篇訪談，表達對林孝信先生的懷念與尊敬。

＊＊＊

一、保釣新情勢

王智明（以下簡稱「王」）　過去幾年臺、中、日之間不時在釣魚台主權問題上有所爭執，今年（二〇一二年）野田政府宣布釣魚台「國有化」之後，中日雙方問題更是劍拔弩張，直奔戰爭邊緣。您是老保釣，也持續關注釣運，並參與兩岸的社會運動。四十年後再逢保釣，您的心情如何？對兩岸政府與民間的反應又有什麼想法？您在九月間成立了「人人保釣大聯盟」，並在九月二十三日發動「人人保釣大遊行」。您對遊行的過程與結果有什麼觀察？

林孝信（以下簡稱「林」）　這次遊行可以說是倉促成軍，因為我在九月四日的晚上才從美國回到臺灣。今年四、五月釣魚台就風波不斷，全世界很多華人也關心這個問題。因為美國有相當多華人過去都參與了一九七一年的保釣運動，特別關心這個問題，所以邀請我到休士頓、紐約、舊金山等地參加他們辦的保釣座談會，時間就安排在八月底到九月初。當時他們已在醞釀遊行，希望在九月十五、十六日舉辦全球保釣大遊行，也期待臺灣方面有所行動。釣魚台屬於臺灣，臺灣的人不站出來，實在說不過去。所以我一回臺，就開始積極連繫，在不到兩個禮拜的時間，籌辦了九月二十三日的遊行。

我們把這次遊行的目標定位在擴大保釣基礎，因為根據最近《中國時報》的民意調查，臺灣有近八成的民意同意保衛釣魚台，反對的或認為釣魚台不屬臺灣的只有百分之五，所以我們的任務在於將這絕大多數的民眾調動起來，強化保釣的能量。這次遊行，客觀地估算，約有五千人走上街頭，參與的有勞動黨、勞權會、中國統一聯盟、新黨、親民黨、政治受難者互助協會等團體。除此之外，還有大陸配偶和年輕人自發地加入。當然還有很大的潛力沒有發揮出來。坦白講，年輕族群雖然占了遊行人數的百分之十，但是來得還是不夠踴躍。

王　除了大陸配偶的自發參與外，遊行隊伍還出現了五星旗以及「兩岸共同保釣」的口號。

林　不過兩岸共同保釣並不是我們的主軸。我們的主軸就兩句話，一句話是「釣魚台是我們的」，另一句是「反對日本軍國主義」。由於兩岸的情勢，我們避免去說釣魚台是中國的或是臺灣的，以免造成不必要的矛盾。「創造性的模糊」可以團結多方的力量，反正一個我們，各自表述。重要的是，「擱置爭議，共同保釣」。我們希望，臺灣內部藍綠雙方擱置爭議，進而期待兩岸政府化異求同，聯手保釣。至於反對日本軍國主義這句話，則是因為我們觀察到日本軍國主義的確有復甦的現象。日本不大，可是它的國防開支相當高，軍備亦在全球排比名列前茅。[1]這很清楚是一種軍國主義的跡象。

至於兩岸共同保釣，我大概可以這麼分析。原來保釣運動主要是臺灣站在第一線跟日本對抗，可是從二〇一〇年起中國大陸開始跟日本對抗，站到了保釣的第一線，這是非常值得注意的事情。坦白講，日本政府過去對臺灣的保釣力量從來不太重視，對我們的呼籲與抗議置之不理。但是自從二〇一〇年日本軍艦衝撞大陸漁船的事件發生後，中共就跟日本對上了。

臺灣的情形則有些複雜。臺灣民間有很多保釣的呼籲，包括知識分子與漁民的抗爭。但是因為牽涉到藍綠政治的角力與利益分配，產生不少矛盾的情緒。泛綠最鮮明的聲音就是李登輝，他公然主張釣魚台的主權屬於日本。這相當程度影響到許多泛綠的政治人物對保釣不熱心，甚至同意李登輝的講法。這點在過去一些年的感受是很強烈的。二〇〇八年，馬英九甫一上任就碰到臺灣漁船聯合號在釣魚台海域被日本海上自衛隊撞沉的事件，但很意外地，部分泛綠立委要求馬英九保釣，甚至不惜一戰。很清楚地，這當然是藍綠惡鬥的結果。但這造成了一個罕見的狀況：壁壘分明的藍綠雙方竟在釣魚台議題上採同一論調。政府呼應民間，也主張保釣。這是臺灣政壇中少見的「藍綠同調、朝野同心」。不過，很遺憾地，今年除了馬政府到彭佳嶼申張主權，並派船保釣，國民黨和民進黨都缺席了九二三的保釣遊行，也沒有回應我們提出的聲明和邀請信。

回到二〇一〇年，當時江陳會談正在北京釣魚台賓館裡進行。一些保釣人士就提出，江陳會談結束前應該臨時增加一個議程，來談兩岸共同保釣。我覺得這是保釣情勢轉變的最大關鍵。日本方面大概注意到這一點，所以他們很快就決定釋放聯合號船長，甚至道歉並賠償。這是很值得注意的。也就是說，日本開始注意到兩岸合作保釣是可能的。因此，在避免保釣戰線擴大、對峙升高的情形下，日本寧可對臺灣做出讓步。這是我覺得二〇一〇年以來整體發展上非常重要的一個情勢，其效應一直延續到現在。在這狀況下，日本非常關切臺灣是否會在保釣

1　根據二〇一五年九月瑞士信貸（Credit Suisse）報告中國家的軍力強度指數列表名單中，各國軍力強度指數列表，是根據各國採買軍備的花費所計算出來的軍力總值（分項為：現役軍人、坦克、飛機、攻擊直升機、航空母艦和潛艇），而日本的軍備在全世界排名第四。參考資料來源：https://www.businessinsider.com/ranked-the-strongest-militaries-in-the-world-2015-9。

議題上跟大陸合作。

王　可是日前馬政府明確表示臺灣不會與大陸聯手保釣。您怎麼看待這個狀況？您覺得聯合保釣會提上兩岸談判的議程嗎？泛綠人士擔心兩岸聯手保釣會使得臺灣向中共靠攏，對臺灣主權造成威脅。您怎麼看待這個顧慮？

林　對！這個我了解，所以在這個問題上我們要非常小心。兩岸現在必須注意到保釣運動已進入一個新的階段。總的來講，新的情勢對保釣比較有利，因為中國出手了，可是情勢看似有利的同時，也有不利的地方，就是剛才講的這一點。中國開始出手以後，還怕會產生另外一個影響，那就是臺灣的保釣人士覺得中共既然出手，我們就可以不必再保釣了。因為有這麼大的力量介入後，還用得上我們嗎？或是說，還需要我們嗎？那是因為長期以來，臺灣政府在保衛釣魚台的表現上一直是軟弱無能、相當被動，沒有像去年中國大陸表現得那麼堅決。另外這也是因為臺灣政府的動作純粹作戲，沒有實效，日本根本不理你，所以我們還需要繼續努力。當然，事實上是臺灣能爭取到的發言權不多，但仍有兩點值得努力：第一個就是民間保釣的聲音還要更大，才能作為政府強勢保釣的後盾與動力，其二就是兩岸聯合保釣。所以，馬英九現在的做法實在是蠢不可及，在戰術、戰略上看都是大錯特錯。

另一方面，兩岸情勢緩和以後，兩岸會談涉及的議題必定越來越多，將來勢必會談到政治事務，包括對外政治事務，那麼保釣議題搬上兩岸會談的議程是非常自然的事。這其中還有很多複雜的地方。在這一段時間內，兩岸三地或四地的保釣人士對這方面要特別慎重去考慮。臺灣的政治人物，特別是泛綠的政治人物還是有很大的盲點。我擔心他們很快就會變成日本侵略者的工具，為了臺獨而出賣釣魚台。因為對他們來講，最大的敵人不是日本，而是中共。他們唯一的敵人就是中共，因此他們不惜跟日本或者其他帝國主義分子來往，不惜把我們的土地出讓，以獲得對方的支持或是換取貿易條約的簽訂。

王　在今年的保釣爭議裡，大陸民眾的反日情緒特別高漲。在野田首相宣布釣魚台「國有化」之後，大陸八十幾個城市都發動了反日示威，中共更不惜軍演，發動漁船和海監船到釣魚台海域宣示主權。日本和美國也隨後在關島展開聯合軍事演習。您怎麼看待這樣的情勢？這對保釣和東亞究竟是福是禍？

林　釣魚台議題本來就很容易升高，因為只要中國站上第一線保釣，那當年中國被日本侵略的新仇舊恨一定會被引發出來，很容易從民族主義情緒一下子就升高到其他問題上。

我們以同理心想想看：臺灣的二二八事件被政客吵了六十年了還吵不完，而中國對日抗戰的受難人數要比二二八多得多，這種傷害與仇恨一時之間是很難化解的。我想至少還要五十到一百年才有化解仇恨的可能。在這點上，我真的感觸很深。我們拿兩次世界大戰為例：我們都知道兩次世界大戰主要還是德法兩國之間的戰爭。為什麼德國跟法國是兩次世界大戰主要的交戰國呢？這兩國的衝突要追溯到一八〇六年的第一次普法戰爭。當時拿破崙一世征服了普魯士，揮軍北上直搗俄國。六十幾年後又發生第二次普法戰爭，這次反過來法國拿破崙三世被普魯士澈底打敗，甚至被俘虜，結果兩國結成世仇，進入二十世紀。所以，第一次世界大戰其實應該算是第三次的普法戰爭，但是第三次的普法戰爭結束得匆匆忙忙，原因之一是俄國發生革命。

不管怎麼說，我們可以看到從一八〇六年以來，兩次世界大戰可以算是第三次和第四次的普法戰爭。這兩國打了四次非常大規模的戰爭，死傷無數。終於因為第二次世界大戰死傷慘重，大家才開始有所覺悟，再加上德國法西斯不只危害了法國，更造成了許多猶太人家破人亡，歐洲人才開始心平氣和，深刻反省。從一八〇六年到一九四五年，德法兩國才開始修好合作，這花了一個半世紀以上的時間。如果沒有那麼多的生命作為代價，要化解仇恨，很難。日本對中國侵略所造成的傷亡，比起當年德法對彼此的傷害恐怕有過之而無不及，這點讓我感覺到中日恩怨的化解還需要更長的時間。大家要有智慧，而且彼此要相當程度對各自立場有所克制，才有可能。這是很難很難的事，不是那麼容易可以解決的。

所以，如果從對日抗戰的歷史記憶出發，就不難理解大陸同胞的反日情緒。對此我們要有充分的同理心，因為他們在抗戰中受到的傷害比我們在二二八中受到的傷害大多了。如果我們覺得不能用輕率的態度看待二二八的話，那麼指責大陸反日遊行是義和團，就顯得缺乏同理心了。如果臺灣人對二二八還不能忘懷，就應該更加尊重大陸他們的感情。因此，對於歷史創傷的認知與肯定是必要的前提，然後我們才能談該怎麼看待這個事情。我們反對的是日本軍國主義，而不是日本國民。我們期待中日友好，但是堅決反對日本軍國主義傷害我們的主權與利益。正義的問題必須先釐清，才能期待友好與和平。

王　不過這次大陸保釣出現兩個不同層面：首先，不少年輕人站出來呼籲和平保釣，這理性的聲音不應該被忽視；其次，遊行中出現了很多反映中國內部矛盾的標語，例如「沒醫保、沒社保，心中要有釣魚島；買不起房、修不起墳，寸土不讓日本人」。顯然保釣遊行不只是為了保釣而已。

林　確是如此。群眾運動當然會反映社會鬱積許久的不滿，所以統治集團害怕群眾運動，擔心內部矛盾藉此爆發，不是沒有道理的。就像是一九六〇年代美國的反戰運動，從單純的反戰發展出對美國社會體制的整體批判，甚至是對帝國主義的批判。當年的大資本家洛克菲勒三世就說，雖然反戰運動造成了美國社會很大的衝擊，包括對資本主義的抨擊，但是我們應該傾聽這些年輕人的心聲。連被攻擊的資本家都懂得重視、注意批評的聲音，中共更應該傾聽這些不同的批評。長期以來，中共對民間自發性的保釣採取了壓抑的態度。在社會主義的教化下，政府相對清廉，較可以取得人民信任，所以這樣的壓抑或許還可以被接受。可是，改革開放後，中國快速的資本主義化，造成貪汙腐化、貧富差距急速擴大、階級與其他的社會矛盾益形尖銳，民眾早就有一大堆的不滿，保釣自然成為宣洩情緒的一次出口。今天大陸的政治氛圍跟以前不同。我們大概無法期待中共回到社會主義時期的清廉與理想主義，但是如果一定要走資本主義的道路，那麼中共最少應該學習資本主義對差異的包容與自我改革，才能更好地處理社會內部的種種矛盾。

王　另外，釣魚台問題還有東亞地緣政治的脈絡。去年大陸漁船被日本扣押一事在日本也引起很大的騷動，主要是因為它扣連了天安艦事件後的兩韓軍事緊張狀態，以及關於沖繩美軍基地轉移的討論。今年的保釣爭議與日韓間的獨／竹島爭議幾乎是同時發生，美國在沖繩部署危險性甚高的魚鷹戰機亦引發了沖繩民眾在九月九日集結了十萬人抗議。在態勢升高、互不相讓的狀況下，東亞區域和平是否陷入危機？堅持保釣立場的同時，我們是否也該考量沖繩人民的立場與感受？

林 我不確定釣魚台問題是否真的轉移了日本民間對沖繩美軍基地問題的關注，但是可能有配合的力量。我覺得更大的力量來自於兩韓的對峙，這使得美國有機會見縫插針。天安艦事件的擴大與嚴重化自然會激起日本一般民眾對於北韓挑釁的憂慮，這種擔心再被轉化為對美日安保的肯定。這樣的話當然沖繩美軍基地使用的問題就被轉移或淡化了。這是一個很清楚的策略。

王 所以當中共站上保釣第一線，而兩韓的緊張局勢又使得美國站到東亞區域安全問題的前線時，這樣的狀況對解決釣魚台爭議有幫助嗎？

林 這個是不利的因素。包括日本當時要扣押大陸漁船，這並不是中共故意去挑釁的，而是日本海上自衛隊特意跑到漁船行駛的路徑前面造成碰撞，然後據以逮捕。這在後來網路上公布的畫面看得很清楚。雖然日本企圖淡化責任問題，但是稍微仔細看，就知道責任歸屬是很清楚的，挑釁的一方很清楚的是日本。

日本會這麼做是因為當時的日本首相菅直人非常親美，而南韓的李明博也是極親美的，所以這是鞏固安保防線的一個契機。對美國來講，它當然很希望藉這個機會解決日美安保條約延續以及基地延用的問題，日本則希望趁此機會跟美國結成更緊密的軍事同盟關係。因為這是菅直人政策的核心之一，所以說雙方面都有這個需求。當然這個事件也就成為刺探中國在東亞安全議題底線的一次嘗試。至於琉球，它本來就是獨立的王國，是日本在明治維新以後，用非法手段掠奪來的。開羅會議與《波茨坦宣言》都說得很清楚：戰後日本的國土只限於本州、九州、四國、北海道及其他附屬島嶼。原本獨立卻被併吞的國家，像韓國，就應該讓它獨立。琉球也是一樣。問題是，戰後美國託管琉球，並沒有按照聯合國規定，在託管一定時間後，進行公民投票，由住民決定獨立或是其他的政治主張，反而是將其交給了日本，並藉此取得在琉球設置軍事基地的權利，從而鞏固了美日安保體制。美國占據琉球二十幾年，本身就是非法的。把它占據，不讓它獨立之外，還私下交授給日本，更是非法的。

王　從運動的角度來看，保釣運動到今天似乎有了新的契機。但除了在領土主權的議題上持續努力之外，您覺得釣運可能往中日和解的方向推進嗎？或對領土主權展開新的想像，如臺大政治系教授石之瑜提出的「重疊主權」的概念？[2]

林　我不覺得。我剛才講過，中日兩國仇大苦深。領土主權尚未確保以前，我們不能往不切實際的方向去，因為戰後日本並沒有像德國那樣經過反省，右翼勢力還是非常猖狂！我覺得在這

2　原編注：見石之瑜，〈在釣魚台實踐重疊主權〉，《中國時報》，二〇一二年九月二十日。http://news.chinatimes.com/forum/11051402/112012092000465.html。

裡不能有太多的幻想。雖然我剛才講過，我們千萬不能重蹈十九世紀德法兩國數度交戰的覆轍。可是要避免戰爭並不是無原則地一直讓步就可以避免。太多歷史證據告訴我們，你對侵略者讓步只會鼓勵他更進一步地侵略，因為他覺得你軟弱可欺！當然雙方一定要有所克制。不過這個原則一定要把握：在日本右翼勢力依然猖狂的情況下，我們不能一廂情願，期望和解。這樣的幻想千萬要避免。所以堅持保釣是非常重要的。

其次，以臺灣跟大陸的關係，中共當然認為臺灣是中國的一部分，雖然這還有爭議，但其實聽得出來重疊主權的味道。在論述上，中共當然不會承認重疊主權，而是認為臺灣就是中國的一部分，所以才要保釣。對臺灣來講，釣魚台主權屬於臺灣，所以更應該保釣。所以，主張臺獨的人更應該要主張兩岸合作保釣，因為大家都知道單靠臺灣的力量不可能保住釣魚台。如果不保釣，難道準備把釣魚台奉送給日本嗎？那不是賣臺嗎？所以借力使力，趁兩岸關係還不明確的時候讓中共替我們保釣，這有什麼不好？難道不共同保釣，臺獨就能成功嗎？所以說真心要臺獨的人一定要主張兩岸保釣啦。如果說兩岸共同保釣就會侵蝕臺獨的基礎，那麼獨立的基礎豈不是太脆弱了！

王 最後，您怎麼看待今日保釣運動在兩岸三地的意義？除了愛國保土，保釣的精神內涵又可以往哪些方向繼續深化呢？

林 保釣一個非常重要的意義在於它是國際反帝抗爭的一部分。軍國主義就是帝國主義的一種形式，美國也是帝國主義，不只在東亞，在中東的表現都是澈澈底底的帝國主義。帝國主義至今還繼續控制著很多地方，形成壓迫。所以總的來講，反帝運動在今天還是有非常重要的現實意義。因此，透過保釣運動，兩岸三地可以理解日本軍國主義的真相，同時更加警惕美國帝國主義的威脅。美國重返亞洲，對亞洲絕不是好消息。美國重返中東進入伊拉克，對伊拉克人民就是一大災難。這是保釣運動對兩岸三地最重要的意義。我們不僅要保住釣魚台，更要藉此認清日本軍國主義與美國帝國主義的真相。

儘管日本目前還受到《和平憲法》第九條的規範，但是只要右翼勢力抬頭，它隨時都可能修改憲法，將自衛隊變成正規軍。當年多少國際條約，日本都沒有遵守。我們怎麼可以期待《和平憲法》對他們有多大約束呢？

此外，我們必須重新理解第三世界的民族主義。因為第三世界的民族主義都是因為帝國主義的壓迫而出現的。我們對於這樣的民族情緒要有同情的理解。難道凱達組織的死士對自己生命都那麼不珍惜嗎？他們實在是被人欺負得一點辦法都沒有，才會採取「跟你拚了」的態度，而我們卻把它汙名化。這不應該，因為這是缺乏同理心與正義感的做法。當然我不同意凱達組織的行動，但是我們應該試圖理解他們為什麼這麼做。當然，今天部分年輕人確實對民族主義有更多的保留，但是那樣的情感、感受應該被理解。換言之，反省民族主義的第一義其實是反省帝國主義。如果我們希望民族主義的情緒不要龐大到非理性的狀態的話，我們首先需要的是，要求帝國主義勢力的消退。同樣地，如果哪一天中國強大到一個霸道的情況，我們也要反對它的。

二、保釣與臺獨

王 您是保釣學生領袖中少數的臺灣「本省」人，對臺灣歷史有深刻的認識，對「統運」有所保留，又同情臺獨，乃至受到一些指責和批判。不知道您如何定位自己這個在釣運中顯得特殊的立場？又如何理解所謂的「臺灣人意識」在保釣運動裡的作用？

林 這問題很重要，這也牽涉到我之所以參與保釣到那麼深的一個原因。保釣運動一開始就是單純的愛國運動，當時參與的留學生也不分本省、外省、臺灣、大陸。在一九七一年四月十日的華府大遊行之後，大家理解到國府不可期待，而尼克森受邀訪華的事件又大大提升了中共的地位，所以在思想上就不是那麼反共。既然思想上不再那麼反共，依賴北京政府以遂行保釣的主張，就成為可能的考慮之一，大家也才開始注意到臺獨或統一的問題。由於釣魚台並不在中共，而是在臺灣的統轄之下，要對釣魚台有所行動，就勢必牽涉到兩岸分治的現實。在國民黨不積極保釣的狀況下，兩岸統一就成為保釣的一個前提。對當時的保釣人士來說，統一也是一個比較能夠接受的主張。因為釣魚台屬於臺灣，臺灣跟中國統一，釣魚台也就屬於中國。這樣的情況讓大家回想到民國初年軍閥割據，以及後來國共內戰的狀況。回顧近代史，這就使得大家感到解決兩岸問題的迫切性，北京政府號召統一也因而有了說服力。

廣義而言，臺灣人意識的確存在，每個人都有，但是我反對把臺灣人意識狹隘地運用在政治上。就臺獨來說，由於它包含著臺灣人意識，所以很多人都會採取同情的態度。以我對臺灣史的認識，我可以理解為何很多人希望臺獨。臺獨的根源來自於臺灣人的歷史發展中，包括我們所受的教育，多少受到了扭曲。從日據時代開始，臺灣人大多採取抗日的態度；日本統治結束後，很多記載都顯示，當時多數人對於回歸中國是有所期待的。可是國民黨的統治讓他們非常失望，又發生了二二八事件，這些都是促成臺獨思想的重要因素。我的確也存在一些對臺獨的同理心，也就是臺灣人意識，但我並不認為一定就得臺獨。臺灣人對國民黨統治有很多不滿的情緒，臺獨有很多人是當時地主階級的子弟，他們在三七五減租時，土地被國民黨徵收。臺獨的想法最早從日據時代開始，戰後有一段時間麥克阿瑟將軍想扶植臺獨，接著韓戰爆發，美國也助長臺灣獨立的想法，形成所謂的「臺灣地位未定論」。一九六七年，我剛到美國後就感受到那邊已有臺獨活動，與親朋好友聊天時也察覺到臺獨的想法在當時已經存在，頗有影響力。在釣運之前，三個事件也影響著臺獨：一是彭明敏逃亡事件，二是世界臺獨聯盟成立，第三是黃文雄刺殺蔣經國。這些事件都助長了臺獨思想。釣運之後，臺獨思想就更為蓬勃發展。

王　就我所知，很多經過釣運洗禮的人，後來都發展出對臺灣史地的關懷。比方說，張系國的小說集《地》裡頭就透露了很多對臺灣土地的感情以及對海外生活的反省。劉大任的《浮游群落》則是回到保釣之前，來觀察臺灣的政治情境與社會氛圍。從文學的角度，釣運的經驗其實凸顯了留學生對臺灣的深刻關懷。可是這個部分一直沒有受到臺獨的承認或重視。簡單地說，臺獨對保釣依然是隻字不提的。這是否與釣運後期轉向統運有關？

林　沒錯！臺獨與釣運的對立最直接還是因為釣運轉向統運的緣故。不過，假如釣運沒有變成統運，或是說假如沒有尼克森訪問中國這件事情，釣運或許不會變成統運。但即使如此，在我來看，臺獨依然是不會尊重或是支持釣運的。這是因為就意識型態而言，釣運的大背景是反越戰和反美帝。釣運受到反戰運動的影響，而反戰就是反對美國帝國主義，而臺獨其實比國民黨更親美。不過，保釣變成統運，我並不同意。在我的想法裡，釣運應該比較單純，而不該成為派系的運動。雖然基本上我不贊成臺獨的主張，但是臺灣人之所以傾向臺獨是有其受壓迫的因素。就這一點而言，我就覺得釣運反對臺獨的說法，我不能同意。釣運的目的是為了保衛釣魚台，所以批評國民黨政府是有道理的，因為國民黨政府不保釣。但是，如果將保釣進一步扭曲成反臺獨，我認為這就失去目標。因為臺獨當時也受到國民黨政府的打壓。當我們比較了解國民黨政府的壓迫本質後，我們對於被國民黨政府打壓的臺灣人應該抱有一定的理解和同情。把保釣轉化成反臺獨，忽略了臺灣人被壓迫的本質。當然我並不贊同臺獨的主張，因為臺獨運動的起源與帝國主義分裂中國，在歷史上有密切的關聯。臺獨運動最早就是在日本的美軍總部的支持下展開的，它與美國帝國主義有著共生關係。但是臺獨還有很重要的另一面，就是臺灣人被國民黨壓迫，這一點不能被抹滅。很多人之所以支持臺獨單純是因為受到壓迫的結果。因為這樣，我在《釣魚台快訊》上寫了一些文章反映了臺灣人的心聲，有些人不能理解，就給我戴上了立場不堅定的帽子。

陳宜中（以下簡稱「陳」）　陳明忠有個說法是，臺獨在海外興起，地主階級是其中很大的因素。

林　我同意，但這不能完全歸諸於階級決定論，還要考慮戒嚴時期國民黨的高壓統治。在三七五減租時，國民黨用黨營公司的股票來補貼土地被徵收的地主，但是其中有兩間公司面臨倒閉，因此，他們等同受到欺騙，土地平白被搶走，他們的憤怒轉變成臺獨的訴求也是很自然的事。這些人非常反對國民黨，但同時也受到國民黨反共教育很深的影響，反國民黨又反共產黨，在國共都不好的情況下，唯一的出路就是臺獨。我剛到美國的時候，對社會議題完全不了解，自然也傾向臺獨。但是參與釣運讓我更理解臺灣的歷史發展，若沒有參加釣運，很有可能我也會一直懷抱臺獨的想法。

　　在參加釣運的過程中，我觀察到，外省人子弟都能言善道。保釣運動時，很多上臺演講或領導運動的清一色都是外省人。當時很多臺灣人都感覺到自己是二等公民，永遠都是外省人在呼風喚雨。在臺灣他們的父兄站在我們頭上，現在連反國民黨的運動也是外省人主導，好像臺灣人只能跟在後頭。這些因素也有影響。當時在芝加哥的《釣魚台快訊》就曾經發表過這樣的文章。特別在早期，很多在美國的外省人都是中上階層或是國民黨的權貴子弟，他們在臺灣的時候出盡鋒頭，到了海外才發現國民黨不好。但是他們在海外時總覺得自己批評國民黨時有點底氣不足，因為臺獨批評得更凶。我自己觀察，有些外省子弟在海外感覺到自己有些窩囊氣，但又看不起臺獨，這是很複雜的心理。一旦他們發現自己比臺獨站在更高的思考點上，便開始批評臺獨是美國帝國主義的走狗。

陳　您是說，當時海外外省人分成兩派，一派是支持國民黨政府的反共愛國同盟，另一派是傾向毛澤東與大陸的左統派？您跟這兩派的關係如何？

林　從保釣運動開始，左統派之所以浮現，是因為留學生對國民黨的忠貞分子感到不滿，這是最重要的因素。在整個過程中，國民黨表面上都稱釣運是愛國運動，但是私底下卻勸說我們要好好讀書，不要被利用，接著就是打壓、造謠、寫匿名信、恐嚇電話，警告在臺灣的家人，這些事在芝加哥都發生過。很多人，包括我的家人也受到警告。這些造謠與匿名信讓我們越來越反感，所以參與保釣的人很快就與國民黨分開了。是不是很多人馬上變成左派，那不一定。對我而言，我變成社會主義者是很晚的事情。

保釣運動以一九七一年四月十日大遊行為最重要的分水嶺。那次的遊行一開始是針對日本，後來才發現問題出在政府，因為保釣人士發現國民黨政府礙於外交局勢根本就不想保釣，大家當然無法接受。國民黨的忠貞分子也對保釣人士展開打壓，這使得參與保釣的人越來越灰心。他們開始不知道該怎麼走，對整個運動的方向也很茫然。如果問題的核心不是日本，而是自己的政府，那老百姓該怎麼辦？在很大的徬徨中，就走向了兩個方面：一是從中國近代史裡去理解為何國民黨不保釣，從一九七一年四月十日到五月四日，各地的保釣人士都在探討中國近代史。另一方面，同年七月十五日，尼克森總統宣布密使季辛吉已經訪問中國，這也對保釣人士造成震撼。原因在於，當大家在尋找出路時，突然發現原來北京政府更具代表性。很快地大家就把希望寄託在北京政府身上。

陳　您是說，也有些人西瓜偎大邊，覺得北京政府有實力就靠過去？

林　其實也不然，那時很多人在找出路，在臺灣長期認同中華民國政府，政府也塑造憂患意識。大家常常覺得美國總統若到亞洲造訪，一定會去南韓、日本或菲律賓，而不會在臺灣停留。大家都覺得，中華民國至少是戰後四強之一、聯合國安理會的常任理事國之一，而美國號稱是我們最好的盟邦、世界最強的國家，看起來並不把我們看在眼裡。在這種狀況下，大家發現北京政府其實是美國更想要拉攏的對象。美國總統想去北京，還得先派人過去探問北京是否接受。反觀，在臺灣，報紙寫到美國國務卿或參議員經過政府九牛二虎之力受邀前來，就已是莫大的榮耀。相較之下，大家突然覺得大陸的氣勢遠比臺灣強很多。大家想：大陸的聲勢旺，說不定可以保釣，就把希望寄託在北京。這就是四月十日遊行後，大家在一片茫然中發生的事情。我同意在保釣人士裡，有少數幾個領導人物對於社會主義有所認識或認同，但是大多數是像我這樣的人，是在四月十日以後的整體發展中慢慢轉變的。

陳　聽鄭鴻生說，在四人幫垮臺前，有些人甚至認為共產黨一切都是好的。但是在四人幫垮臺後，統運受到了挫折，於是有些人又回頭關心臺灣。

林　那是後期的歷史。整個保釣運動的發展變化還是以前期最為重要。前期的問題很簡單，就是四月十日遊行後大家對國民黨感到失望，想要尋找出路之際，碰巧遇到尼克森派人到大陸，部分保釣人士在大陸身上看到希望，大家才開始關心大陸。那時很多人想了解大陸，一些人就變成所謂的左派，但這種左派，我想就是年輕人的狂熱、趕時髦而已。聽說臺灣後來在校園裡也出現一篇文章，叫作〈如何在三天之內變成一個左派〉。海外的情況也類似。這都是暫時的發熱現象。

回到我個人，我個人沒有受到這個影響。我對於政治本來就沒有興趣，只是很單純地要保釣、反對日本，對於國共之間的鬥爭我並不關心。另外還有比較個人的因素就是我從小就很討厭流行的事物，這可能與我念科學的態度有關，科學就是要清楚地認知而不要人云亦云。我從小就對流行的事物反感，我不唱流行歌，流行的服裝與事物我都不採用，到現在還是如此。像我在念書時也流行過存在主義，雖然我對哲學也不排斥，但對於很多人著迷存在主義，我感覺只是在趕流行而已。所以對於當初保釣的一些人轉變為左派，我是不感興趣的，我還是只做保釣的事情。保釣到了五月四日後，走向就變了，像是有些刊物就從《釣魚台月刊》改名為《國是月刊》，我辦的依舊是《釣魚台快訊》，一直維持到結束。總之，我對於一窩蜂地傾向於什麼，沒什麼興趣。這是我個性使然，也與我念科學的背景有關。

陳　您當時接受的社會主義，是哪種社會主義？

林　我並沒有分得很清楚。我只是很單純對那些口號與一窩蜂的熱衷有所反感而已。

我剛才主要是從整個運動的發展方向來談，我個人又是比較特別的。那時候很多人開始關心中國大陸，廣義的文革也還沒結束，整個革命的口號仍舊非常響亮。當時部分的保釣人士因為將希望寄託於中國大陸，所以開始閱讀左翼的資料。那時中國大陸的確有很高的理想主義色彩，保釣的人也都有這樣的理想，所以很快就接上了。其中的必然性就在於此。保釣運動把很多人的理想主義激發出來，又接上文革的後期，並且基於保釣的需要，開始理解中國大陸。

在一九七二年我還弄了「保沙運動」，保衛南沙群島。那時保釣運動已經走向統獨的分歧，所以很多人對「保沙運動」並不重視，全美國只有芝加哥在進行。我當時只是很單純地想要保衛自己的領土，沒有其他的雜念。保釣運動過了一、兩年，我才開始接觸社會主義的思想，才慢慢地覺得這與我理想主義的性格相符合，才漸漸地變成所謂的左派。

錢永祥（以下簡稱「錢」）　在這過程中，所謂中國的因素有影響嗎？效果是什麼？

林　中國的因素沒有很重要。間接上我想會有，因為當時大家都對社會主義中國非常嚮往，芝加哥有些報紙甚至將《毛語錄》翻譯成英文。在那個氛圍下，自然會有所接觸，要說沒有影響也是絕不可能。但是中國對我並沒有很直接的影響，我接受社會主義是非常個人的因素。當時保釣運動裡像我這樣的人，絕無僅有。所以我的立場並沒有特別的代表性。

不過，我開始去理解社會的情況與歷史的發展，也會特別關心臺灣的具體問題。廣義而言，我也是臺灣人，有臺灣意識、關心臺灣。接觸社會主義的思想後，我便開始用那些理念去理解臺灣社會，以及中國與臺灣近代史的發展。我在芝加哥的圖書館看了很多之前都沒有接觸到的書，像是二二八的問題、臺灣的戒嚴狀況，過去對這些事情都比較沒有感覺。

王　那麼您會怎麼總結保釣運動的意義，至少就您個人而言？

林　保釣運動的意義，對我來說，是要跳離開國民黨教育的框架。就這一點來說，臺獨運動並沒有達到這個境界。臺獨運動，總體而言，還是在國民黨教育的框架下。在整體的思維上，保釣超越了臺獨反共右翼的框架。如果保釣運動當時有條件，能夠讓海外留學生，不論外省、本省，都超越國民黨反共右翼的思維框架，那麼後來這些人回到臺灣，對臺灣的發展或許就會有另一番不同的景象。遺憾的是，當釣運轉向統運後，國民黨權貴子弟大罵臺獨，反而造成很多臺灣人轉向支持臺獨。我當時看到了這樣的危機，覺得很遺憾。

我覺得釣運的意義應該是再啟蒙運動。讓從臺灣出來的留學生能夠超越國民黨教育的框架，為臺灣未來的政治發展立定一個比較健康的基礎。由於釣運與臺獨的對立，使得很多臺灣人離開了釣運。其實很多臺灣人一開始就參加了釣運。這樣的結果就造成了對立，乃至激化的思考，讓很多臺灣人失去了自我啟蒙的機會，而陷入了統獨的框框。保釣運動中受到啟蒙最為深刻，並且留在釣運裡的，當然有少部分的本省籍，但大部分都是外省人。但不論是本省、外省，這些人後來都變成所謂的「左派」，被國民黨列入不准回臺的黑名單。這就使得保釣這個難得的啟蒙運動，其效果反而沒能回饋到臺灣社會。因為在這運動裡面受到啟蒙最深刻的人反而回不來。這個結果，我覺得是蠻可惜、也很遺憾的事情。我之所以參與釣運這麼深，就是感覺到這個問題的重要性。以我的釣運資歷應該可以作為一個橋梁，把這個問題講清楚，一方面連接兩邊的差異，另一方面以釣運的啟蒙精神，對國民黨教育下的臺灣有比較深刻的思想啟發，發揮比較進步的作用。我回到臺灣以後，就覺得臺灣政治裡啟蒙的力量實在太薄弱了！

三、保釣的第三條路線

陳　左派釣運的演變，是否如鄭鴻生所說，在四人幫垮臺後，部分左派又逐漸把視角放回臺灣？

林　鄭鴻生到美國比較晚，所以簡化了很多早期的變化。釣運之後很多人左傾，大部分是狂熱，或者趕上流行的現象，這些人是否如鄭鴻生所說的，後來又轉變為關心臺灣，我覺得即使有，也是少數人而已。保釣運動的轉折點，如前所述，第一個是四月十日的華府遊行，第二個是九月初安娜堡的國是大會。在某種意義上，國是大會只是分裂的表象化，分裂的種子早在四月十日就已種下，因此，四月十日還是最為關鍵的分歧點。另一個關鍵事件就是美國要與中國建立邦交。最後的結果就是安娜堡國是大會上的爭議。釣運後來一般都理解成左右分裂，事實上一開始就有三條，而不是兩條路線。現在大都以為當時只有兩條路線，一是左統，另一條是右派，右派後來變成反共愛國聯盟的那些人。但是還有第三條路：第三條路線的人關心臺灣，不過因為受到了社會主義思想的洗禮，所以他們關心臺灣的焦點與愛盟那些人不同，跟左統也不一樣。這一派人數相當不少，但大多都是隱姓埋名，因為當時要關心臺灣不能只喊口號，不然就會害死要關心的對象。

王　這一派與臺獨派的又不同？

林　基本上就是有社會主義傾向，受保釣運動洗禮，但又與左統派的不同。左統派的受社會主義影響後，便轉向支持中國大陸。第三派的人曾經發生一個爭議，當時不知道是周恩來還是誰說，要解放臺灣有三個條件：一是祖國的強大，二是國際條件的成熟，第三是臺灣人民的覺醒。這「三個條件說」引發了一些爭議。左統派認為，當然是祖國強大為第一要件，臺灣人民的覺醒也必須透過祖國的強大。對臺灣的工作，唯一的要點就是要幫臺灣人民了解中國。但是我們第三派認為，三個條件當然是以第三個為最重要。臺灣人的覺醒要靠臺灣人民在現實環境下進行的鬥爭。當時的爭議算是蠻激烈的。所以我們現在說當時的左派，其實也不止一派，只是一般人不知道。我們參加第三條路線的人也不大張旗鼓，名聲擴大無益於幫助臺灣。當時有這三派的說法，現在是較少為人所知。一直到二〇〇九年，在清華的保釣論壇上，我才開始提出這個論點，也慢慢地把這些人找出來。[3] 這派的人並不少，但都不是赫赫有名的人物，只是默默地、共同地為臺灣做點事。他們不是那些保釣的領袖們，那些人只有少數是走向第三條道路的，也許只有我算是。像是王惠珀、楊寧蓀這些人都是。我們還沒回來時，就對當時的鄉土文學、陳明忠事件，或者施明德事件有所支持，也對後來的黨外運動非常支持。

王　一九八〇年代初期，臺獨人士亦在美國活動，像是張燦鍙和洪哲勝辦《臺灣公論報》或許信良辦《美麗島週報》。在當時的合作關係中，您是怎麼抓住那條分界線，並堅持第三條路線的立場？

林　《臺灣公論報》是臺獨的機關報，立場鮮明，所以我們跟他們就比較少來往。我們並不主張臺獨，但是只要是受到國民黨政府壓迫的我們就支持。早期的黨外，很多人的臺獨思想都不濃，唯一比較強烈的只有施明德一人。張俊宏、許信良、康寧祥或陳菊到海外時，很多都是我安排的，他們當時尚未有臺獨的想法。當時只是覺得，臺灣在國民黨的壓迫下，統獨爭議應該是次要的問題。臺灣明明有些人被抓起來關，還在吵統獨，這麼做只是遂行自己的政治理念而已，不是真的在支持臺灣的社會改造。這樣的傾向當然是不對的。但我們的做法很多左統派也不同意，臺獨也不同意。高雄事件之前發生了許信良事件，他因為聲援余登發而導致縣長職位被拔除，那時我們就聲援他，在芝加哥找了臺獨派一起辦遊行。

王　所以支援臺灣的民主活動或黨外活動，不必然需要一個統獨的立場？

林　長期而言，每個人也許都有自己的政治立場，但當時我們覺得像是高雄事件、陳明忠事件，明明是臺灣人受到壓迫，如果還在吵統獨，根本不是在幫助臺灣人民，只是想辯論政治立場而已。我們只做最重要的事情。我必須承認，我們的立場後來在成立「台灣民主運動支援會」的時候受到衝擊，裡面有不少人是支持臺獨的，但總是不會變成極端派。我們當然有點兩面不討好。像是一九七六年陳明忠事件發生時，有些左統人士就在背後給我們戴帽子。

陳　陳明忠不就是左統派？為什麼海外的左統人士會這樣做？

林　剛開始時，海外他們並不知道。陳明忠事件的訊息是透過國際特赦組織（Amnesty International）傳遞的，國際特赦組織當時被認為是美國中情局的外圍組織。陳明忠事件發生後，我們在很短的時間內匯集了很大的力量，在《紐約時報》登廣告，辦了幾次遊行，當時都很不容易，但在幾天內我們就組織起來了。所以有人懷疑我，為什麼能在很短時間內把很多人匯集起來？左統人士就認為我背後一定有臺獨的力量在支持。這是事後有些朋友跟我說的，那

3　原編注：見林孝信，〈保釣歷史的淵源跟對海峽兩岸的社會的意義〉，收錄在謝小芩、劉容生、王智明編，《啟蒙．狂飆．反思：保釣運動四十年》，新竹：清華大學出版社，二〇一〇，頁二一四—二一七。

是他們當時的判斷。一九七一年到一九七六年間，我仍舊在做大量的組織工作，所以陳明忠事件發生的時候才能很快地聚集力量。做長期的組織工作，我也不太敢招搖，大張旗鼓只會引人注目，無法幫助臺灣人民進行改革。這是保釣第三條路線的做法。

王　您所稱的第三條路線與「革新保臺」是否有所區辨？

林　「革新保臺」真正的提倡者是沈君山，他與我長期認識，辦《科學月刊》時他相當幫忙。他也是念物理的，在《科學月刊》寫了很多文章。辦《科學月刊》時，他對我能夠聚集很多人感到印象深刻，所以後來保釣運動時，當時他在臺灣，很快就到美國來。在美國，他希望能替國民黨政府說些話，但是他對國民黨也不是百分之百滿意，因而提出一個可以努力的方向，就是「革新保臺」。他對於國民黨的忠貞分子，像是反共愛國聯盟，也不贊同。沈君山以為我的立場與他相同，所以他到美國後，也找了我，想要把「革新保臺」做成一股政治力量，甚至是政黨。但是後來一談，我們很快發現分歧，我對臺灣政府的批評當然比較凶，我當時已經很清楚地走向支持臺灣，批判國民黨政府，他比較沒辦法接受我的立場，所以後來就分道揚鑣了。

王　我能否將您所稱的「第三條路線」，做個簡單的概括。就是：希望臺灣社會朝理想主義的方向改變，但絕不上綱到國家認同的層次，是否如此？

林　基本上可以做這樣的描述。我們覺得統獨是另一個層次的問題，比統獨更重要的是對臺灣社會的關心，所謂的統或獨最終都應該是為了更美好的未來。主張統獨大概只有兩種理由，一種是遂行個人的政治理念，另一個是真的希望臺灣變得更好。我一直在想我是為哪一個。我覺得大家很容易只看到最終的立場。我當時覺得，臺灣明明還在戒嚴，還有很多可以努力的事情，為什麼要把這些事情看作是次要的，我覺得這樣的態度是不對的。統獨不是不重要，但至少在當時來看不是最重要的，支持臺灣為正義的鬥爭、受壓迫的鬥爭，這是不論哪個立場都該要去支持的。

四、兩岸左派

陳　到了一九八〇年代，第三條路線的發展又是如何？美麗島事件後，開始挑起臺獨問題的是新潮流，是邱義仁、林濁水。新潮流曾以「獨左派」自居，也參與工農抗爭，當時你們跟新潮流有互動嗎？

林　當時我們在海外的理解，並不認為新潮流是左派。我與喇叭（邱義仁）很熟，在芝加哥時也聊過很多次，知道他思想的底細，他也坦承自己右傾，左派或工運農運只是策略的運用。「社運建國」只是把社運當成工具。但對我們而言，社運不是工具。我回到臺灣後，觀察了很多臺灣的社運，也參與了不少。我覺得臺灣的社運過度缺乏自主性，臺灣的社運相當程度上是在配合政治運動，這是臺灣社運相當可惜的地方。原因很清楚：因為在國民黨一黨獨大下，社運分子與黨外分子很自然地結盟，再加上新潮流強調社運，儘管他們只是策略地運用，所以結果就是社運變成政治的尾巴。我始終認為，社運是理性的政治運動，但不能夠被政治運動或政黨所代表。當民進黨上臺後，很多人對社運的期待就破滅了。

陳　您當時怎麼看《人間》雜誌？陳明忠說，他去坐牢後，陳映真搞的《人間》變成文化取向，以至於左統派在政治上一敗塗地。

林　陳明忠這樣的解釋，我覺得只是其中的一個原因，但不是最主要的原因。他把《人間》雜誌的路線視為是臺灣左翼運動的偏差，我覺得他對《人間》雜誌的要求太高了。臺灣左派最大的問題就是沒有走入群眾。他們只是一小撮人，最大的關懷是中國。臺灣的《夏潮》系統，我覺得也一直走不出去，他們一直在自己的圈圈裡面繞。我與他們有過互動，也給過他們建議。我與他們同樣都認同社會主義，對中國也不排斥。當然如果只是為了國家主義的立場而主張統一，我沒辦法贊同，我對中國沒有排斥，也不認同臺獨。我對他們不忍苛責，也不太願意講，因為他們對理想付出很多，特別是所謂的「老同學」，但他們一直都沒有走出去。

錢　一九七〇年代、一九八〇年代中國還未崛起時，作為左統，他們的感受與今日有很大的不同，他們的論述也有很大的變化，早期的確是左派的色彩比較濃厚，如今國家的色彩越來越強。

林　左派現在又更困難了。現在大家都認為中國是具有中國特色的資本主義。但當時中國還沒那麼走資的情況下，他們對社會主義自然有相當的認同。很可惜的是，中國的因素使得他們無法把路走出去，因為他們自許為統派，整個思考都以自發地配合中國政策來實踐。在一九八〇年代他們的狀況就是如此，所以才無法走出去。《人間》也存在同樣的問題，但不是很鮮明，因為他們的政治性並不強，所以問題不顯著。《夏潮》系統因為參與建黨工作，成立工黨，後來分裂又搞了勞動黨。這個過程中，我覺得他們走的道路，很像中共早期犯的錯，中共早期的錯誤也是事事要聽從莫斯科的指令。那時的問題比現在更嚴重，但是因為當時中國處在一個非常需要革命的階段，所以還能吸引很多優秀的人參與。整個問題在於《人間》和《夏潮》系統在不斷地受挫下，逐漸脫離臺灣，這是蠻可惜的。在當時中國還沒有那麼明顯走資情況下，他們應該從臺灣的現況出發，這樣左翼的力量才能下種深耕。失去了這個機會，在中國走資的情況下，臺灣左派的取向反而以統一為主，而不是發展社會主義的力量為主，這就使得臺灣要發展社會主義更為困難，要發展左派力量更不容易。臺灣的年輕人很多都有社會主義的思想，但都與《夏潮》無關。我剛開始也建議他們，以左派的立場，從臺灣的現實出發，發展出自己的力量，而不是配合大陸的政策。

錢　在您的觀察與參與中，近十年臺灣的左派有什麼新的可能性嗎？

林　這股力量還沒有凝聚起來，可能還需要很漫長的時間。現在要凝聚力量很不容易，條件也有所不同。我們要同時觀察大陸的左派力量怎麼發展。我最近的觀察是，大陸的情況在江澤民的後期，整個意識型態往資本主義方向走到高峰，胡錦濤有些扭轉，但還沒有改變太多。最近的發展在經歷金融海嘯後，中國經濟力量的崛起已經成為國際的事實，世界各國當然不樂見這種情況的發展，所以會使用兩手策略，像是美國前陣子派很多人前來大陸，但這陣子又派航空母艦來耀武揚威。這些做法在中國大陸早期也不會太敏感，也許會感到些許無奈，像是南斯拉夫大使館的誤炸。可是現在中國崛起後，不會再那樣忍氣吞聲了。在這個狀況下，中國大陸發展的鐘擺在前些日子會擺向極右，現在也許會再擺往左邊。但是會擺多遠並不清楚。在這種情況下，左派力量的興起對於臺灣會有多大的影響就值得思考。

不過，中國的左派還未定型。中國左派受到幾個因素的影響，一是傳統的左派力量，臺灣對此似乎有點低估，但我覺得影響力很強，像是毛派在中國潛在力量還是很大。中國官方對毛澤東也不太敢公然地批評，甚至最近官方對毛的肯定越來越強烈。

陳　我前些日子訪問了一位文革造反派袁庾華先生。[4]照他的說法，當前大陸底層的毛左派跟傳統建制的老左派是不同的，跟部分保守化的新左派也有差異。他寄希望於毛左派與自由派的合作，以共促大陸的民主化。

林　你說的我覺得蠻有可能，中國的左派目前還處在非常紛亂的時候，中國左派的力量在興起，會有很多種不同的左派出現，我剛才說的只是其中的一股力量。我覺得一般人有點低估了這股力量。第二，也許如你說的，會有新的左派出現，第三就是學界的左派力量，當然他們跟西方的思潮有些接近。其他也有些介在自由派與左派之間的力量，像是社會民主。所以中國現在非常紛亂，對當前中國的分析也有很大的歧異。我覺得這在很短的時間內很難塵埃落定，整個社會的矛盾還沒有要求這樣複雜的局面能夠漸漸地整合到一、兩個比較大的力量上。中國目前的環境還不允許。一九二〇、一九三〇年代中國就有那樣的環境，當時左派當然也不止一派，可是後來因為環境使然，匯集到中共的道路上。現在外在的矛盾還沒有尖銳到可以整合力量，左派就很容易分散。

錢　您覺得中國的左派對臺灣有起到什麼樣的牽引、挑戰或啟發的影響？他們對於臺灣左派有任何的影響力嗎？臺灣的左派又怎麼看待中國的左派？

陳　中國大陸所謂的左派，通常不接受自由民主的政治框架。

林　我同意，這些還有很多混沌未明的情況。我覺得因為客觀的條件還沒有尖銳到逼迫左派在是非上弄個分明，不像早期力量不匯集，就可能人頭落地。現在沒有這麼尖銳，要大家能夠談出多數都可以同意的，形成一股比較大的力量，我是覺得還沒有辦法。中國大陸與臺灣的左派都面臨同樣的情境。我剛才所提到的，中美衝突加劇的情況，可能會迫使左派較容易找到多數人可以接受的主軸，這是目前看起來比較有可能的影響因素。

陳　您難道不覺得，中美矛盾的加劇，可能使大陸左派更靠向國家主義？這類狹隘國族主義若是抬頭，臺灣也會有人把中國威脅不斷上綱，於是，社會正義課題將繼續遭到壓抑。

林　這可能性當然存在。中美衝突的加劇，至少在我們討論的脈絡中，兩種可能性都會出現。一個是國家主義加強；另一個是左派力量又會興起。至於哪一個力量會發展比較快，現在還不是很清楚。如果是以國家主義為基礎的，就會產生你說的那個效果。但我想那也不是唯一可能的結果，在我的觀察中，兩種傾向都有可能。回到對臺灣的影響這個問題上，左派無論在臺灣或中國都依舊只是少數，兩岸都是國家主義的右派力量比較大，所以意義就在於，這得看兩岸

4　訪談見陳宜中，〈永遠的造反派：袁庚華先生訪談錄〉，《思想》第十八期，二〇一一，頁三九—八二。

的左派是否能夠結合？如果再分散，就更沒有力量。

錢　您能不能談談您怎麼觀察中共本身的內部矛盾問題，如剛剛討論的，您好像假定中國有兩條道路，一是左派，另一是國家主義，這是兩條道路，但在中共的發展中，這兩條道路是否分得開？馬克思主義的中國化，或具有中國特色的社會主義，內在是不是就有很強的民族主義的成分？

林　我想一定是有的，包括在毛澤東身上，就已經有很強的愛國主義成分。

王　我想中共有很強的民粹成分，外在是超英趕美，內在是以工人執政、維持無產階級專政。雖然存在國家主義的思維，但對於人民民主是有一定的訴求的，而形成國家主義的內涵。雖然這跟國家的距離很接近，但就要看人民民主的部分怎麼被萃取出來，能夠成為改變的力量與思維。

林　我同意剛剛老錢說的，左派與國家主義是否無法兼容，或可能就是同一條道路。但我想只能分辨哪一個為主、哪一個為次。若主要的力量變成國家主義當然是比較遺憾的。

錢　我覺得智明剛問的問題很有趣，那個問題假定了中共在無產階級專政的前提下，基本上仍舊依循一個左派思路，你覺得有萃取出來過嗎？建國以後，你覺得有出現過嗎？舉個簡單的例子，他們的工會是假的，他們農民不能組織，農會根本就不存在，這兩個例子說明，萃取民粹中的訴求，在中國究竟可能具有什麼內涵？

林　理想上當然是沒有，就事實來看也是沒有。我們姑且相信他們有這個目標，但恐怕不是那麼單純可以達成。一定會碰到現實複雜的挑戰。他們建國以後，要發展農村的生產力和朝向社會主義，要從合作化做起，從一九五〇年代開始就有合作社的運動，先是互助組、初級社、生產大隊、到高級社，最後是人民公社，基本上大概在一九五八年左右比較全面地提倡。在這樣的情況下，他們就認為某種程度上已經取代了過去農會的必要性，所以既然有更高的合作組織，農會被取代也是很理所當然的。這樣更高的合作組織不單純是民間團體，甚至還具有政權的性質，算是掌握在農民手上，也有民主的形式。當然，後來整個中國的發展，牽涉到很多其他的變化，特別是政治鬥爭，使得人民公社變成爭議的焦點。在文化大革命時推行人民公社，到鄧小平後就被取消了。合作社原本可以理解成農會的深化，但一直發展到人民公社，到最後取消人民公社，結果就什麼都沒有了。這當然是個問題。毛澤東時代存在很多的問題，包括有人批評人民公社並不具有民主成分。但不管如何，至少他當時還有個社會主義的目標。但鄧小平上臺後，就有很大的改變。全部廢掉後，就連原本農會所扮演的角色都不存在了。這造成社會主義的進展倒退了很大一步。

錢　您先前講到，臺灣社會運動被政治勢力所掌控的情況，同樣地把這個觀察放在中國不論是社會主義之前、社會主義時期，或改革開放時期，任何的階段，您覺得有真的社會運動嗎？如果沒有，那究竟是什麼在帶領社會的改變呢？是不是只剩下黨？

林　這是個很複雜的問題，要先看政黨的屬性。中國的社會主義的發展，共產黨與西方的政黨不同，還是以集體主義方式來領導，不像西方是以個人主義的方式來進行。社會主義的政黨要包辦一切，黨的意見若是對的，還是有很多人會認同。但走向災難的情況是，如果黨的路線偏離了整個社會主義道路，又不讓民間的力量成長，那就會退化得更大。這是探討社會主義不得不思考的可能性。坦白講，對於中國近來的發展，我是有些憂慮，因為中共已經變得腐化、唯利是圖，缺乏理想性，社會貧富落差那麼大。我看了是很痛心、很反感。

錢 在這個意義上，臺灣的左派在這些問題上多一些反省，也許很淺，但也有一些經驗，這樣的話，兩岸的左派就不單純只是臺灣的左派受中國左派所啟發，而是中國左派怎麼受臺灣左派所啟發。不過臺灣左派目前似乎並沒有這樣的企圖。

林 當然，我完全同意。這是另一個課題，臺灣近年來，不只是左派，右派更是如此。早期從一九七〇年代到一九九〇年代，臺灣的社會各方面都覺得是優於大陸，現在感覺上是反過來了，現在都覺得自己已經沒有任何貢獻的地方，也不敢做大格局的對話。在前些日子的一場座談會上，我就表示，臺灣目前似乎是過於被動，只是消極地適應中國所帶來的轉變。我一直主張，臺灣有很多可以啟發中國的地方。但是，臺灣的左右派或一般學界都很少這樣的想法。

陳 臺灣卡在統獨與藍綠，自己內部都搞不定，只是不停內耗。

林 我同意還要相當長的時間，我覺得只能從民間的角度持續進行，我之前在海外支援臺灣民主運動也是如此。先不要大張旗鼓，企圖直接改善具體的社會問題。在我有限的接觸中，大陸內部社會主義的種子還是存在，比起臺灣好像更多。因為大陸廣大，所以我們得花更多時間去互動。兩岸的交流目前比較容易，但是交流不能只停留在表面層次，而要在比較深刻的部分上進行。我建議大陸人民應該了解臺灣六十年來在民主政治上的奮鬥，也希望臺灣去了解大陸六十年來的變化。我覺得應該在先有比較深刻的相互了解後，再來進行互動。我們的實踐很值得他們借鏡，臺灣的左派是在資本主義的情況下發展出來的，與大陸完全不同。大陸的左派是由共產黨的路線所帶領。這兩條路線很不一樣。毛派很多人對資本主義並不了解，也許整個大陸對資本主義都不夠了解。這些部分，我想臺灣的左派是更為清楚。我們在這邊有很多的鬥爭，也知道資本主義下社會運動的過程。這或許是我們可以供他們參考的地方。

無論如何，現在還不是在大陸大張旗鼓的時刻。大陸的變化非常劇烈，我比較主張與他們先交朋友，互相了解狀況。從他們內部的變化過程觀察外部的變化，像是中美關係的衝突，是否助長左派的力量。臺灣左派對於帝國主義、資本主義和美國的理解能夠提供一些想法與協助。中國大陸現在有很多罷工事件，這是資本主義道路上必然會發生的，可是大陸左派還不是很清楚罷工怎麼進行。這方面臺灣的經驗就比他們多。在教育界或社會的其他領域，臺灣也有可以直接借鏡的地方。臺灣必須透過社會實踐把內部的力量凝聚起來。

其實，過去十幾年來，我必須承認我是失敗的。我去推動社區大學就是希望推動這些想法。回臺灣後我直接參與了一些社會運動，但感覺他們走不出去，直到推動社區大學。我覺得還是教育的力量可以產生新的可能性。不過現在看起來，也沒有很成功。但我還是覺得，在臺灣的社會實踐還是不要放棄，透過實踐我們可以凝聚一些軟實力，否則的話，在各個領域都可能會被吸納過去。沒有整體的力量，我們好的成果也無法呈現。

五、社會運動與理想主義的提煉

王　剛剛談到了兩岸左派的發展與競合的可能，能否請您進一步談談對兩岸社會運動的觀察？

林　臺灣的社會運動，基本上的根源是來自於臺灣社會很多不合理、不公平的地方。長期以來，特別是在戒嚴體制下有很多不合理、不公平的地方。但除此之外，我覺得臺灣社運有一個很重要的根源是一般年輕人的熱忱與理想，不僅僅受到世界進步思潮的影響，更重要的是接連上黨外運動或民主運動的進程。但是，我們對於這一點必須有很清楚的認識，推動社會運動的人不能把社運當成手段。我們必須要很認真、誠實地對待社會運動。只要是覺得這件事能夠促進社會的合理與公義，不管政治立場怎麼樣，我們都應該毫無保留地支持。今天臺灣社運的發展遭遇瓶頸，就是因為社運被當作是政治工具。一旦這個工具幫助他們達到目標，達到政治目的，他們就放棄了社運的價值和精神。這就是我們看到陳水扁上任以後，很多社運人士反而沒有想像中的歡欣鼓舞。他們覺得，在體制外努力更可以達到他們追求的目標，政府體制反而讓社運的精神與價值更難落實。

社運的精神與價值是追求社會正義。我覺得釣運不只是一種狹隘的民族主義運動，而是一個富有正義感、追求公義與公理的運動。雖然釣運離不開民族主義的熱情，但是這個熱情背後一定還要有正義感作為支撐。我們不只是純粹地為了民族主義來進行保釣，更是要反對帝國主義對弱小民族的欺壓，這個正義的部分是很重要的。現在有些人故意把釣運矮化為一個純粹民族主義的運動，這樣的說法並不公平，因為釣運還有很多對社會正義的期許和左派的思想，希望改造社會。過去，這個部分很可惜的因為許多保釣人士滯留美國而沒有發揚。臺灣往後至少要將這一部分的精神繼續發揮。

臺灣現在有點條件了，我們希望將來大陸也能夠宣揚與延續釣運這個理念，推動大陸往更合理的方向改革，成為改造大陸的一股思想推力，就好像過去五四運動在中國近代思想史上所產生的作用一樣。我們希望釣運也能發揮這樣的作用。但是由於釣運源自臺灣，推到大陸還是隔了一層。所以，首先我們要努力的是看臺灣能不能先將這股精神發揚出來，這也是為什麼釣運目前的重點還是在臺灣。我們希望這一部分的工作能夠在臺灣先有突破，期待釣運分子重視、支持臺灣的社會改造運動，而不要把社會運動當工具來使用。

王　就臺灣而言，哪些方向特別需要改造？各個問題之間是否有優先性？

林　那很多啊！勞工、環保、媒體都是很大的問題。教育改革，甚至是公共衛生改革也很重要。現在勉強說，稍微比較不需要關注的是人權問題啦。當然也不是完全沒有問題，不過比以前好很多。至於運動之間的優先性是一個很大的問題。以目前的客觀現實來看，我覺得先百花齊放再說吧。本來按照正統左派理論應該是以勞工運動為優先，但是這個東西有很多爭議。一九八〇年代以後出現新社會運動理論，像拉克勞（Ernesto Laclau）、慕芙（Chantal Mouffe）這些人的東西。他們認為社會運動沒有優先性，因為每一個社會運動都是平等的。

離開理論的問題回到總體現實來觀照的話，我覺得一個非常重要、影響深遠的問題是新帝國主義和新自由主義的影響。社會運動必須因應現在世界局勢的變化對這兩者提出批判，因為它們影響最為寬廣而深入，但是在某種程度上又是比較隱晦不清的。所以未來在這個方面需要更多努力，從在地的脈絡來思考新帝國主義與新自由主義的影響。這是一個很大的課題。

王 在社會運動中，您覺得年輕人的參與如何？對兩岸的年輕人有什麼具體觀察嗎？您覺得年輕人未來能扮演什麼樣的功能與角色？

林 我感覺臺灣的年輕人普遍失去了奮鬥的方向，大陸也可能有這種現象。我一直在想，如何再次喚起與激發年輕人的理想主義。過去有人說過，年輕的時候如果不是左派，就不是年輕人，也就是說年輕人如果沒有理想就不是年輕人。理想主義當然是年輕人的特色。在某種意義上，我會覺得臺灣年輕人似乎有一段時間找不到可以關心的問題。樂生可以持續這麼久，我有點吃驚。臺灣社會比樂生值得關心的議題還很多。為什麼樂生能夠持續下去？當代社會與世界仍有許多的問題，為什麼我們沒有注意到？

錢 這會不會是社會運動的問題？社會運動本質上有一種缺陷，就是會走向單一議題化，因為議題太過於集中，走向專業化，所以大家就走不出來，是不是如此呢？

林 我同意是這樣的情況。但是我覺得比較可惜的是，會造成這種現象並不是年輕人的錯，而是客觀因素的侷限。有些客觀因素年輕人也無法扭轉。不過，我會建議他們，除了自身的努力外，要考慮用更寬廣的視野來揭露當前的問題。

王 老一代的也許有「現代中國」這樣的平臺可以溝通，但現在兩岸年輕人要在何種平臺下進行互動？目前只有中國崛起的情勢，但這背後卻隱藏很多問題。觀察兩岸年輕人的互動，您覺得可能性在哪裡？

錢　新的兩岸年輕人關係，會不會變成像是與日本、韓國的關係，只剩下大眾文化的成分，共同喜歡的歌星、電影，但是除此之外，有什麼可能性呢？

林　我想這不只是兩岸的問題，而是新一代人共同的問題。新一代的年輕人，基本上缺乏一種鼓舞他們往理想奮鬥的目標，兩岸的年輕人都有這樣的問題。兩岸的交流、互相的留學，會製造更多的互動，這個情況會有，只是兩岸要交流什麼東西呢？當然不是風花雪月的事務，重點還是在於激發他們的理想主義色彩。我始終相信這是絕大多數年輕人都會有的。可是總體來講，我一直覺得目前兩岸的年輕人都太冷淡。

王　理想主義在不同的年代有不同的內容。過去的年輕人或許比較會考慮大敘述、大結構，但現在的年輕人對這些感到有距離，沒有參與感。不像您們的時代，覺得激烈地做某些事情是可以改變社會的。今天的年輕世代好像比較沒有這樣的可能性。

陳　但是今天年輕人也在社會各個層面，推動一些重要的改進。

林　您們提到的現象，我不太同意，老錢也提到過，我們太「理性」化了，但是趨勢已經轉變。這是到了二十世紀的末期一種普遍的現象，我想多少也受到後現代主義思潮的影響，後現代是很強調批判「大敘述」，認為「大敘述」會抹殺了人的個性或特性，下一步就會造成壓迫。但這會造成人們不去想大的問題，還不僅是無能為力。過去我們也不是那麼天真，覺得只要三、四個人遊行就可以改變世界，只是覺得那是我們該做的。但到了二十世紀末，我感覺到，後現代主義就造成年輕人怎麼去評價與看待社會。這股思潮的影響非常大。我們在觀察臺灣與兩岸的問題時，也不能忽略這個脈絡。

陳 在大陸，政治理想主義退潮後，整個社會赤裸裸地追求錢與權，價值虛無主義當道。年輕人的理想主義找不到出口，就可能變成憤青。最近一波的國家主義熱，跟理想主義找不到其他出口是有關的。

林 的確，理想主義也可能造成災難，不要說法國大革命、文革與納粹，這些人都是理想主義。但總體來說，理想主義在臺灣太受到壓制，這是氛圍所致。對臺灣的年輕人而言，這是較為根本的問題。年輕人該有年輕人的熱情。在人類的歷史上，理想主義縱然有缺點，但它帶來正面效果仍舊是比較多的。每一個人都曾經年輕，年輕人很重要的特色就是保有理想性。缺乏夢想、不做夢的人，就不算年輕人了，所以我希望年輕人一定要保有一些理想。唐文標曾經說「我永遠年輕」，這是他一本書的書名。我想唐文標的意思是，他自己一直保有理想的色彩，我也以此自許。我希望年輕人千萬不要到年紀大了以後，才發覺自己沒有夢想過，沒有一份為理想奮鬥的經驗，那你真會覺得這一生有點白過了的味道。為了追求理想，你可能會有很多的掙扎、很多的痛苦和犧牲，但事後回想起來，你會覺得那是十分甜美的回憶。

第六章

意識型態與第三世界再啓蒙：林孝信病中談話

陳美霞、林嘉黎
王智明編校、陳美霞修訂

（原刊於《思想》第 34 期，2017，頁 1-34）

編者說明

這篇文字是從林孝信先生辭世前與家人（主要是妻子陳美霞和女兒林嘉黎）的談話整理而來。二〇一五年四月，林孝信先生在臺南成大醫院確診為肝癌後，開始了一連串在兩岸的治療，直至二〇一五年十二月二十日溘然逝世。有鑑於孝信先生一輩子奔波於各種社會改造運動，雖然有許多的講話和零星的書寫，其思想卻沒有系統性的表述，美霞遂決定趁孝信先生仍在復原之際，請他將自己對世界的觀察做一表述，而有了這個系列的談話。從二〇一五年十月二十日開始至十一月八日結束，在不到三週的時間裡，孝信先生論及許多當代世界的重要議題，從啟蒙運動、科學革命，至新自由主義。最關鍵的是，孝信先生從意識型態的問題意識出發，去整理與檢討過去兩百年的人類文明史，並指向了第三世界復興以及第三世界啟蒙這兩個至關重要的問題，其視野之宏大、關切之深刻，令人動容。

這份談話的逐字稿原有十萬字左右，除了思想性的內容，亦可看見家人與孝信之間的深厚感情。然而，為了讓孝信先生的思想能夠集中展現、不受干擾，經美霞同意，我刪去了家人的發言以及部分重複的內容，並且對口語紀錄的措辭做了相當程度的改寫，讓講話的內容更為集中緊密，也更易於閱讀。雖然改寫無法保留孝信先生講話的原汁原味，但改寫的文字基本上是以孝信先生的思考與邏輯為中心，並且力求符合他的原意。有些不能確定原意，或講話中較為隨意的評論，為求精確與避免不必要的爭議，本文亦不得已捨之不用，大幅刪節。保留下來的部分大體呈現了孝信先生的知識素養與社會關懷，尤其他結合科學與人文的能力，令人嘆服。

我們也可以在孝信先生的娓娓道來之間看到一個知識分子的風采。

這個談話分為兩部分，第一部分取自十月二十日至十月二十八日的討論，主要集中在東方主義與新自由主義的意識型態上。第二部分取自十月二十九日至十一月八日的討論，主要的焦點在於公民社會的討論與科學革命的歷史背景。孝信先生在談及實證主義後，還有一些關於公有制與私有制的討論，但是非常零碎而不完整，在此只好捨棄。整體而言，這個講話試圖概括兩百年來世界大勢的發展，從殖民主義的派生物東方主義的批判出發，進而理解意識型態在殖民與冷戰時期的作用，再而深入公民社會在西方語境中的討論，並以科學革命的歷史背景來補充二十世紀革命意識型態發展的討論。在這個意義上，孝信先生的講話一方面提供了重新思考左翼政治的歷史與意識型態背景，另一方面亦提示了第三世界知識分子對於當前的世界大勢仍有責無旁貸的使命。儘管他的一些想法未必人人可以接受，但是作為戰後世代、帶有左翼關懷的知識分子與社會改造者，孝信先生的看法還是有一定的代表性，值得我們反芻與玩味。

文中的小標題為編者所加。同時，為了補充文中的討論，編者也增加了些許腳注，協助讀者理解孝信先生的微言大意。

最後，原文出版於《思想》時有些訛誤未及修改，特別向讀者與美霞致歉。本章經美霞校訂後，已更正前稿之誤，特此說明。

王智明

第一部分

兩種意識型態

我們現在討論的是「意識型態」在二十世紀下半葉的發展。從一九八〇年代開始，隨著冷戰逐漸接近尾聲，到了一九九〇年左右整個蘇聯解體，所謂社會主義陣營整體崩塌，「意識型態」在這個歷史過程中發揮了重要的作用。可是另一方面，西方資本主義也在積累新的意識型態，為美國主導的世界資本主義、全球文化主義提供服務。因此，二十世紀八〇年代以來逐漸發展出兩種意識型態：其中一種就是資本主義全球化的意識型態，這個意識型態後來有人用一個名詞來概括它，就是「新自由主義」。這方面的討論非常多，暫時略過不提。另外一種意識型態則較隱晦，但是非常重要，也是一般學界比較忽略的，那就是怎麼看待第三世界的興起，或是說「第三世界」（或是晚近較為流行的「全球南方」）作為一種意識型態。這種意識型態，沒法用一個簡單的名詞來表達，因為西方主流媒體不太直接探討它。但是，它在未來三十年內會掀起一個很大的發展和變化，或者是發揮很大的作用。

這個意識型態可以追溯到一、兩百年以前，甚至到三百年前。當西方帝國主義開始對外侵略，在世界大部分地區建立殖民地的時候，這個意識型態就悄悄形成了。這個意識型態形成後，後來西方有些學者就以「東方主義」（orientalism）名之。這個「東方主義」的稱號其實很奇怪，它跟西方的經驗主義、理性主義不一樣，不是一個很嚴謹的、有思想架構或理論架構的東西；它也不像是社會主義或資本主義那樣有著清楚的體制。東方主義其實只是在說明一種意識型態，這個意識型態在當時西歐國家殖民世界的時候，發揮過很大的作用。我們可以從薩依德的名著《東方主義》中看到它的作用和效果。這種意識型態基本上認為：第一，東方是劣等的，而西方是先進的；第二，西方所謂的侵略，其實是把文明帶給落後的東方。這樣的論斷深深根植在東方被殖民者的心裡。被殖民者認為，東方在文明的表現上不如西方，不只是在科學技術上，而是在文明的每一個方面都不如西方。他們衡量一切問題的尺度，都是以西方為標準，例如民主、自由、人權這類的論述，現在已經形成孔恩所說的，牢不可破的思想典範。

在「東方主義」的思想桎梏下，東方目前面臨兩大挑戰：一是在全球化壓力下要發展的挑戰，作為發展的後進國，東方處在比較不利的起點；二是在發展的線性史觀下，東方縱然拚命努力，最終成果仍有賴西方國家的認同。因此，所謂東方主義意識型態的推展，相當程度是經由第三世界國家被洗腦的知識分子代為傳播。

在這樣的意識型態下，過去兩、三百年來深受帝國主義殖民壓迫與侵略的東方，不容易翻身，其競爭劣勢亦不容易改變。就算到了今天，第三世界國家和西方國家基本上不是站在平等的立場上競爭。所以我們可以說，東方的劣勢是全球化的重要條件。全球化倘若沒有以它作為條件，那麼全球化就不見得有利於那些資本主義大國，即所謂G7、G8這些國家。但它們用這個意識型態緊緊壓住第三世界新興國家，所以新興國家不僅對過去所受到的壓迫沒有辦法得到壓迫者的補償，甚至是要以非常艱難的方法，才能勉強和資本主義國家取得接近平等的地位，但這也還不是真正澈底的平等。

但是「東方主義」這個意識型態，在薩依德的《東方主義》出版之後，在西方，尤其是所謂後殖民研究興起之後，已有相當的反省。二〇〇八年西方金融海嘯以後，東方主義所隱含對東方國家的歧視受到了更深的挑戰，因為西方社會自己又發生了一個這麼大的經濟危機，使得大家逐漸失去對西方與資本主義的尊敬，再加上這段時間新興國家——特別是金磚四國，其中又以中國迅速地和平崛起——對西方國家，尤其是美國的霸權，形成相當的挑戰，也造成美國相當大的擔憂。

二十世紀八〇年代以來，意識型態又逐漸受到資本主義的主流媒體和學術界的重視，因為他們發現意識型態對於對抗蘇聯、打勝冷戰大有幫助。當時，美國在部署國際局勢時，就曾設想一旦蘇聯垮臺或蘇聯的勢力衰弱下來後，它要用什麼方式才能稱霸世界。資本主義國家從來非常重視意識型態，而後冷戰的意識型態就是新自由主義。那是為了配合推展資本主義全球化以及美國稱霸的需要。當時美國可能或多或少感覺到，在社會主義陣營垮臺後，恐怕對美國真正有挑戰力的已經不是其他的資本主義國家。那些國家都已經不是美國的對手了。它的對手也不是社會主義陣營，因為它們也已經被打垮了。唯一的挑戰就來自於廣大的第三世界，因為新興國家隨著經濟成長，逐漸重新拾回自信心。那時候，美國已經注意到這點，因而想要透過世界貿易組織這類的國際組織，將第三世界國家納入西方所規範的體系中。

新自由主義意識型態與全球化

二十一世紀上半葉，國際間比較大的意識型態潮流都與全球化相關。其中最為關鍵的就是新自由主義。它把資本主義的市場化推到一個極端，在這之前是把商品化先推到極端。所以新自由主義，基本上就是試圖把任何東西都商品化，包括國防、愛情、司法、治安，乃至於教育和醫療衛生。

從一九八〇年代以來，芝加哥學派的經濟學家就對這方面的鼓吹不遺餘力。[1] 而且開始的時候，他們把新自由主義當作實驗，而最大的一個實驗對象，就是蘇聯解體後的前社會主義新興國家。這導致蘇聯解體之後，這些國家的國民生產毛額（GDP）幾乎降了一半。原本窮人的人數大概是全國人口的百分之二——根據聯合國的定義[2]——結果一下子增加到百分之五十，財富迅速集中在少數人手上，造成社會貧富極度不公，大量的財富完全被少數人囊括而去。用俄羅斯一般百姓的血汗錢，這些俄羅斯富人在倫敦、紐約大買豪宅、大做投資。這方面

1　芝加哥經濟學派相信市場機制跟自由放任，反對任何形式的干預，尤其反對社會主義計畫經濟與凱因斯主義式的政府調控。他們也被認為是新自由主義的推手。

2　根據世界銀行所提供的各國貧窮線數據庫，一九九三年全球有十二億人口生活在極度貧窮的狀態，每天靠不到一點二五美元生活，更有二十四億人口，每天僅有不到兩美元度日。見楊芙宜編譯，〈全球十二億窮人每天不到三十八元過活〉，《自由時報》，二〇一四年十月十九日：http://news.ltn.com.tw/ news/focus/paper/822762。

的研究如今已是汗牛充棟。西方認為，把蘇聯搞垮，就是一個很大的功勞了。所以主流媒體對新自由主義這一套理論並沒有嚴肅的反省。雖然新自由主義的缺點也讓西方不安，但當時最主要的目標是反共，要把社會主義陣營搞垮。所以，只要這個目的達到了，讓俄羅斯百姓的財富被少數人囊括，多數人生活在貧困狀況，甚至餓死、凍死，他們都不在乎。因為他們根本就不在乎。

可是等到二〇〇八年金融海嘯，引發了自一九三〇年代經濟大蕭條以來的另一場世界經濟大危機，終於讓大家開始見識到新自由主義的破壞力是這麼大，包括在西方世界。所以新自由主義最近受到不少的批評與壓制。另外一方面，全球化的發展，特別是全球貿易體系的建立與世界貿易組織的成立並沒有達到美國的預期。所以美國這些年來，對WTO的推動並不像過去那樣熱衷。取而代之，美國現在積極推動各種區域性的自由貿易區。最近的跨太平洋夥伴關係協定（TPP）就是一個明顯的例子。[3] 新自由主義的意識型態本來是配合全球化的發展，但是西方發現WTO的發展並不是他們所能控制的，也沒有按照他們的意圖發展起來。所以，他們漸漸覺得新自由主義的主張與政策效果，其實並不那麼符合美國稱霸世界的要求。儘管新自由主義強調貿易絕對自由化，但是自由化的結果並不完全符合西方的利益，所以二〇〇八年金融風暴後，西方對此就漸漸顯得不太熱衷了。

東方主義

東方主義的意識型態，從薩依德的那一本書也可以看得很清楚，那是資本主義或帝國主義要殖民或侵略第三世界國家，除了武力外，一定要採用的另一套統治方法。這套方法最主要就是透過文明或文化差異讓你覺得自己不如西方。所以西方來殖民你、統治你，就是給你帶來近代文明，讓你覺得自己必須心悅誠服地接受它的殖民統治。而且不僅殖民者，連被殖民者也這麼相信，這是非常重要的。就像是基督教會強調，要到各地傳布基督的教義和福音，這種做法容易被相信與接受。當然這跟西方是一種宗教國家、基督教國家有關係。基督教就是讓你覺得基督教是在散播福音的。

譬如說像日本侵略中國的時候，他們的言論（如大亞細亞主義），我相信他們自己都知道是在騙中國人的——他們自己也不相信那是為了中國好。而東方主義是更高境界，連講的人自己都相信，因此他可以臉不紅氣不喘，以傳布現代文明之名，實行殖民統治之實。像日本有些侵略者，他們知道「我是要征服世界，你是我的工具」，他們並不是真的要把現代文明帶給被殖民者。日本有些人也知道是這麼一回事，不管是修嘉南大圳，或者是蓋臺大醫學院，其實都是殖民統治的一環。開鑿嘉南大圳，是日本為了南侵所需要的物資與建設所準備的。因為日本

3　然而，在川普上臺後（二〇一六年十一月），美國已宣布退出跨太平洋貿易夥伴，並對全球化採取反對的姿態。

國內的資源不夠支持更大規模的侵略，所以必須從臺灣搜刮更多各式各樣的財富過去。如果把臺灣弄得苦哈哈的、窮兮兮的，使臺灣人民對日本欽服的目的就不容易達到。日本中下階級未必了解這個道理，但是身分較高的統治階級，內心就明白，這事實上是在利用臺灣。可是西方十九世紀以來發展的東方主義，卻讓殖民者與被殖民者由衷地相信，殖民乃是為了帶來現代文明，替落後的東方提升文明、保存傳統。日本的在臺統治，還遠遠沒有達到像英法的東方主義這樣的境界。總之東方主義是一種意識型態，在建構出來以後連建構者都深信不疑。

東方主義的第二個主要特徵，就是透過交流的手段，培養一批學生，譬如說在印度或是在其他地方，並鼓勵和促成他們到殖民母國去留學。這些來自殖民地的留學生，一開始所學都是與科學技術方面較為相關的專業。他們畢業後，成為殖民地中下層官僚的主力，促成殖民官僚的在地化。同時為了讓殖民地的現代化（以及殖民官員子弟的教育）可以更快地展開，殖民者開始在殖民地建立西式的現代大學，逐步展開科學與文化方面的教育工作。日本殖民臺灣的經驗也很類似，一開始臺灣人大多學習科學技術，尤其是醫學，當時的臺灣學生幾乎不能念法律或政治這類的社會科學。

東方主義這種意識型態就逐漸從他們培養的這些人再灌輸給其他人，讓他們在本地的社會裡發揮作用。這個意識型態就用這種方式散播出去。意識型態的內容就是現代文明的想像，「殖民者帶來福音與現代文明」。但這不是由殖民者直接宣傳，而是由當地人自己去宣傳，那效果就更好了。統治者自己去宣傳，被殖民者會覺得那是洗腦，不易接受。但是由被殖民者自己來散播這種意識型態，被殖民者接受起來就容易得多。因此，東方主義的發展，主要仰賴了殖民地的菁英以及殖民教育體制。

然而，十八世紀西歐資本主義與殖民主義發展的過程中，出現了一個非常非常重要的事件，就是啟蒙運動。一般來說，啟蒙運動指的是，歐洲從比較蒙昧無知、被宗教完全控制的思想中解放出來，形成了一個真正思想上的民主化的開端，它也是現代歐洲融入世界的思想基礎。啟蒙運動的主要內容是：科學、理性、進步、教育，這些是啟蒙運動的核心概念。經過一個世紀左右的啟蒙運動，這幾個概念相當深刻地根植在西歐先進國家的土壤裡，也因為這樣，現代民族國家才能夠成形。也正是在這個基礎上，西歐得以開始資本主義化的發展模式，特別是在經濟方面，進而去支持十八世紀末開始對第三世界的侵略和殖民工作。對西歐而言，啟蒙運動是非常重要的歷史事件，對歐洲國家影響深遠，因為這是西歐富強的基礎，並從而被視為現代文明的象徵。

第三世界國家要抗拒東方主義的意識型態，就要有自己的啟蒙運動，這個是目前第三世界國家還很欠缺的。普遍來說，第三世界的啟蒙運動很不完整。但第三世界的啟蒙運動也不應該跟西歐、美國的內容完全一樣，所以這是一個非常大的課題。反省與批判東方主義，我們還有大量的工作要做，其中很重要的一項，就是展開第三世界的啟蒙運動。第三世界早期跟歐洲一樣都是農業社會，雖然不像歐洲受到宗教思想的控制，有一定的宗教狂熱，但是整個第三世界，包括中國，一般人的思想還是需要相當程度的改變，否則很難應付當代的各種挑戰。

第三世界的啟蒙運動

第三世界的啟蒙運動是一個很重要的課題，但到現在為止，幾乎沒有人認真討論這個問題，因為第三世界相關論述都掌握在歐美主流媒體的手裡，他們當然不會考慮這個問題。

雖然關於第三世界的論述已有不少，如阿敏（Samir Amin）這類的後殖民理論家，但是討論第三世界啟蒙運動的論述還很缺乏。阿敏的討論試圖以第三世界的論述來建立政治經濟學的解釋。用政治經濟學來了解或分析第三世界的一些結構或狀況，解釋為什麼會這樣、為什麼不那樣，但他並不是在談第三世界的意識型態問題。這些理論的層次還沒有什麼論述。第三世界的啟蒙運動非但沒有系統性的論述，在實踐上也是殘缺不全，乃至多所偏差。對第三世界的人們來說，這是未來必須共同面對的巨大課題。通過這個考驗，我相信第三世界可以發展出有別於三百年來西方的另類文明想像。那時候這個世界上才有真正的平等和多元可言。

現在所謂的多元，是「公說公有理，婆說婆有理」的多元。總之，任何人講的都對，這叫作多元。現在強調多元這件事也值得分析。照理說，西方現代文明有兩大支柱，一是科學，一是民主。可是科學跟民主內在其實有一定程度的不協調跟矛盾。科學認為，真理掌握在少數人手上。例如，伽利略的著名例子——地球是自轉，還是繞著太陽轉？——像這種問題你能用一人一票的方式來決定嗎？所以一人一票的方式，某種程度上否定了世界上有些真理並不隨著人的主觀意志而轉移。這並不是說世界上所有事物的背後都有不變的真理，但真理不變是一個不容否認的事實。就像地球自轉是肯定的事實，並不會因為投票的結果有任何的改變。這就構成了科學與民主之間的矛盾。把一人一票的形式當成民主的內涵或真理，有時候其實是反科學的。當然，科學比較深奧，科學家講的一些東西，一般人可能聽不懂，這就可能造成社會上的專家專政，違背了民主的精神與常理。何況，這半世紀以來，科學也為人類文明帶來很多的禍害，就算我們不談武器的發展，許多新科技的出現也已經為人類文明與環境帶來莫大的危機。科學家容易傲慢，因為他們覺得自己解決了很多問題，但他們可能沒有了解到這個世界太複雜了，自己所知的其實很有限。

科學和民主是近代文明很重要的成分，但整體來講，他們還是西方啟蒙運動的內容。我們期待的，當然不是要完全複製西方啟蒙運動的內容。第三世界有自己的任務、歷史條件和遭遇，因此第三世界的啟蒙內容，必然與十八世紀歐洲的啟蒙運動有所不同。何況十八世紀歐洲的啟蒙運動，產生了許多的問題。一人一票這樣的民主機制，雖然簡單易懂，卻很容易發展出民粹運動；科學則容易造成專家傲慢、科技至上以及環境的傷害。所以西方啟蒙運動不是沒有缺點，後現代主義就是敏感於啟蒙精神的缺陷，而提出對現代性的針砭和批評，從而反省歐洲中心主義的問題。但是後現代的反啟蒙批判後來卻把整個啟蒙運動都否定了，其結果就是忽略了第三世界也有啟蒙的需要；同時，歐洲中心主義的質疑使得第三世界的啟蒙失去了內涵與精神的指引。所以，第三世界的啟蒙運動事實上是零碎的，即令是科學與民主教育也是非常商品化和功利化的，進步的概念更是以「物質的進步」作為唯一的指標。所以，十八世紀的啟蒙運動的確有很多漏洞，但是對於第三世界來講還是需要的。當然啟蒙的內容是什麼，這是一個很需要探討的問題。因此，第三世界啟蒙運動的開展，不能寄希望於歐美的主流思想家，而要我們自己承擔起來。這是第三世界知識分子責無旁貸的使命。

當然，要求第三世界的思想家或知識分子破除歐洲中心主義也不是容易的事。這涉及到第三世界的力量是否正在興起或復甦。這一點，在進入二十一世紀後，我們或許看到了一些曙光，因為中國、東亞，包括東南亞、印度和非洲，過去一、二十年來進步很快，遠超過西方傳統的資本主義國家。這是未來可以審慎樂觀、持續觀察的趨勢。當然，以中國為例，第三世界內現在崇洋媚外的知識分子還是很多，但是可以樂觀期待比較有主體性的知識分子和思想家會漸漸出現。等到這些人能夠影響第三世界，他們在國內與國際輿論的話語權增加，作用就會越來越巨大。這是中國的經濟起飛與第三世界國家的復甦所帶來的意料之外的副產品，但是這個影響將會十分深遠。

革命的意識型態：從牛頓到馬克思

啟蒙運動發生在十八世紀，最主要的成就是把科學、理性、進步與教育這些概念散布給多數的人。以前多數的人都不懂，只有少數的菁英才懂得這些理念的重要。譬如說，義大利的文藝復興都是少數的菁英、貴族，或者是接近貴族的人——比方說被貴族聘去當家庭教師的人——才有機會受到影響。啟蒙運動普及科學知識，配合理性發展。因為科學認為，世界是具有合理性、是有規律的存在。

透過啟蒙運動，歐洲人逐漸從封建制度與宗教的桎梏中解放出來。啟蒙運動用理性將「天啟」的信仰給打破了，原被壓抑的民間力量被釋放出來，推動了後來的法國大革命。法國大革命雖然過程曲折、結果血腥，但是總體來講，是把歐洲的政治從集權轉向民主。所以，啟蒙運動的結果就是民主政治的普及與實踐。啟蒙運動同時也釋放了資本階級。在十八世紀以前，由於地理大發現，資本階級已經透過國際經商與殖民掠奪賺了大錢，累積了大量的財富。資本階級與啟蒙運動相結合，因為他們覺得封建體制以及傳統宗教的力量，對於資本主義的創新有相當的妨礙，必須予以突破。總之，啟蒙運動推動了民主政治與資本主義的跨國發展，從而帶來了現代性的想像，影響非常深遠。

但是，一般較少提及的是，啟蒙運動的思想來源之一乃是牛頓力學，因為牛頓的科學實驗讓大家看到，大自然是有理性、有規律的。正是牛頓力學的出現，推動了科學革命，並為往後的革命意識型態奠定了思想的基礎。其實，科學革命指的就是牛頓力學。當時不少人相信，倘若我們能在人類社會找出類似牛頓力學的規律，發展出相當於「F＝ma」這樣的公式，那我們所能釋放出來的社會改造力量也許會更大。所以在整個十八、十九世紀，很多思想家都致力於為社會問題與人類文明尋找類似牛頓定律的解方，或是說試圖將複雜的社會現象以牛頓力學的簡潔公式表現出來。這是十八、十九世紀，當時歐洲很多的思想家——包括馬克思——努力在做的事。

例如，馬克思就常說要發現社會中的「運作法則」（law of motion）。所謂「運作法則」就是類似牛頓力學的概念。不只馬克思，很多其他人都如此嘗試。總之，到了十八世紀的下半葉，牛頓力學的聲望達到頂端。它不僅在科學上啟發大眾，同時也敦促人文研究採取科學的方法，為人類文明與社會問題找出類似牛頓力學的規律。首先提出以科學方法研究社會這個構想的是法國啟蒙哲學家德斯圖（Antoine Destutt de Tracy）。他為這樣的研究還提出一個新的概念，就是「意識型態」（ideology）。

一開始，意識型態就是一門學問，像物理一樣，是研究想法（idea）的學問，是一門科學的知識。所以它跟我們現在的用法很不一樣。但是德斯圖的這個構想很不容易實現，不只是因為想法不容易研究，社會行為的研究一樣很難找出可以辨識、恆常不變的規律。直到現在，實證主義者還是希望能夠找出社會行為的運作法則，但是，一直不很成功。他們主要仰賴統計的方法，分析數據，看能不能找到其中的法則或模式，作為預測的基礎。因為牛頓力學或牛頓科學之所以成功，很重要的一個原因，就是它可以提出預測。社會科學的目標也是想做出預測，寄望於F＝ma這樣具有規律性的公式。但到今天為止，始終沒有找到。如何在社會行為與現象中找到運作法則，啟蒙運動以降，最大的進展就是實證主義，其中又以孔德的貢獻最大，但他的努力距離物理學的標準還是太遙遠。

所以德斯圖提出「意識型態」後，這個想法並沒有受到太多的重視。直到後來，馬克思在反省為什麼法國發生了啟蒙運動，而德國基本上沒有這個問題的時候，意識型態這個概念才又重新被大家看見。馬克思認為，之所以法國發生大革命，而德國基本上沒有，是因為德國沒有經歷啟蒙運動。他將德國各階層的人的思想狀態做了一系列的分析，並予以非常尖銳的批判，其成果就是馬克思早年的重要著作：《德意志意識型態》。在這本書裡，馬克思借用了德斯圖的概念，雖然與德斯圖對意識型態原來的理解有些距離，但也不是完全不合理。但是因為他對德國的種種思潮都有尖銳的批判，這就使得意識型態這個概念顯得非常負面。馬克思所說的意識型態，已不是德斯圖的「想法之學」，而是一種思想的迷霧，他所謂的「虛假意識」，這也使得意識型態這個概念後來成為一個非常負面的概念。

當馬克思寫作《德意志意識型態》的時候，意識型態這個詞並不是那麼流行的。事實上，要等馬克思後來的重要著作，如《共產黨宣言》和《資本論》出版後，大家才回過頭去尋找與挖掘馬克思的早期著作。他的許多概念，如「勞動異化」以及資本主義的運作法則，有很深的影響力。因此，俄國十月革命之後，馬克思的很多手稿都被俄國拿去，並且大量收集。列寧也對這本書發表過看法。列寧認為，如果資產階級有資產階級的意識型態，那麼無產階級也要建立無產階級的意識型態。對馬克思而言，批判資產階級意識型態，是理解資本主義運動法則的重要起點，但列寧的想法不僅於此；他看到了意識型態之於治理的有效性，從而認為無產階級專政也需要一套自己的意識型態。當然，列寧的想法並非完全背離了馬克思，但是他倒轉了馬克思的批判位置，而從專政與統治的角度來理解意識型態，將之視為統治的工具。

馬克思則認為，意識型態乃是理解資本主義運行法則的關鍵起點，他尤其指出意識型態與社會關係處於顛倒的狀態，亦即意識型態反映出個人的思想與其所處的社會地位其實是脫節的——你所屬的地位是被剝削的，可是你的思想並不容許自己被剝削——從而指向反抗的路徑。馬克思念茲在茲地思考的問題就是：為什麼無產階級不會起來反抗？因為意識型態妨礙他們理解自己受剝削、受壓迫的現實，反而歸諸於命運和出身；他們看不到命運與出身背後的政治結構與歷史成因。所以，意識型態發揮了很重要的功能，使得受壓迫者不知道起來反抗。馬克思也常說，勞工階級——你不要以為他是勞工，就必然有革命性——如果不經過某種方式的改造，例如社會參與、社會實踐，或者是稱之為革命的行動，那麼他們只是「自在階級」(class-in-itself)；革命者的任務就是要把受壓迫者——特別是勞工——從自在階級變成「自為階級」(class-for-itself)。馬克思的這段表述延續了黑格爾關於主體之發展的思路，在此不細論。

不論如何，十月革命後，歐洲瀰漫著批判資本主義的氣氛，革命的意識型態又如日方中，這使得既有的資本主義政體左支右絀、難以應對；唯一有效的回應是：「不要意識型態，要科學！」相應於此，韋伯（Max Weber）這些人提倡價值與科學的分離。韋伯認為，意識型態屬於價值領域，與科學是對立的。二十世紀初，科學的聲望很高，歐洲的保守分子就希望以科學的意識型態來對抗社會主義的思潮。但這也很弔詭，因為即使是當時倡導科學哲學的維也納學派，也有相當一部分人左傾。畢竟那時候左傾，尤其在知識分子群體中，已經是普遍的現象。簡單地說，這是《德意志意識型態》出版後引起的一些衝擊和討論。意識型態在那段時間變成是社會主義者用來批判資本主義很有力的工具。特別是一九三〇年代的經濟大蕭條以及一九四〇年代帝國主義間的戰爭，其所爆發的種種問題都印證了馬克思的批判和分析是對的。

戰後左翼、冷戰與新自由主義的崛起

然而，從一九三〇年代到戰後，意識型態的論述在馬克思主義的系統內也有了新的發展。這個發展當然是跟西歐馬克思主義者所探討的一個根本問題相關：亦即，為什麼西歐沒有發生社會主義革命，或者說為什麼西歐的社會主義革命沒有成功，為什麼革命不是發生在資本主義高度發展的英國、法國或美國，而是發生在半資本主義化的俄國？這在馬克思陣營裡就引起了爭議，產生了很多不同版本的西方馬克思主義。事實上，上半世紀關於意識型態探討的發展，並不是存在於左翼與右翼之間的交鋒，而是在左翼之間與內部的爭議。左翼內部爭議就分為東方馬克思主義跟西方馬克思主義，東方馬克思主義是以蘇聯，特別是史達林領導的陣營與官方意識型態為主。西方馬克思主義就很多人，有代表性的首先是盧卡奇，接著是法蘭克福學派——阿多諾、霍克海默、馬庫色到哈伯瑪斯及他的學生，是歷經三代，至今都還活躍的學術思潮。當然每一代的學者對意識型態都有一些自己的分析，但大致上還是有一定相似性。再來，對意識型態的探討有最大貢獻的，是義大利的左翼革命家葛蘭西。葛蘭西認為，意識型態理論必須跟公民社會（civil society）的理論連繫在一起，因為他認為公民社會之所以流行某種思潮，是因為有「文化霸權」（cultural hegemony）在作用。葛蘭西認為，要形成文化霸權，僅憑個人、革命先鋒隊，還是政府的力量都未必有用，因為從上而下的思想灌輸，在他看來是注定要失敗的。他認為，意識型態的形成仰賴文化的力量，我們要爭取的正是主導文化的權力，所以才會發展出「文化霸權」這樣的概念。這也正是資本主義意識型態的形式。英國左翼歷史學家霍布斯邦也說，用少數人去宣傳或用政府的力量來灌輸意識型態是不會成功的，因為文化霸權是內在於公民社會裡頭，所以公民社會並不是一個與國家或政府對立的概念。革命所要爭取的不僅僅是國家機器，更是文化霸權，並以之引導社會的形成。但據我所知，葛蘭西講到這個地方就沒有再深入下去。事實上他只提出一個方向，到底怎麼做，他並沒有講，所以這個問題還沒有解決。[4]

到了二十世紀下半葉，冷戰爆發。美國為首，在思想上全面反共，亦即全面地否定、汙名化共產主義，而且讓一般人不能接觸。所以在一九五〇年代，在資產階級的主流媒體裡，關於意識型態已沒有新的創見和討論。但在西方，馬克思主義者還是活躍，那時候比較活躍的，一邊是代表法蘭克福學派的馬庫色（Herbert Marcuse）與佛洛姆（Erich Fromm），另一邊則是法國的結構主義。

但是，一九五〇年代的反共、肅殺之氣，那種對思想的禁錮，到一九六〇年代就開始鬆動，在美國發生了嬉皮、婦女解放、黑人民權，跟反戰等社會運動。在歐洲，這時比較多的是工人運動與學生運動。所以整個冷戰結構到一九六〇年代就開始鬆動了。一九七〇年代以後更是如此。而且在一九六〇年代的社會運動的基礎上，西方也開始受到中國文革的影響，到了一九七〇年代，西方資本主義社會裡就掀起了一股左翼思潮。但這個思潮是一個非常複雜的情形——這需要分析，但是因為很曲折，不是很容易，要花比較多的時間，所以暫時先不細講。總之，到了一九八〇年代，新自由主義的思潮興起，我們便逐步地走到了今天的這個時代來了。

新自由主義的興起要從一九七〇年代末一次滯脹經濟危機講起。這個滯脹經濟危機，源於一個事實：那就是從一九三〇年代以來凱因斯理論基本上無法解釋與因應資本經濟發展的快速變化。[5] 在這樣思想真空的狀況下，新自由主義應聲而起，想要透過更大規模的經濟自由化與私有化，來解決經濟發展停滯的問題。在政治方面，冷戰發展的結果，要求大量的軍事開支以及社會動員，國防需求優先於民生工業，這使得蘇聯在經濟上漸漸吃不消，無法持續與富庶的美國競爭；同時，蘇聯的官僚化進一步惡化，造成行政跟經濟的運作僵化，也加重了國內財政的負擔，整個國家陷入嚴重的經濟停滯與生活品質的大幅滑落。簡單地說，冷戰時期美蘇軍備競賽，包括所謂的太空探索與星戰計畫，重創了蘇聯的經濟，間接促成了社會主義陣營的最終解體。

4 有興趣的讀者可以參考 Walter L. Adamson, *Hegemony and Revolution: Antonio Gramsci's Political and Cultural Theory* [1980]（Brattleboro, VA: Echo Books, 2014）的討論。

5 凱因斯主義的基本想法是經濟的宏觀調控，將可以制約個人的獨特行為，所以在供給與需求面的平衡將可以維持經濟活動的動能，因此他主張政府可以運用財政與貨幣政策，來抵銷短期經濟循環對就業與個人所得的影響，也就是藉由政策介入來調控整體經濟發展的力道。但是一九七〇年代以降國際貿易的快速增長以及跨國金融的發展，使得一國的宏觀調控無法充分應對大量資本的流動對經濟造成的影響。因此新自由主義作為解決一九七〇年代經濟危機的方案，就以朝向放寬政府管制、全面市場化的方向著手，而造成了更大規模的私有化與壟斷。

同時，美國透過大量援助，扶助了許多亞洲國家的經濟發展，其中又以「亞洲四小龍」為典範。但是，美援不只是經濟援助，它同時也包括了經濟政策與發展模式的制定。所以，到了一九七〇年代末、一九八〇年代初，許多新興國家紛紛採用出口導向的經濟政策，促使國際貿易迅速成長。其結果就是屬於資本主義陣營的一方產生了經濟的飛躍，而共產主義陣營則陷入民生經濟的困頓，資本全球化的動能以民主之名大力地敲擊共產國家的大門。因此，在策略上，經濟全球化和貿易自由化，對美國是有益的。到了一九八〇年代，有鑑於國際貿易迅速增長，美國開始推動成立世界貿易組織，取代當時行之有年的關稅暨貿易總協定（GATT），全力破除關稅壁壘，以促成經貿全球化。雖然世界貿易組織在許多的規定上不利於第三世界國家，但是經濟成長中的第三世界國家需要國際貿易的支援，尤其是外資的引進，因此它們也樂於加入世界貿易組織，期待在經濟全球化的洪流中占得機先，順勢發展。這是新自由主義興起的重要背景。

因此，所謂的新自由主義與冷戰崩解、經濟全球化，以及後冷戰美國霸權有著密切的關聯。在二〇〇八年金融海嘯之前，新自由主義（即去除政府不必要的金融管制以開放資本市場與私有化的空間）一直被視為避免經濟停滯、開創全球資本市場的指導方針，而且這樣的發展被認為有利於美國後冷戰霸權的維繫。[6]為此，進一步反對社會主義價值、批判福利國家、拆解既有的社會安全網，就成為新自由主義更為重要的意識型態。比方說，新自由主義者認為，社會主義主張公有化、沒有效率，並且在政治上是獨裁的、不民主的。之所以如此，是因為社會主義國家沒有所謂的公民社會，民間的想法與活力無法與政府協商，其政權也因此缺乏了民主的合法性，在經濟上也欠缺民間的活力。

簡單地說，蘇聯體制不只是經濟不好、公有制沒有效率，更根本、更深刻的毛病是——大家沒有自由；而沒有自由就是獨裁。為什麼沒有自由呢？就是因為缺乏了公民社會。這一批判，當時社會主義陣營也很難招架。在這裡可以看到，所謂的公民社會，已成為葛蘭西意義上的一種文化霸權，是資本主義用以統治社會的主導性意識型態。但在西方新自由主義者的口中，這一套理論被轉移成馬克思主義就是一種意識型態，致使社會主義國家沒有公民社會。從此，公民社會變成西方世界把華沙公約國家一個一個拉到西方陣營的有利武器，從波蘭、捷克、南斯拉夫等，到烏克蘭，不一而足。同時，在中東地區，公民社會也促成了所謂的「顏色革命」，成為美國勢力介入中東政局的思想武器。這也使得整個中東和伊斯蘭世界越來越痛恨美國，以致造成了九一一恐怖攻擊的悲劇。

然而，公民社會這個概念本身並不是如此單一、真空的存在。亞當斯密就把公民社會與政治社會（political society）對立來看。黑格爾則將之視為國家意志形成的初級階段，在此之後才是政治社會的形成。馬克思則認為公民社會是孕育資本主義運動或資本主義生產的地方，勞工在此遭到剝削與異化。到了馬克思這個理論提出以後，公民社會便像意識型態一樣，成為一

6　此一觀點可參考大衛·哈維著、王欽譯，《新自由主義簡史》，上海：上海譯文出版社，二〇一〇。

般人民、尤其是工人受苦的場域。所以，讓公民社會自由運作，就是對人民的壓迫與剝削。結果從馬克思之後，資產階級對公民社會，也像意識型態一樣，往往採取一個防衛的立場。一直要到一九八〇年代，冷戰的決戰關頭，公民社會才忽然變成資本主義資產階級用來攻擊社會主義的武器，才化防衛為進攻，並且在瓦解、摧毀社會主義陣營，產生很大的效果。在後冷戰時期，美國又將之視為美國價值的一部分，推廣到第三世界，特別是伊斯蘭世界，而引發了自一九九一年第一次波灣戰爭以來美國與伊斯蘭世界巨大的文明衝突。只不過，衝突的核心不是文明與宗教，而是政治和價值。

總結來說，鼓吹公民社會、批判公有化沒效率，正是二十世紀下半葉資產階級意識型態最主要的內容。再加上新自由主義的興起以及東方主義的延續，我們大體可以看到西方的文化霸權如何得以持續不墜，也體會到第三世界自我啟蒙的重要。我們幾乎可以說，西方資產階級的歷史任務已經完成，私有化的主張大獲全勝，短期內很難改變。在任何議題上，主張公有化往往只是以卵擊石，不容易得到多數人的認同。因此，如何恢復大家對公有化的信心，不是一蹴可及的事，可能需要五十年以上，很長的時間。當前左派的一個毛病就是，總覺得對的東西就是要馬上把它實施，但這是不可能、也不能勉強的。同樣地，公民社會將如何發展與演變也值得觀察。雖然公民社會這個概念已遭受不少批評，中東國家尤其對之反感，但是短期內它仍是一個強勢有效的概念，因為它與民粹主義其實有很深的勾連。臺灣就是最典型的例子。但是大家可能還要一段時間後才會認識到民進黨的本質，理解民粹的可怕。至於新自由主義的神話，因為二〇〇八年的金融海嘯的關係，相當程度已經破滅了。但是它仍然指導著後進國家的許多政策，不容我們掉以輕心。最有趣、也面臨最大挑戰的是東方主義。這些年來，隨著新興國家經濟的崛起，歐洲中心主義不再吃香。特別具有代表性的當然是中國的崛起。中國現在已經是世界第二大經濟體，中國的發展，乃至於種種的言論，都隱約在批判東方主義，但是它能否真的發展出不同於西方的現代化道路還有待觀察。整體而言，金磚四國等新興國家的崛起會帶動第三世界力量的整體發展，這一點值得期待。

第二部分

再論公民社會

在西方，跟公民社會結合在一起的意識型態探討，到了二十世紀下半葉，變得非常蓬勃。意識型態跟公民社會連結在一起的問題非常複雜，不是三言兩語可以講清楚。公民社會的觀念比意識型態要長遠很多。就近代而言，作為社會分析的一個單位，公民社會首先是亞當斯密所引進的，並將之應用於對抗英國政治對社會的控制或影響。亞當斯密的出發點是為了讓公民社會，在不受政治的干預下，可以達致經濟的快速成長，因為當時所謂的公民社會是經濟活動的地方，政治的干預越多，越不利於經濟的發展。亞當斯密的理想就是從公民社會中撤掉政府那雙看不見的黑手，讓民間自發的活力，在「自由」的狀態中可以創造和發展。當然，這個經濟與政治（或是公民社會與政治社會）的區分是一種知識上和詮釋性的建構，但是這個區分形成了日後思想家的根本認識框架，所有的批判最終也將回到對這個認識框架的批判上。

不同於亞當斯密對公民社會的正面描述，德國哲學家黑格爾認為公民社會不過是形式上是自由的，裡頭的人其實仍處在原始狀態中。從經濟的觀點看，公民社會是一個生產社會藩籬的地方，因為在那裡主要存在兩類人：資產者跟勞動者。對黑格爾而言，這是一個不文明的狀態，因為無論是資產者或是勞動者都只關注經濟的發展和物質的欲望，不過是唯利是圖的個人；尤其勞動者，因著生存的需要，只是追求個人物質欲望的滿足，在缺乏更高的人生目標的狀態下，無法從低階的生存狀態中，透過辯證，上升到高級階段。所謂更高的人生目標，指的是黑格爾所說的「絕對意志」；唯有在絕對意志的統貫和引導下，人生才能辯證地往更高階段上升。因此，所謂的公民社會與政治社會基本上是合而為一的。唯有這樣的貫徹和統合，德國的民族精神才得以體現，民主意識才得以復興。當然，所謂的德意志精神在費希特那裡已有類似的看法，並且隱含著法西斯主義的種籽。[7]

馬克思不同於黑格爾，認為勞動者這種低階、原始的生存狀態是會改變的，因為勞動階級不會永遠停留在這種無知之中；相反地，正因為這樣的壓迫與剝削，使得他們必須找到反抗的動力和方法，從而組織起來，才能夠生存下去。如此一來，公民社會裡的勞工就可以脫離黑格爾認為的原始狀態。馬克思是從這樣的角度，來回應與修正黑格爾的理論。比較起來，黑格爾的觀點是唯心的，因為他強調某種民族精神所支撐的絕對意志將可以拯救勞工於水火，透過民族（乃至人類文明）的整體提升來改善勞動階級的生存困境。馬克思沒有繼承這個傳統，他最關心的是勞工為什麼受壓迫、受剝削，而不去反抗。所以就馬克思而言，受壓迫者是有可能經過集體反抗而理解與取得團結，因為有了團結，勞動者就不再是一個個分子化、唯利是圖的個體，而能夠辯證地從生存的原始階段上升至高級狀態。在馬克思這裡，公民社會是往政治社會的過渡，政治社會是對公民社會的克服。

所以總結這三個思想家的看法，我們可以發現，亞當斯密精準地看到了公民社會乃是資產者剝削勞動者的場域，但他只是描述，不予解決，甚至希望維持這樣的狀態，拒絕政府的介入；黑格爾認為民族精神的力量可以提升勞動者的地位；馬克思則強調勞動者必須團結起來，才能改變原始的生存狀態。透過對公民社會這個概念的分析，我們可以清楚看到十九世紀以來，西方社會有兩大主導性思潮：一是維持勞工被剝削的狀況，以維繫經濟與民族的發展，另一則是以改變勞動者困境為依歸的思想運動。

到了二十世紀的上半葉，能將公民社會與意識型態整合起來的理論家，就是葛蘭西。他指出公民社會的意識型態是維繫資本主義穩定發展的重要因素。但是資本主義之所以能夠穩定發展，不僅僅是因為公民社會的存在，更是因為公民社會裡存在著一種主導性的意識型態，或是

7　關於這點，讀者可參考 Pankaj Mishra, *Age of Anger*（New York: Farrar, Straus and Giroux, 2017）。

說文化的力量，形塑社會的發展。如此「文化霸權」不是靠少數人，或是黨的宣傳就得以實踐，而是透過滲入於日常生活的文化慣習，一點一滴累積而來。因此，對於資本主義的批判，也就轉向了對資本主義文化的批判，以及對公民社會這個文化意識型態的批判。然而，到了二十世紀下半葉，僅僅批判資本主義文化霸權是不夠的，因為冷戰的到來，亦即共產主義陣營與資本主義陣營的對抗，使得意識型態的意義產生了不同的轉變，也使得原來帶有批判意義的公民社會概念，變成了一種正面的價值。

不過，在進一步申論冷戰時期的公民社會與意識型態之前，我們有必要釐清一下從亞當斯密到馬克思這段時間裡，公民社會與政治社會這兩個概念在內容上的變化。在亞當斯密的時代，資產階級仍未全面掌權；掌控政治與社會的仍是封建貴族，因此公民社會指向的是個體化的資產階級，想要掙脫封建政治的掌握，以追求更大的財富。亞當斯密認為，公民社會全面的自由發展，不受政治干預，才是為國家累積財富的渠道。然而，在馬克思的時代，資產階級已全面掌權，公民社會不再與政府（或政治）對立，而是政府與政治的一環。公民社會裡充滿著階級的壓迫，不僅僅是資產階級對無產階級的壓迫，同時也是統治階級對被統治階級的壓迫。在這個意義上，雖然亞當斯密和馬克思都接受了公民社會與政治社會的區分，但這個區分的意義已大不相同。

因此，進入二十世紀下半葉，公民社會，相較於十八、十九世紀，已有不同的面貌。如果說十九世紀時的公民社會裡，絕大多數的人屬於勞動階級，到了二十世紀下半葉所謂的勞動階級已有許多不同的變化：我們不僅有更多領薪水的管理階層（所謂的白領乃至粉領），還有更大量的服務業與創意勞動者，同時屬於傳統勞工階級的人數，在機器自動化的取代下大幅下降。僅僅以「勞工」為基礎的勞工運動所關涉的，僅是社會裡的一部分人，所謂的弱勢不一定是「勞工」，而是以更多不同的面貌存在的社會底層。因此，從一九六〇年代開始，在西方，我們發現婦女解放運動、黑人民權運動、同志運動、環保運動以及其他各式各樣、在十九世紀並不存在的運動大量出現。同時，資產階級也開始資助所謂的「第三部門」（相對於國家與政府主導的政治社會與資產階級所主導的公民社會），透過公益活動，包括晚近常聽到的「社會企業」的推廣，來改善和化解社會裡的階級矛盾。因為公民社會裡的成員已很不一樣，當前的社會改造運動必須採取不同於十九世紀的形式。十九世紀的馬克思希望透過勞工的團結重新組織公民社會，從而將勞工從資本與勞動異化的桎梏中解放出來，但是二十一世紀的今天，這樣的目標不再可能，因為時代已不一樣了。這不只是社會結構的變化以及資本主義的自我修正，使得傳統的勞工運動變得困難，乃至邊緣化，更是因為每個社運團體都有自己的優先議程。

何況，現在所謂的社會改造者，有許多人未必是因為自身受到了壓迫而投入社會運動。在某些脈絡裡，社會運動甚至成為一種「專業」。投入社運的年輕人可能任職於某些基金會或社福團體，甚至以個體戶的方式承包公部門的案子。因為到了一九六〇、一九七〇年代，社會變得比較富裕，商品化也達到相當的程度，年輕人的就業選擇也更為多樣化。他們更願意去追求非制式的工作環境，參與社會改造運動，也改變既有的生活與勞動模式。在這個意義上，不同的社運團體有著自己的追求，但不一定有一個全局性的觀點。所以，團結雖然重要，但在這個時代裡，要橫跨不同光譜與需求來取得團結，是很不容易的事。因此馬克思依據十九世紀他所處的時代所擬定的這些策略和目標，一定要重新檢討。我們若是繼續墨守成規，不願反省，就是僵硬、教條。

那麼，這個變化怎麼發生的呢？為什麼十九世紀相對單一的公民社會到了二十世紀後會變得如此多元？這跟整個世界局勢的演變是密切相關的。十九世紀勞工運動的結果，跟馬克思所預期的並不一致。勞工運動的成果（包括社會主義革命）使得資產階級必須做出一些讓步，其原因有三：一是歐美資產階級在全世界侵略殖民、搜括物資，但馬克思的分析，雖然已經指向這個可能，尚未將全世界視為一個整體的經濟體來看待，國家的界線依然明確。這使得勞工的問題往往是在國界之內被處理，勞工的國際主義性格因而逐步被淡化為國內的「勞動權益」問題。西方國家因此可以運用其殖民獲利來支應與回應勞工的要求，從而將勞動階級的國際連繫切斷在國境線上。資本的跨國移動，一方面解決了西方國家的勞工問題，從而往福利國家的方向建設，另一方面其實是將本國的勞動成本轉嫁至前殖民地或是後來的第三世界新興國家。[8]其次，十九世紀以來科技突飛猛進，釋放了大量的生產力，也創造了巨額的財富，但同時也使得勞動力的需求逐漸下降。勞工在公民社會的比重也因而直落，影響了勞工運動的實效與發展。更重要的，是冷戰的到來，使得資本主義陣營得以藉著妖魔化共產主義而自我鞏固。公民社會內涵與理論的轉化就是在這個脈絡下發生的，成為資本主義陣營的主導性意識型態。

再談東方主義

用什麼方式能夠克服從歐洲啟蒙運動到工業革命以來，加上帝國主義的侵略所建構出來的那套——我們姑且名之為——東方主義的意識型態，是我們討論至今的核心。但要破除東方主義的意識型態並不容易。因為我們不能期待歐洲的知識分子會自動反省歐洲中心主義所造成的問題。我考察過去這一、二十年來，第三世界——特別是臺灣跟大陸兩岸的華人知識分子——的思想也是現代化的產物，可以說是東方主義的俘虜。頂多是少數的左翼分子，針對大局做出一些非常微弱、幾乎無補的批判而已，頂多只是為現代留個紀錄，見證左翼的存在，但是對於推動整個社會的改造，他們並沒有發揮出什麼特別的作用。我們現在缺乏毛澤東在中國革命時，那種能夠統觀全局、建立全局性策略觀的能力。

現在，全世界的左翼包括兩岸的華人左翼，對於左翼革命史的總結，跟我的考察大致相同，那就是想要透過奪取政權，將世界整個翻轉過來的想法，是不切實際的，也將事情看得太過簡單了。左翼一定要根據全球視野建立一個大策略或大戰略，知道這段時間我們可以做什麼、什麼事情不能做，因為做了沒用、浪費力氣，而且還會增加挫折感。當然，不能做並不表示不能進行討論，或者提升理論的分析能力。但是，不要把這個當作短期目標，譬如說十年

8　西方資本向第三世界的移轉，不只關乎勞動成本的起伏，也在金融領域造成衝擊，乃至轉化為第三世界內部的不均衡發展問題。見溫鐵軍，《八次危機》，北京：東方出版社，二〇一三。

內，或甚至是三、五年內就可以達到的目標。把這個當作目標，必定失敗無疑、挫折無疑。如何訂定適切的目標，以達致社會整體改造的終局，這個問題全球左翼幾乎都不討論，兩岸的左翼更是沒有討論。

但最近這十幾年來，第三世界力量的興起，讓我看到一種切入這個問題的方法，這切入的方法可能有些迂迴、是個「大包抄」，但可能成功。所以如果我們可以掌握好這個迂迴的變化，就可能成功。我所謂迂迴、大包抄，就是如其字義——繞到敵人背面或側翼進攻敵人——是迂迴戰術。中國大陸近年來伴隨著各方面的崛起，在國際情勢的布局上，它不與西方帝國主義硬幹，它有一個全新的布局，即「一帶一路」。「一帶一路」如果能夠成功，相當程度可以激起第三世界新興國家的自信心，這樣對於克服東方主義的意識型態，就會有相當的助益。如果這條路走得出來的話，中國不會孤立於世界，而會領導第三世界國家、新興國家、金磚四國，有效地抗衡美國的霸權。

從來強權在控制弱勢時有一個特色——強權數目很少，就是少數幾個，弱勢者則有一籮筐，強權最害怕弱勢者團結起來。東方主義的一個作用就是，瓦解弱勢團結的努力，讓你自覺沒有希望。現在，由中國來帶動，加上其他國家共同的努力，很多第三世界國家就會逐漸團結起來，這時候大家就敢於跟強權對抗，甚至回過頭來有利於克服本國那些崇洋媚外的知識分子心態。這是破除東方主義魔咒一個很重要的先決條件。因此，隨著中國經濟強大，並提出「一帶一路」的大戰略來對抗美國的重返亞洲，在如此鮮明的對比下，就更容易號召第三世界的人回應這條道路。當然少數自私自利、短視的國家，可能被美國收買，像是日本和菲律賓。但是我相信多數的人會越來越清楚，跟中國走，將更繁榮富麗；跟美國走，則要提心吊膽，甚至犧牲掉經濟的發展；雖然短期內美國會給予援助，以及一些軍艦和飛機，但長期來講，那對於國內整體的經濟成長、國民生活的提升，無所助益。二戰之後，東協最早的四個成員國中，經濟最好的是菲律賓，今天，東協國家中經濟最差的是菲律賓。菲律賓是跟著美國的屁股走。當然那是因為美國透過菲律賓的一些大家族來進行統治，只要給他們一些好處，他們就不管國家的經濟成長、民間疾苦。這個我們再找機會分析。[9]

遺憾的是，與大陸一衣帶水的臺灣，選擇了跟隨美國的道路，而置臺灣民生經濟與國家發展於不顧，任臺灣成為美國的籌碼，對抗中國。為了權力與臺獨，蔡英文政府心中其實沒有臺灣。在這個意義上，像蔡英文政府這樣的政權與知識分子可以說是東方主義的俘虜。

社會達爾文主義[10]

一八五九年，達爾文提出了著名的「演化論」，強調「物競天擇、適者生存」。而一八五九

9　川普當選後，「重返亞洲」已不再是美國政府的官方說法。同樣地，杜特蒂的菲律賓政府也不再跟著美國的屁股，而開始走「自己的路」。

10　本節與最後一節——「實證主義」——是在孝信病中談話過程中，因應以物理學及數學雙主修畢業的大女兒林嘉黎有關哲學思想方法的提問而做的分析與發揮。

年正是歐洲科學突飛猛進的時代，同時也是歐洲各國經濟實力增強，在全世界瘋狂侵略、建立殖民地的時代。

達爾文的演化論是十九世紀科學革命重要的里程碑之一。一開始當然受到很多的挑戰，但最後證明基本上他的說法是站得住腳的。基於演化論的觀點，帝國主義分子借用了「物競天擇、適者生存」的想法，來合理化他們在第三世界的侵略與殖民。我們曾經談過，西方的帝國主義需要向殖民地灌輸東方主義的意識型態，達爾文主義的發展，更使帝國主義如虎添翼，從科學的基礎上確認了西方優越、東方劣敗的觀點。因此，十九世紀的帝國主義有兩個相輔相成的面向：一是歐美國家的國富兵強，這是拳頭的一面；另一方面就是，以意識型態為輔助，甚至是強化了這樣的比較性差異。社會達爾文主義就是這樣一種以科學為根基而發展出來的帝國主義意識型態。

當然，社會達爾文主義究竟是意識型態，還是科學，還是有不少辯論的。主要原因就在於，在十九世紀科學已經成為一種權威。雖然科學未必能夠用來分析社會上的所有現象，但是科學主義的盛行，使得大家都嘗試在紛雜的社會現象中找到像是牛頓力學那樣的規律。這是「物競天擇，適者生存」這句話得以流傳久遠的原因，因為它含有一種可以預測與檢驗的規律性與普遍性。

牛頓力學最根本的主張就是，宇宙是理性的，是有規律、普遍的，並且可以預測的。這樣的觀點恰恰與基督教的宇宙觀完全相反。如果世界是上帝的創造，那麼所有的問題只能回歸於上帝。但是，世界若不是上帝創造的，而有自己的規則與理性的話，那麼人的價值就得以展現。這也是為什麼科學革命本身就是一場思想革命。牛頓力學厲害的地方就在於，它不僅能夠描繪天上行星的軌跡，更能夠藉由一個方程式——以數學這樣最根本、最純粹的形式——來描繪地面上所有的重力現象。因此，牛頓力學不只是關於星體和宇宙的理論，更是關於地面和人間的理論。這樣一來，它打破了「天堂是神聖的」的迷信，因為那些天上的，你認為是屬於天堂的星星，其實和地面上的東西服從相同的規律。牛頓力學強大之處還不只如此。當F＝ma可以應用於分析地面上的現象，它也就可以被運用於建設，例如蓋一座橋，或是設計機器和武器。科學不只可以解釋世間萬物運行的道理，也能提供解決問題、改善生活的方法。由此一來，科學的權威自然居高不下，大家也就體會到理性與教育的重要。

牛頓力學不僅找到自然界的規律，也就是物理世界的規律，它還可以根據這規律得出一個著名的方程式，就是F＝ma。而微積分就是為了解釋這個方程式而發明的。這裡有兩個預備知識得先說明：第一，物理的量都是可以測量的。這是一個非常大的思想革命。牛頓所說的質量（mass）和力（force），大家可以賦予各種神學和形而上學的詮釋，但重點是怎麼測量。測量，不是牛頓，而是伽利略的貢獻，這是伽利略被視為現代物理之父的原因。有了測量的觀念，牛頓才能發展出F＝ma這個方程式。第二，F＝ma首先應用於觀察天體。牛頓發現，我們只要固定一段時間觀察星體，就可以測量它的位置與移動速度，只要知道星體的位置和速度，根據方程式F＝ma，我們就可以推測那個星體是行星或彗星，以及它的運行速度。這個方程式一旦可以應用在人間社會，就表示社會上的現象一樣可以預測。可以預測非常重要，因為這表示理論非常可靠。將牛頓力學的原則應用到觀察社會現象的學者，其目標就是想發現「社會的運作法則」(law of the motion for society)。

這方面，最認真、最堅持探索的人就是一八三〇年代的法國學者孔德。他發展出了一整套當時叫作「社會物理學」(social physics)，即後來叫作「社會科學」的研究方法與理論。所以，有人就把孔德視為社會科學的創始者。但是社會科學的發展中，有一個重大的爭議，那就是自然科學與社會科學有沒有差別。進一步說，就是社會科學是否能夠量化的問題。量化是社會科學很重要的基礎，沒有量化（即測量與預測），社會科學就失去科學的根基，但不是所有事情都能量化的。比方說，誠實怎麼量化？愛怎麼量化？社會生活中，很多概念是無法量化的。除此之外，社會科學仰賴統計作為量化的工具，但這是有問題的。因為不管社會科學家提供了多大的樣本，找到了平均數，他們的預測還是面對不確定的風險，因為人有很多具體的差別，也會在不同情境中有不同的行為表現。可是在自然科學裡，石頭、金塊、水的質量都是穩定而普遍，因此可以測量。除此之外，物理對象可以重複做實驗，人類對象很難重複做實驗。很多人類社會的現象，都非常獨特，無法重複。為什麼社會現象很難重複做實驗？原因很多，也很複雜，例如物理對象可以任你隨時擺布，但人類不是可以隨時找來做實驗。其次，物理對象沒有記憶力，不會挑戰實驗的操作，但人就不是如此。同樣的實驗，同樣的對象，多做幾次，他可能熟能生巧，甚至投機取巧，而改變了實驗的結果，使得重複實驗變得困難。何況，記憶之外，人類還有利益的考慮，成為實驗當中存在、但不容易剔除的變數。

然而，物質也罷，力也罷，原來都是古代就有的宗教性概念。以「力」來說，其原意是上帝為了懲罰不信仰祂的人所施展的神力。所以，伽利略、牛頓等科學家是撥開了宗教的迷霧，重新掌握了宇宙的真理，並且為後來的社會科學家開創了科學方法研究社會的道路。只不過，以科學方法研究社會究竟是不是一條合適的道路，仍是一個值得論辯的問題。

比方說，我們用統計的方法來追蹤分析一個人的學習狀態與社會成就。我們或許會從中學一直追蹤到大學畢業，然後設立各種指標來分析他的成就，例如賺多少錢、擁有多少權力之類的，並在他的成就與學習狀態之間設立關聯性。這是時常可見的分析方式。但學習狀態與社會成就的關聯是不是一種「運作法則」？「運作法則」不是指兩點之間的關聯，而是一種普遍的規律。所以這樣的研究只能看到關聯，而無法解釋兩點之間發生了什麼事；既沒辦法作為變因來控制，也無法描述，因為每個人從這點到那點之間的走法和路徑會非常不一樣。這是人類社會特有的現象。但是物理的運作法則，不僅可以說明從這點到那點之間的邏輯關係，還可以解釋它的軌跡。這是社會科學，或是說統計方法沒有辦法做到的。也就是說，社會科學所發現的規律並不是自然科學所謂的「運作法則」，因為所謂的「法則」在自然科學的表現就是方程式。所以，社會科學要這麼搞，注定要失敗，但這個發展還是有一個重要的貢獻，那就是實證主義。

實證主義

實證主義告訴我們，社會科學要取得科學的身分，就要到經驗世界裡去驗證自己的假說。這個實證主義的精神對社會科學影響很大，甚至對歷史學也有很深的影響。同時，實證主義對於物理學的哲學或者說方法學，還做了比較深入的分析。在這之前，科學家不太研究這些問題，他們研究科學的內容，但對其背後的哲學概念和方法學沒有太多的關注。實證主義可說是科學哲學與方法學的開山祖師。所以，實證主義有兩項重要的貢獻：第一項就是實證的觀念。實證主義的主張要求社會科學家不能僅僅是觀察與描述，而不量化；它要求觀察和詮釋必須與客觀世界核實與驗證。研究者不能憑空想像，什麼是好，什麼是壞，什麼是勇敢，什麼是怯懦，而要有證據或數據來支持自己的觀察和假說。這對社會現象的研究造成很大的影響，這是實證主義的一大貢獻。另外一大貢獻就是對科學的方法，甚至對背後的這些概念做分析，甚至包括分析牛頓的科學概念、牛頓意義上的運作法則有什麼意義、怎麼理解，這個是它的第二大貢獻。這個貢獻隨著物理學不斷地進展，對這方面的分析也越來越精緻。可是進入二十世紀，發生了兩大科學革命——量子力學與相對論——相當程度顛覆了牛頓力學。

特別是量子力學，因為量子力學顛覆了牛頓力學裡最核心的可預測性。對於實證主義來說，這是莫大的衝擊，因為它是建築在牛頓力學的典範上，現在典範出了問題，怎麼辦？所以實證主義進入二十世紀算是遇到了挑戰。實證主義一方面要考慮如何量化，以致能實證地、科學地研究社會，另一方面它必須設法解決量化中不可預測性的問題，並且思考背後的哲學與方法學難題。

那麼為什麼量子力學對於牛頓力學有最大的顛覆性呢？這就需要進一步說明牛頓力學的原理：F＝ma，即力等於質量乘以加速度。所謂速度，就是質量的位置變化，而加速度就是速度的變化率。所以F＝ma的意思是：施加一個力量給一個東西，它就會產生一個加速度。透過這個方程式的變化，我們可以推測物質的運動。例如行星的運行：只要找到特定時間行星的位置（X），而那個位置會隨著時間變化，所以它的運動就是時間的函數，以X(t)來表示。因此，只要我們給定一個力的數值，就可以藉由這個方程式解出行星任何時刻所在的位置，甚至畫出它運行的軌跡。也就是說，我們觀察星體的位置和速度所得的結果，可以用來推定另一個時刻，同一個星體的位置與速度，這就叫因果律。不論是電磁學、熱學或後來其他的物理學說，其發現都要服從因果律。物理世界的一切都是可以預測的。這就是科學裡最重要的哲學思想與命題。

量子力學最大的革命就是顛覆了因果律。同時，相對論的發現也挑戰了我們對時間的認識。這些發現顛覆了人類幾千年來的想法。

【輯三】 側記

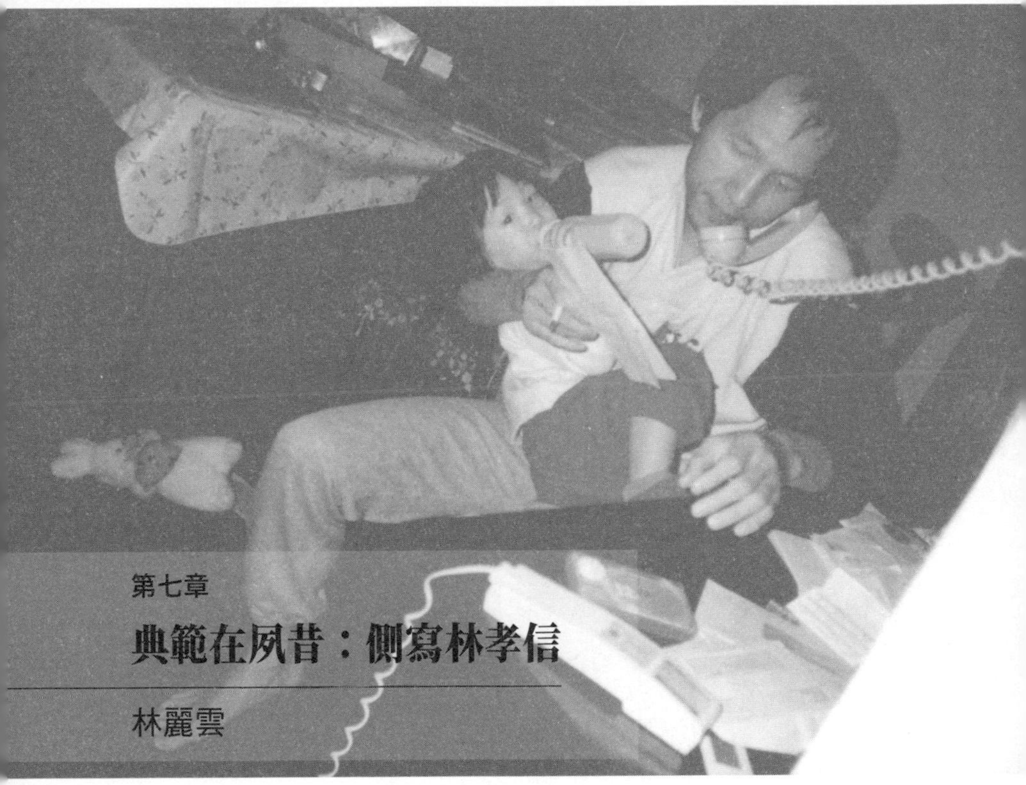

第七章

典範在夙昔：側寫林孝信

林麗雲

（原刊於《人間思想》第 12 期，2016，頁 47-49）

第一次聽到林孝信的名字是在八〇年代中期，臺灣尚未解嚴，但風雲已啟，各路好漢躍躍欲試，街頭運動一日烈過一日，就在這烽煙四起的亢奮中，我聽到友人說：「如果想買臺灣看不到的書，在美國開書店的林孝信可以幫忙。」那時節，社運風塵中，應該沒有幾個人靜得下心來看書，可我真的把這件事記下，還很好奇地詢問友人：林孝信是誰啊？

那時的林孝信被描述得有點傳奇，臺大物理系畢業、芝加哥物理博士候選人、《科學月刊》創辦人、保釣風雲人物，最重要的是，他因保釣被臺灣政府列為黑名單，無法返臺也放棄了博士學位。當下不明白的是，保衛釣魚台是愛國行為，怎麼會因此回不了家呢？日後再聽到林孝信的名字，除了保釣外，還有他和黃武雄一起推動的社區大學，以及他全島奔走鼓吹的通識教育。社區大學和通識教育都是育化他人的工程，這與我年輕時所聞：「幫他人買書」的林孝信，形象倒是一致，就是擺渡的工作，從此岸到彼岸，能渡幾人算幾人。

當然，沒有日後的臺灣戰後左翼社會史的口訪調查，我是怎麼也無法明白，像林孝信這樣的擺渡人，在六〇、七〇、八〇年代，有著成百成千的他們，冒著身家性命的危險、冒著無法返鄉的悲戚、冒著自毀前程的決絕，在臺灣以及臺灣以外的他鄉異地，戮力於將後生晚輩從絕對霸權的此岸擺渡到較為理想的彼岸。我們受惠於此，也當了解此在的歷史。

第一次採訪林孝信是為了吳耀忠的「尋畫」研究案。這場採訪其實是個意外，依稀記得好像在某個場合碰到了林孝信，問他認不認識吳耀忠，林說認識，我們也沒細問，就約他擇日見面訪問，林也爽快地答應了。二〇〇九年十一月六日，尋畫三人小組在紫藤廬對林進行訪問，雖然訪談過程幾無涉及到吳耀忠，但當晚的訪問卻拉出了臺灣戰後左翼社會史與保釣運動的線索。

根據日後研究調查，吳耀忠入獄前所參與的讀書會，劉大任是成員之一，劉於一九六六年前往美國柏克萊大學進修，因此逃過一九六八年五月的大逮捕。林孝信受訪時表示，陳映真等人被捕，劉大任應該受到很大的刺激，保釣前夕，劉早已積極運作讀書會和辦雜誌，林之所以和劉相識，就是因為聽聞三人：劉大任、郭松棻、唐文標，從美國西岸柏克萊大學一路駕車前往東岸的摩根鎮（Morgantown），拜訪就讀於西維吉尼亞大學（West Virginia University）中一群來自臺灣胸懷大志要救國救民的「大風社」成員。

從柏克萊到西維吉尼亞途中，芝加哥是交通中樞，因彼此有相識的朋友，所以劉大任等三人暫停芝加哥並與林孝信等人碰面，林也因此知道了發生在臺灣的「鄉土文學論戰」、陳映真的「臺灣民主同盟案」。林孝信對唐文標濃濃廣東腔的國語印象深刻，也驚訝於劉大任對文化大革命的狂熱。這應該是林孝信第一次接觸到來自臺灣和香港的左翼人士。根據林孝信的理解：「臺灣人至少有三、五千人和保釣有關係，但在保釣前已接觸社會主義思想的，我估計不會超過二十個，劉大任、郭松棻大概都是。」在那個時代，左翼和紅色中國有著諸多連繫，日後劉大任成為保釣運動的靈魂人物，釣運轉向統運，劉應該也起過重要的作用罷！

除了釣運前的社會主義思潮，保釣運動作為歷史事件，對那一世代的臺灣留學生而言，是社會、國家甚至世界意識啟蒙的重要分水嶺。事件衝擊下，有人選擇認同海峽對岸的共產政權，並積極加入到建設新中國的行列；也有人選擇認同新臺灣並且投入獨立建國的未來工程。但也有一批人受到社會主義的理想召喚，或隱姓埋名潛回臺灣進行基礎工作，或滯留海外支持、聲援島內的民主運動、人權運動、原住民運動、環保運動、勞工運動等。就如林孝信在訪談中所言：

另外一支就是從保釣中漸漸認識臺灣的問題，經過這番洗禮，更關心臺灣的現況，慢慢地知道了原來臺灣仍處戒嚴，過去對戒嚴沒有什麼感覺；了解臺灣的歷史，像是二二八與白色恐怖，自然而然感受到我們僅僅是參加保釣運動就受到這樣的迫害，那臺灣可能有更多人受到更多的迫害，就覺得應該支持他們。加上保釣期間，很多人竟莫名其妙地變成了黑名單，變成黑名單後反而刺激我們更加想要了解臺灣的歷史、臺灣的現況。[1]

這應該是我收到「可以幫忙買書」訊息背後的急切動力罷。不知道當年有多少後生晚輩真的請託林孝信買書並後繼成為勇猛鬥士，我雖生性駑鈍、膽怯終究未曾麻煩林孝信買書，但心中確實惦記著此人，也希望此生有緣見到此人，但那也是數十年之後的緣分了。

第二次訪問林孝信，沒想到竟是絕訪。二〇一五年三月二十四日黃昏，我跟光興去清大教育館樓下接他，剛上完課的林孝信不顯疲憊，隨後長達五小時的訪問，他始終神采奕奕、侃侃而談，如今回想，還是無法相信，當林孝信條理分明地回溯整理往事時，深藏在他體內的癌細胞卻已大肆擴張，並於月後全面爆發。也因此我對林孝信的印象，始終停格在那晚的訪談，保釣世代中一位永恆的形象：堅毅、不懈的擺渡人。

1　原編注：摘自尋畫三人小組於二〇〇九年十一月六日對林孝信所做訪談的整理稿，該訪談稿刊登於《台灣社會研究季刊》第一〇三期，二〇一六，頁一五五—一七五。歡迎有興趣的讀者進一步閱讀，亦可見本書第四章。

第八章

摸索第三條路線：追思林孝信

王智明

（原刊於《思想》第 30 期，2016，頁 131-138）

一

我和老林結緣在二〇〇三年的冬天。那年夏天我剛通過博士資格考，回來臺灣找資料，準備撰寫關於七〇年代留美學生文學與政治運動的論文。透過朋友引介，找到了當時在臺南藝術大學教書的老林，並約了到他臺南家中訪談。我當時已閱讀了一些保釣的材料，對那個運動和時代略有初步的了解，知道老林在釣運當中扮演的角色，只是當時的我更關注釣運的左傾化，而對立場較為「中間」的老林有些保留與不解。雖然初次見面不免感到生分與客氣，但老林卻是滔滔不絕地娓娓道來，從一九七一年四月十日的華府大遊行講起，一路談及他對五四和中國現代史的看法、六〇年代美國反戰的氛圍、海外華人統獨對立、釣運左傾與反美日帝國主義等問題的想法，以及保釣對他的影響。我猶記得，言談之中，老林並沒有因為學業中斷、無法回臺，乃至求職不易等事，表露出不甘或憤慨的情緒；相反地，他視之不足掛懷的態度，給我留下了深刻的印象，第一次感受到理想主義者的風範與格調，以及六〇年代的政治與文化在他身上留下的刻痕。

再次見到老林是二〇〇九年五月在新竹清華大學舉辦的保釣論壇上。那場論壇集結了當年左右兩邊的保釣青年，而老林正是核心人物，因為只有他有這個能力召集與協調這些政治光譜與立場迴異的菁英。這場論壇同時也是他把釣運帶回臺灣的一次嘗試。誠如他在開幕講演裡提到的，在尼克森訪中後，保釣運動形成了三個不同的發展方向，除了左右兩派，還有所謂的「第三條路線」，強調「即使追求中國的統一，也應該基於臺灣人民的利益與認同為基礎，真正的統一運動應該以臺灣內部人民的要求為主力」；主張第三條路線的人，因為透過釣運重新認識了臺灣，進而「去關心臺灣社會，去做啟蒙工作，去支持臺灣內部的社會運動與民主運動」。[1] 回頭想來，四十年後老林揭示保釣的第三條路線，應該不僅是為了重新商榷釣運的歷史，而是為了確立他自創辦《科學月刊》以來一直不斷努力的社會改造路線。只是釣運以降的國際與島內局勢變化，使得這條樸直務實的路線變得崎嶇坎坷，乃至左右為難。即令如此，老林仍是勇往直前，踽踽獨行地去實踐。

透過這場論壇以及後續的工作，我開始與老林有了較為密切的接觸，包括編輯清華保釣論壇的文集，協助策畫二〇一一年四月的「理想還在召喚：保釣四十年週年大會」、二〇一四年十一月的「重現狂飆年代：《大學雜誌》四十年論壇」，以及參與他自二〇一一年起即開始推動的「釣魚台公民教育計畫」。因為這些合作經驗，我得以近身觀察老林、向他學習，對他的志業也因而有些較細微的感受和觀察。

二

相信和老林工作過的朋友（特別是他的助理），都會有類似的感受，那就是老林講話總是

1　原編注：林孝信，〈保釣歷史的淵源跟對海峽兩岸的社會的意義〉，收錄在謝小芩、劉容生、王智明編，《啟蒙．狂飆．反思：保釣運動四十年》（新竹：國立清華大學出版社，二〇一〇），頁三二一。

徐徐緩緩，誠懇而堅定，但做起事來卻是急急忙忙，風火雷電。比方說十一月就要舉辦的活動，六月才開始規畫；週末就要開始的研習營，週三還在找人演講；而他要發的稿子、文件，總是不到最後關頭不見蹤影。我列舉這些經驗並不是要抱怨，而是想指出他做事的方式和處境的艱難。事實上，我曾數度向他抱怨時間太過急迫，甚至藉口推辭他的邀請，但他總是平淡而堅定地強調「事在人為」，並且搬出他搭灰狗巴士在美國奔走保釣的經驗予以說服。的確，我不得不佩服，在那個沒有手機與電郵的年代，他不顧一切投身理想的勇氣與毅力，四十年如一日。在我看來，老林是少數沒有「班底」的社會運動家，甚至專職助理也是後來才有，並且時常替換，以致許多事情他都必須親力親為。這或許部分來自於他為保釣奔走的經驗以及六〇年代的革命氛圍，但我相信這也是缺乏組織與資源的他，不得不的選擇。組織活動時，他經常扮演召集人的角色，出面邀集各方朋友（有些甚至未必志同道合），臨時成軍；缺乏經費時，他得擔起募款人的角色，各方遊走，調動資源；臨有變故時，他又得充當救火隊，臨機應變。主持會議時，他總是苦口婆心，每次都得從頭說起，這固然是他講話的風格之一，也是因為每次參與籌備會的小組成員都有變化，他必須適時照顧到每個人的感受與參與，儘可能地讓大家同心一志。

參與老林召集的活動，我常感覺自己是應著老林的道德感召與理想號召而來的，而其他人只是隨機而聚的浮萍。雖然大家都在老林的旗號下——為了保釣、社會改造，或是某種大家都有卻又兜不攏的理想主義——做事，但很少會有一種「共同感」。不論是同代，或是跨代的朋友，我們的共同感似乎僅止於「老林」這個人，或是「保釣」這個理所當然，又困頓不已的符號。於是乎活動結束後，大家又立刻星散各處，直到老林氣力用盡、告別人間的那一刻。就像是土星的光環一樣，老林保釣愛鄉、改造社會的理想主義本身亦是碎片的層積。這個不太貼切的譬喻想要強調的是：老林或許有意識地要憑一己之光照亮且聚攏臺灣社會裡的諸多碎片，但他沒有、或許也無法將這些碎片夯實為一體，形成一股更為扎實、更有現實感的社會力量。即令曾與他接觸的團體和個人都不會羞於承認老林對於他們的啟發與協助，但是這些團體和個人（包括我本身）都只是像個體戶一樣地單幹，不曾集結成一個團體。也就是說，老林所謂的保釣「第三條路線」——這個以社會公義為指標，關心、介入臺灣的方向——雖然值得肯定與重視，但實際上並沒有成為足以挑戰、改變現狀的集體力量，而只能是對散落在臺灣各地、各別的小戰場——人權、民主、勞權、公衛，乃至於其他形形色色的社會運動——的努力的指認。這當然不是老林的過錯，但它折射了臺灣社會統合與改造的艱難，而老林或許是我們這個時代能夠連繫左右、跨越統獨、接渡兩岸與今昔社會與理想的最後一人。

三

二〇一四年春，在太陽花運動的衝擊波下籌辦「重現狂飆年代」國際論壇，讓我看到老林在保釣之外的另一面，以及七〇年代之於臺灣的關鍵意義。記得是二〇一三年的初秋，老林聯絡我開會，地點在杭州南路的城鄉改造環境保護基金會。當時對於這個地點，我是完全陌生的，我既不知道該基金會的老闆是前民進黨大老張俊宏，也不清楚老林跟民進黨之間的關係，更不明白這個基金會為什麼會支持與組織一個紀念《大學雜誌》的活動。當然熟悉《大學雜誌》的朋友就會知道張俊宏先生曾經扮演過的重要角色，認識張俊宏先生的朋友也就會理解城鄉基金會的宗旨與作用。但對當時的我來說，老林與城鄉基金會的合作是件奇怪的事，不僅因為保釣與臺獨在政治想像上的高度對立，更是因為整個七〇年代老林其實不在臺灣，即令他在海外曾與當時的黨外多所接觸，也為營救陳明忠出錢出力。那麼，他要以什麼方式與立場去回顧這段已被主流論述視為臺灣民主化運動開端的過去呢？在會議海報的文案上，老林是這麼說的：

> 七〇年代是臺灣社會急劇變遷的時期。保釣運動、社會運動、民主運動，這三大運動深刻地改變了臺灣的發展，開啟日後的解嚴，完成了亞洲地區罕見的不流血民主化。四十年後，這個狂飆年代所塑造的典範還繼續煥發光芒，成了新世紀第三世界國家興起的楷模。就歷史意義層面，七〇年代不僅開啟了臺灣民主化與社會改造，她也實現了五四運動引進「德先生」的期待。可以說，代表第三世界人民爭取從帝國主義侵略壓迫解放的五四運動，其部分目標就在臺灣的狂飆年代體現了。就全球性的意義層面，二十一世紀將是建設一個民主、平等與和平的國際秩序底時代，廣大第三世界國家還在為擺脫往日的封建包袱而奮鬥，其中的重點正是民主改革。就華人社會的層面，兩岸共同歷經帝國主義與殖民主義的欺負，德先生、賽先生與抗日是當今兩岸分歧中的交集，臺灣的民主化經歷其意義不

僅止於寶島臺灣。

換句話說，老林是將臺灣的民主化運動放到第三世界的解殖歷史中來理解，從而將五四的德先生與賽先生，跟七〇年代對科學、愛國抗日與民主的追求連繫起來，並指向兩岸社會作為這個民主化運動的腹地。老林的這個看法，很重要地，挑戰了將民主化等同於本土化的主流話語，反對把「當家作主」視為民主轉型的指標，而是將之視為解殖的重要內涵。當太陽花運動將自己視為臺灣民主運動的接棒者，延續冷戰反共教條，將民主自由視為區辨兩岸的判準之際，老林的這個說法恰好提醒了我們，七〇年代以降的民主化運動不只是臺灣社會轉型的重要經驗，它同時也是中國民主化運動的先聲，並與第三世界反抗帝國霸權的意涵有所呼應。德先生與賽先生是為了自我與眾人的解放而來，而不是為了排除他者、撕裂自身。會議的作用或許不如預期，但是相對於同年春天風起雲湧的太陽花運動，老林在文案中提出的觀點，仍然值得我們深思，也打開了一扇重新理解臺灣來路的窗口。原來藍綠對立不必然是臺灣民主的

「重現狂飆年代」國際論壇海報

常態，民主也不只是爭權作態；就在不久之前的七〇年代，不僅沒有藍綠撕裂的矛盾，如今分屬兩邊的知識分子還曾經攜手協作，為共同的民主事業努力。那不僅是狂飆的年代，也是美好的年代。以藍綠的角度去看待老林與張俊宏的合作，不僅誤解了他們的立場與來路，也錯看了臺灣的歷史與民主的意義。如何認識、延續乃至擴大「第三條路線」，不為左右統獨所限，於是具有高度的現實意義。

四

雖然這些活動不過是老林漫長「過動」生涯的簡短插曲（在清華保釣論壇後，他立即投入了《科學月刊》四十週年紀念活動的規畫，同時還主編著從二〇〇五年起創辦的《通識在線》；二〇一二年釣魚台問題再次緊張的時候，他還得出面組織遊行、發表聲明、聯絡協調等等，並在隨後開辦了釣魚台公民教育計畫），但是這些活動的頻率與強度（或迫切性）相當程度反映了老林的心境、志業與困境。

老林之所以會在回臺十年後再次投入保釣運動，這反映的不僅僅是他個人志業幾近苦行僧式的追求，以及解嚴後臺灣社會的重大變化，也是理想主義實踐於當代的試煉與考驗。如同老林在訪談中強調的，「釣運的意義應該是再啟蒙運動，讓從臺灣出來的留學生能夠超越國民黨教育的框架，為臺灣未來的政治發展立定一個比較健康的基礎」。但是由於釣運與臺獨的對立，加上國民黨的黑名單封鎖，不准釣運分子回臺，使得釣運的啟蒙效果「反而沒能回饋到臺灣社會」。[2]從釣運之後到他去世，老林一直將自己作為連接與化解統獨差異的橋梁，不問黨派省籍和年紀，只要能夠協作，進行啟蒙與改造的可能，他都願意去接觸、嘗試、支持，以一己之力將大家聚攏一起，護鄉衛土、追求公平與正義。[3]老林以戎馬倥傯的一生去實踐這個理想，不論成敗，他已活出自己的價值，也為我們的時代與家國留下最具批判性，也最為溫柔的見證。

這篇文章不僅僅是為了紀念與懷念老林及其典範，也是想透過與他共事的經驗，提出一些觀察和想法，一方面思考時代與世局的變化，另一方面也探索繼承老林志業的方式。

2　原編注：見王智明，〈保釣、兩岸與理想主義：林孝信先生訪談錄〉，《思想》第三十期，二〇一六，即本書第五章。

3　原編注：在我看來，護鄉衛土是老林一生一個很重要的價值。當北美釣運轉向統運的時候，他依然執著於釣運，並將視野南望，關注當時已然風起雲湧的南海，在芝加哥發起「保沙運動」。「保沙運動」在當時雖然影響甚微，但其意義，尤其是在當前南海爭議的脈絡，不可不謂深遠。

第九章

家庭相簿裡的另一個老林

吳永毅

（原刊於《林孝信追思文集》，2016，頁 80-89）

因為負責製作告別式播放的短片，老林走後一週，從他的書房抱了近十本十幾公斤重的相簿回南藝大，再挑選了約一百六十張相片，掃描給剪接師曾吉賢備用。最後短片只用了十幾張，為了說明家庭影像所包含的歷史性和真實性，在此以兩組短片遺珠的相片來懷念或再現老林。

第一組：士林書店的書架及其他

一九八五年初，我來到加州大學柏克萊分校，那時正在建築研究所讀博士班的夏鑄九，試圖把我組織進入兩個在美臺灣人左翼社群：一個是以洛杉磯為基地、蔡建仁為核心的《臺灣思潮》社群；另一個就是以芝加哥為基地、老林為核心的「台灣民主運動支援會」（支援會）。那年暑假，夏鑄九安排我到芝加哥投靠老林，我的打工工作是協助老林籌備「士林書店」，幫忙製作書店裡的全部書架，只不過因為我第一個學期修了另類建築大師 Christopher Alexander 開設的「營造體驗」，那堂「課」就是跟隨大師當學徒，在郊區蓋一間木造車庫，學過幾種木工DIY機器操作。[1]

老林不認識我，他也應該知道我是半桶水學徒，竟然敢把書店最主要的裝潢工作交給我執行。這其實頗反映老林的行事作風，就是完全信任他的組織對象（或說讓被組織者覺得自己完全被信任），樂觀相信天下沒有做不成的事情，那時我根本沒有任何自己動手組裝一座書架的經驗：在臺灣的建築設計課，或寒暑假去事務所打工，也沒有接觸過書店的設計，因此非常惶恐，硬著頭皮從頭摸索，但老林卻是老神在在。

書店的店址原本是白人房東自己開的一家陳年五金鋪，我到芝加哥後不久，老林帶我去看店址時，房東剛要準備開始結束營業大拍賣，兩個月後才會交屋，所以不能像臺灣做裝潢那樣就地施工。老林在芝加哥大學北邊租了一間木造公寓給我當宿舍，然後那個連棟公寓沒有隔間的地下室（半層在地面），就是老林規畫的製作書架的木工廠。印象中書店的坪數不小，應該有五、六十坪，所以必須製作的書架的量當然不是業餘規模，又只有我一個「木工」，其實我打心底就不相信這是務實的規畫，也連帶懷疑老林是否是個務實的人。

但進度就在老林開著破車的公路電影式採買中展開了。我們先在五金店混亂的貨架中丈量了空間尺寸，畫平面草圖、討論動線、決定書架樣式和數量，然後收集報紙、雜誌和塞進信箱的促銷廣告，逐步買了各種工具，我模擬臺灣裝潢師傅的方法，用美國超級完備的ＤＩＹ商品，在地下室組裝了一個鋸床，建立了臨時的木工工廠。

採買本身就是一個重要過程，也是我的第一次ＮＰＯ體驗，這個體驗又完全跟老林的省吃儉用意象重疊在一起。我們一定處心積慮地挑選折扣最多的商品購買，自然不在話下；每次到五金大賣場結帳時，老林都會得意地掏出一張州政府頒發的「台灣民主運動支援會」的免稅證明，要求銀行收銀員不要收取外加的營業稅（美國的商品標價都是未稅價格）！這是我第一

1　原編注：該堂課的經驗簡述，見《左工二流誌》頁七三—七六。有關士林書店打工部分，見頁八五—八七。

次見識到國家如何間接補貼「非營利組織」，總會幻想將來長大後一定要創辦一個協會，來申請這個比任何會員卡都好用的免稅證明。

但這張免稅證明不保證通關，很多收銀員不認識他，而必須請示經理，所以我們經常在出口等著被驗明正身，老林倒並不在意，一邊等、一邊就聊起美式資本主義……不知道是那個時代的NPO免稅證明不夠常見？還是不修邊幅的老林的華人面貌、穿著，和白人慈善NPO的光環毫不相稱，所以被懷疑、攔截。老林的省錢大作戰也和那個時期他的生活費是受集體支助有關，一九七三年國民黨政府拒絕重新發給有效護照，他既放棄念書，也不能工作，所以十多個友人，每家出資一百美元支助他生活。這些人是保釣運動分裂後，認同「老林路線」——既不依賴中國大陸，也不屑國民黨的中華民國愛國主義，而主張運動應該以關懷臺灣社會為主——的友人，他們除了資助老林個人，也是支援會最主要的捐款人和募款人，是保釣「第三方」路線延續下來的物質基礎。一九八四年老林和德州奧斯汀分校有教職的美霞結婚，成為有收入的家庭，創辦書店當然有對臺灣和大陸留學生進行思想工作的運動目的，但或許也是他不想再依賴友人和老婆，要自謀生活的方案。

一九八五年我和老林朝夕相處籌備書店的那個暑假，是他婚後的第一個暑假，也是運動和他個人生涯變化的重要階段：新自由主義代言人雷根連任、鄧小平設立沿海經濟特區、江南案衝擊蔣經國政權，這個時機老林計畫在美國社會經營一個實體事業，將面對店租、庫存和周轉資金的壓力；又在集體之外多了以夫妻為單位的運動和生活核心；又重新取得合法居留權；

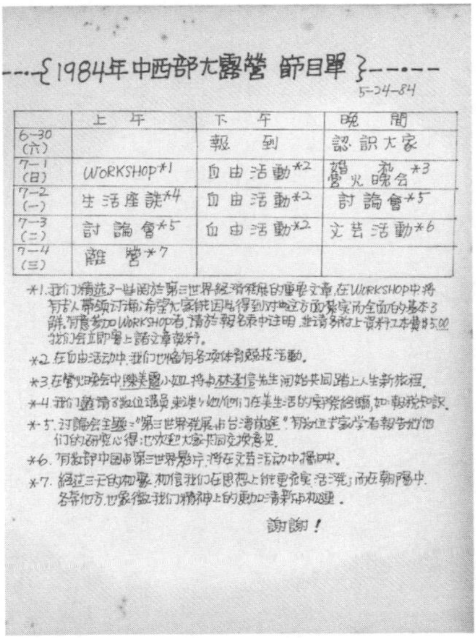

1984年中西部大露營 節目單

5-24-84

	上午	下午	晚間
6-30（六）		報到	認識大家
7-1（日）	WORKSHOP*1	自由活動*2	婚禮 營火晚会*3
7-2（一）	生活座談*4	自由活動*2	討論會*5
7-3（二）	討論會*5	自由活動*2	文艺活動*6
7-4（三）	離營*7		

*1. 我们精选了一些関於第三世界經濟發展的重要文章，在WORKSHOP中將有专人帶領讨論，希望大家能因此得到对此方面紮实而全面的基本了解。有意参加WORKSHOP者，請於報名表中註明，並請多附上资料工本費$5.00，我们会立即寄上諸文章资料。

*2. 在自由活动中，我们也將有各项体育競技活動。

*3. 在營火晚会中，陳美霞小姐將与林孝信先生開始共同踏上人生新旅程。

*4. 我们邀請了数位議員，来談々她/他们在美生活的实際經驗，如報稅知識。

*5. 討論会主題：「第三世界發展与台灣前途」，有数位专家学者報告他们的研究心得，也欢迎大家共同交換意見。

*6. 有数部中国与第三世界影片，將在文艺活动中播映。

*7. 經过三天的相聚，相信我们在思想上能更充实、活潑；而在朝陽中各奔他方，也象徵我们精神上的更加清新与朝氣。

謝謝！

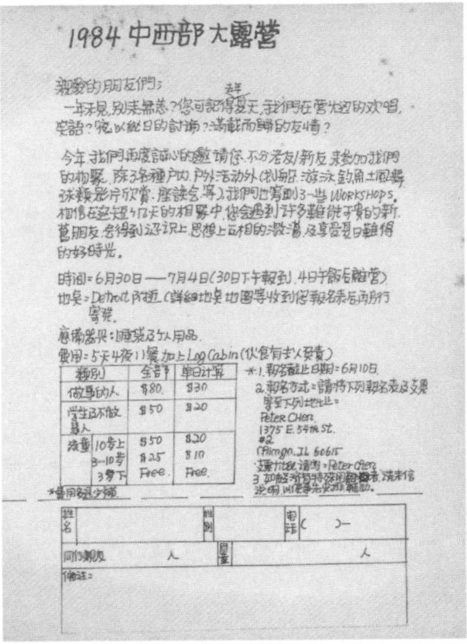

1984 中西部大露營

親愛的朋友們：

一年未見，別來無恙？您可記得去年夏天，我們在營火邊的欢唱、笑語？徹夜終日的討論？滿載而歸的友情？

今年，我們再度誠心的邀請您，不分老友/新友，來參加我們的相聚。除了各種戶內、戶外活动外（划船、游泳、釣魚、土風舞、球類、影片欣賞、座談会等），我們也策劃了一些WORKSHOPS。相信在這短短几天的相聚中，您会遇到許多難能可貴的新、舊朋友，会得到認識上、思想上互相的激蕩，及享受一段難得的好時光。

時間：6月30日——7月4日（30日下午報到，4日午飯后離營）

地点：Detroit附近（詳細地点、地圖等收到您報名表后再另行寄発。

應備器具：睡袋及个人用品。

費用：5天4夜11餐加上Log Cabin（伙食有专人負責）

類別		全部	單日計算
做事的人		$80	$30
学生及不做事人		$50	$20
孩童	10岁上	$50	$20
	3–10岁	$25	$10
	3岁下	Free	Free

*費用包括...

*1. 報名截止日期：6月10日。
2. 報名方式：請將下列報名表及支票寄至下列地址：
Peter Chen
1375 E. 54th St.
#2
Chicago, IL 60615
支票抬頭請寫：Peter Chen
3. 如經濟有特殊困難者，請來信說明，以便事先安排補助。

姓名		性別		电話	(　)—
同行親友	人	兒童	人		
備註：					

中西部大露營邀請通知（右）、節目單（左）

美霞又懷了第一個小孩（寫這篇紀念文時詢問美霞，才知道小嘉是暑假過後的十月出生）。一九八五年我二十九歲，沒有經歷在運動中面對生涯選擇的情境，根本沒有意識到後來《左工二流誌》所處理的主題——左翼實踐迷人之處正在於如何深刻認識到個體自我和親密關係，在集體生活中重新被創發，而不會被壓抑、耗損。一九八五年的老林應該正走過這個左翼存在主義層次的道路。

如果不是三十年後，在老林的家庭相簿裡看到舒詩偉手寫的一九八四年民主臺灣夏令營邀請通知，議程包括了老林和美霞將舉辦營火晚會婚禮，我記憶裡的、一九八五年夏天的他，就是個完完全全投入運動的單身漢，甚至不記得整個暑假他有沒有去德州奧斯汀看過懷孕中的美霞？

那個年代我只有能力認識一個刻板化的苦行憎，就是物質生活清苦的單一面向：永遠的菜和肉丟進一鍋的雜菜麵、一季只有兩三件可更換的衣服、一雙皮鞋和一雙跑步的球鞋、常常不刮的鬍渣（也是相簿協助找回的身體／性別記憶）。那個暑假我好像都沒下廚過，白天我如果沒有回地下室做工就在他位於Dorchester街的磚造公寓裡吃他煮的麵；有比較多客人時，偶爾會去不遠的街邊、只供外帶的中式炒飯平價店買Chop suey飯盒，因為比披薩便宜。但物質生活之外的日子用「苦」來形容就很不適當：每天早上他一定看英文報，下午打很多串聯或籌備夏令營的電話（那時沒有網路），到圖書館去讀中文報，傍晚到芝大操場跑步，剛退伍的我也都會跟著跑，晚上就是讀書會或工作會議。

逆襲他的除了國民黨之外，還有異國的大自然。應該是暑假尾端、秋季開始時，老林每年都會被某種臺灣沒有、美洲才有的樹的花粉重擊兩、三週，整天流鼻水、打噴嚏，有時頭昏到無法活動。花粉熱最嚴重的時候要用膠帶把門窗的縫都封起來，他在房間裡還是噴嚏、鼻水不斷，講一通電話要中斷好幾次。有的串聯和籌備工作不能等花季之後，老林就必須要戴口罩和整包衛生紙出門，這是很少被敘述的移民身體經驗，政治流亡者被迫在異國長期居留的可能代價之一。相簿中，美霞拍攝了同一個窗外、兩個不同季節的植物變化的照片，對我來說，那可能就是對愛人身體記憶的敏感回應。

總之，暑假結束了，我果然沒有完成書店的書架，只完成了大部分的木板裁切和榫接槽的切割（因為自以為能夠仿美國書店的書架，儘量不用釘子），還有兩、三座成功組裝起來的樣品書架（好險）。後來再遇到老林，他說起竣工階段的離奇故事：他找了賓州大學研究所畢業到芝加哥來工作的阮慶岳，在下班後到那個地下室繼續幫忙完成書架組裝。接近完工的某夜，阮慶岳撞見一群黑人在地下室圍著營火，進行某種神祕的宗教儀式，他被驚嚇，同時也可能是日夜兼差過勞，因此胃出血住院。

士林書店的書架就這樣染上跨文化的色彩，但我一張相片也沒有留下，也無法記憶為何沒有。就像多數一九八〇年代的建築系菁英，我有一臺Nikon單眼相機，用來拍彩色幻燈片或黑白相片，也帶到美國了，但一九八五年的夏天卻沒有任何紀錄。

那天到老林書房取走相簿時，當然想先找到我在芝加哥的老林記憶，翻閱幾本相簿卻沒有看見士林書店，問陪同整理相片的小嘉，是否記得有這類相片？她說：「沒有特別拍書店，只有我跟媽媽在書店裡面拍照，有看見書店的樣子。」不久她就翻到一張溫馨又記錄書架細節的珍貴影像，書架下面三層比較高、且有斜坡角度，是考察柏克萊各書店後的組裝模式，終於有圖為證。

第二組：一九八七年的民主臺灣夏令營

如前文所述，左翼社群在柏克萊分校的下線夏鑄九，費心地把他預定吸收的新人——我、王蘋（現為性別人權協會祕書長）和郭文亮（現任東海建築系副教授），輪流推介給「支援會」和《臺灣思潮》兩個左翼社群去培養，所以一九八六年暑假我們三人去了洛杉磯老湯開的五金店打工，一九八七年暑假我和王蘋又去了芝加哥打工，這次是王蘋擔任士林書店的收銀員，我負責籌備夏令營。

支援會除了發行《民主臺灣》刊物之外，每年舉辦夏令營是一個最主要的進行組織、串聯和宣傳的活動，最外顯的功能是團結保釣遺留的力量，還有讓在美留學生和定居學人繼續接觸臺灣的黨外運動，我們在夏令營認識了蘇慶黎、莫那能、南方朔、蔡仁堅；也是這些黨外運動人士到海外接觸禁忌思想的機會，營隊前後一定有閉門左翼讀書會；營隊也是串聯不同地區留學生的平臺，我們因此認識了後來返臺一起形成左翼思想戰線的「拉派」成員，如何春蕤、卡維波、鄭鴻生、瞿宛文；夏令營也是港臺運動交流的空間，在英國曾經受托派影響的梁耀忠，那年來報告他回港設立街坊工友服務處的基層工運經驗，我們回臺灣後還跟他往來多年。夏令營當然還有內部組織功能，一方面讓支援會一九七〇年代赴美的核心世代和一九八〇年代的留學生接觸；另一方面是工作隊伍的操練，我、王蘋、更資深的舒詩偉和老林同輩的老留學生阿肥（丘延亮）、更外圍的年輕留學生，都會被捲進工作團隊，磨練和培養年輕人的工作方法。

貼身協助老林籌備夏令營，確實是我學習以社團活動達到政治教育作用的重要經驗，一面熟悉解嚴前後爆發的臺灣社會議題，一面透過老林較為寬容的分析（相對於一九八六年見識的蔡仁堅毫不留情的犀利鋒芒），練習理解政治背後複雜的光譜、派系和人脈的連結的可能性。但說真的，籌備工作和營隊進行的具體內容早已遺忘，記憶深刻的是各種反叛人物出場的風采、個性，其實是另一種啟蒙的場域和方法。

1987 年夏令營，蘇慶黎主持原住民之夜。

一九八五年的暑假，我還沒和王蘋同居，被軍隊操演過的身體，青春好動尚未褪色，夏令營是政治和情欲的混雜物，印象中我、呂欽文、某個芝大經濟所的多角關係女生、另外幾個年輕人，穿著泳衣在克里夫蘭度假旅館的泳池邊逗留，壓抑著即將爆炸的曖昧張力，會場內的政治討論既遠、卻又近到是一種催促激情的作用。這種氣氛下，我只記得當時一起搖著，臺獨左派的洪哲勝和許信良來到會場坐下時，兩人褲管下都露出拉鏈沒拉到底的半筒馬靴（那是一九八〇年代秀ＭＡＮ的標記裝扮），至於他們說了什麼則不記得了。如果沒有閱覽家庭相簿，看到荷爾蒙時期的老林，我大概一直會認為老林這個苦行僧，哪裡能夠理解這種荷爾蒙當家的可笑又可愛的情境吧。

一九八七年我已經年過三十，屬「穩定

泛左翼對話

交往中」的熟男。那年營隊最令人難忘的場景，是蘇慶黎主持的原住民之夜（議程海報是我的字跡），阿能報告和唱歌之後，全場哭成一團，老林也不能倖免（萬年超愛哭的阿肥是帶頭元凶嗎？）。另一個風景就是在會場裡外不斷摟摟抱抱的小何（春蕤）和老卡（維波）這對怪咖，預見他們後來倡議性解放的跡象。老卡在場外閒聊時也向我推銷後來成為《臺灣新反對運動》論述一部分的「頑門主義」（Vandalism），語不驚人誓不休的另類風格，印證夏令營集結的泛左翼知識分子相當多元。

根據相簿裡留下的相片，一九八七年夏令營的議程有工運、理論討論（熊三和許登源兩大馬克思主義理論高手過招）、政治討論、消費者與環保運動、學生運動和原住民之夜。政治討論的安排非常反映老林的統一戰線思考，他請支援會的核心成員木口（陳杏村）主持，然後他親自下場和黨外泛左翼對話，包括前海外左獨（一九八五主張革命臺獨，一九八六放棄革命）的許信良、剛創辦《新新聞》的南方朔、新潮流的賀端藩、前進系的蔡仁堅。從一個反思性的事後諸葛角度來看，這幾股力量在歷史考驗下，終究是不可能結盟的；統一戰線最重要的還是要有自己堅強的根據地，再去統戰他人，否則只會白費力氣，或為人作嫁。

老林給了我們堅苦卓絕的典範，但老林也應該留給我們教訓。王墨林在春節前討論老林追思會報告劇時，矛盾地用一個悲劇精神說法來提供勵志的正向動能，他說：「左翼在這個歷史階段必然失敗，但卻一定要繼續堅持做下去。」意外成功的臺南老林告別式，反而告訴我們事情沒這麼簡單。那個與整體左翼挫敗毫不相符的哀榮備至場面，不可能樂觀到就是老林多年耕耘的社會力總驗收；而更矛盾的是，這或許正是治喪工作小組成功地繼承了老林的統一戰線工作方法的示範案例！對我來說，真的需要停一下再想想那場告別式（的成功）。

現實上，老林著力最多的幾個領域：工運、左翼整合、社大、通識等，基本上都是挫敗的；甚至他在南藝大的開山名課「政治經濟學」，只剩下紀錄所堅持必修，卻被很多研究生認為與創作無關而抵制。老林每次受挫「轉進」到其他領域時，都能重新組合出相對有效率的小團隊，但身邊卻沒有一個意識型態一致的、長期集體生活的核心工作隊伍。[2]

從保釣到支援會，他在社運的角色就是以海外的空間優勢，作為上位串聯者、資源整合者

2　原編注：美霞為核心的衛促會屬於這樣的團隊，但我會猶豫直接把他們歸於是老林發展的團隊。

和戰略導師，的確發揮了其特質和政治作用；解嚴後支援會的海外功能漸失，自主工運發展的黃金時期，他沒有條件回臺定居，等到一九九七年返臺，工運早已是四個派系（勞陣、紅燈左轉、勞動黨、工委會）割據和競爭的局面，容不下他擅長扮演的串聯、統戰的角色和位置。他選擇進入社區大學全國促進會和通識教育學會——都是他人既有的隊伍和地盤整理，企圖整編有限的進步力量；黃德北轉述運動圈對他「白區工作做太多，紅區工作做太少」的微詞，我覺得「太多統戰，太少根據地」也許更關鍵。

二〇一五年暑假，我認識老林滿三十年，他去廣州開刀回來，秀梅、深靖、阿偉和我，去找他談左翼整合的可能性，他反而有點意外地直接回絕了。他主張更集中力量以「釣魚台公民教育專案計畫」進行反帝宣傳，比花力氣去整合左翼更有用。然後年底他就匆匆走了，再也沒機會聽他說更詳細的理由。政治如同作戰，當然要欺敵、要以小搏大、要借力使力，所以的確他也需要告別式的場面，也就是需要老林的統戰精神和特質；可是運動又需要最後回絕我們的老林，那個決定回到根據地的老林。政治是困難的，作為一個多重運動傷害、被傷害當事人，應該沒有資格蓋棺論定我的啟蒙導師老林，但藉他的相簿來窺看左翼未來，也許算他培養我的民主膽量吧。

二〇一六年二月十九日於三芝

第十章

與老林一起工作：推動農村型社大的點滴回憶

鍾秀梅

（原刊於《在解放知識和改造社會的道路上：老林社大紀念文集》，2016，頁 30-37）

與老林一起工作不是一件容易的事，他刻苦，跟著他沒有美食享受。他喜歡開會，常常在會議中睡著。他天真地把各路人馬找在一起，最後又被謀略者篡奪努力成果。

可是，與老林一起工作卻是深刻的。他放權，尊重理想，喜好進步隊伍。他跟著大家幹活，不吝肯定一線工作者。他姿態很低，又可把思想高度拉開。無論在任何時刻，他都在奮鬥的狀態。

一些爭論

我在二〇〇三年時，因為失望於澳洲政府跟隨加入美國主導的伊拉克戰爭，參與反戰運動上街一個月阻擋無效之後，暫時失望地離開就讀的雪梨，回到臺灣。正好社區大學全促會獲得教育部支持「設立農村區域教學暨發展中心可行性評估方案」計畫，老林找我執行此案，有一年的時間，我們奔波全島，像唐吉訶德般遊走省農會、各地農會，試圖「整合社區大學與農會資源，以社區大學辦學的理念與精神，建立農村區域教學暨發展中心，以重建農村、農民與農業的生機」。

我記得我們在當年的十月十三日，成功地號召全臺六十個農會、十一所社區大學，在當時的中興新村的省農會開了一天的會議。我已經忘記是當天一早開車，還是前一天到。總之，在趕赴會議的途中，老林開著他的車，我們一路爭論，到底考慮與農會合作是否正確？老林一向會從政治經濟學的角度出發，他認為臺灣農民有一百多萬，伴隨著加入ＷＴＯ不久後臺灣農村面臨險峻的經濟、社會與政治的劣勢，社區大學可以協助農民建立自信、自尊、有公共參與能力，了解國際趨勢與資本主義市場機制，懂得維護自身利益。

我對農會是否扮演農村改革的力量存疑。我來自農村，儘管農會是現存農村社會一個相對穩定的機構，從戰後以來，扮演著農業生產、銷售、信用、教育（早期幼兒教育）、婦女家政班等功能。當時我對農會的看法來自兩方面：一方面，農會是跟政權政策緊緊貼近，是國家農業政策的執行者。二方面，農會濃厚的派系色彩與任人唯親的朋黨裙帶色彩，未能回應解嚴後幾波農民運動的主張，例如自主農業政策、全面改造農會、改革產銷政策等。

對於科學社會主義而言，任何的社會介入都有其歷史脈絡可循，如何辯證地思考社會能動性與能動者之間的關係（a relationship between agency and agent），從而改變宰制的權力關係與翻轉社會結構，確是我與老林不斷討論的焦點。老林解除黑名單回臺，花了相當長的時間聆聽興起於八十年代末期的工運、農運、學運與進步學界等重要人士的看法，甚至召集無數次漫長的整合會議，希望討論出臺灣進步力量與抵抗資本主義的未來。印象中他花了無數精神與領導遠東化纖工會運動的領導者之一羅美文，討論如何進行左翼政黨的建設。每每他回太太美霞的娘家竹田時，也會經過麟洛拜會當時農盟領袖之一的馮清春老師，交換農運心得。

到底九十年代期間，老林殷殷切切的遊說與「意圖」凝聚左翼共識有沒有效？經過十年一波又一波的民主選舉，捲進了社運界無數的能量投入，大部分敗北，少部分搭著民進黨的順風車進入代議士的行列。後來，因為投入了反水庫運動多年，已經忘記九二一地震之前與老林相關的記憶，他做了什麼？忙什麼？九二一地震期間，老林跟黃德北教授也馬不停蹄地拜訪志願前往協助災區的夥伴們，我們也在那裡相遇，之後，他致力於全島社區大學的組建。我記得有一回與老林、蘇慶黎在高雄見面，慶黎與我建議他一定要找一個助手幫忙，不然太勞累，他說想但沒有條件。我覺得老林推進社區大學的建設是他一生之中最完整與具體的成就，在此之前，海外保釣運動、九十年代「摩頂放踵，利天下而為之」的解放政治並不真切。也因此，儘管我們有爭論，前面的道路也許有陷阱，我還是願意投入工作。

與老林一起工作

二千年民進黨執政期間，財政部下令接管三十六家農會信用部，引發了二〇〇二年「一一二三」十五萬農民大遊行。往後二年，「農村真有事」，先是新港、太保一帶稻農以生產三台斤稻穀換不到一包菸的訴求上街，揭示了臺灣加入WTO進口美國稻米的困境。而後，楊儒門事件也揭竿而起。

我們適時地在事件中間組織一場「社區大學與農民團體推廣教育合作機制研討會」，這場會議「能動者」們的組成來自四方面：農委會與省農會官員（李榮雲、張顯成）、農會（二林蔡詩傑、板橋王雪慧）、農村型社區大學（旗美張正揚、宜蘭湯譜生）、農運與NGO（農漁會自救會詹澈、青芽兒舒詩偉）、農教學者（陳姿伶）、公共知識分子（彭明輝）等。與會者出奇地踴躍，沒想到我刻板印象中的「保守」農會，經過WTO、新政權的震撼，變得積極起來。

這場會議並沒有立即達到什麼共識，但有「亦各言其志也已矣」的效果。在老林的意志下，社區大學與農民團體推廣教育的分區座談分別在宜蘭、臺北、彰化等地展開，之後，陸續到各地訪問農會與社區大學成員。經過幾個月密集的工作，定下了七個目標：一、在既有農會的調查基礎下建立執行的模式；二、將在一年一度的全國社區大學研討會中呈現農村社大議題；三、深化農村調查；四、建立農村社大試點工作；五、推動二至三個農村社大試點；六、培訓農村社大參與者；七、鄉村研究網絡資料建立。

二〇〇四年三月，全促會結合名間鄉農會舉辦了「聽見田埂上的腳步聲：名間鄉農村調查工作坊」，當時以世新社發所研究生、屏東與美濃團隊、與進步學生為主力，蔡培慧、宋長青、吳怡佩、鍾怡婷、賴梅屏、李玄斌、吳儷樺、簡芳洽、枋汝蓉、劉欣恆等都參與其中。也請了時任嘉義縣政府文化局局長鍾永豐談「農村發展與家戶調查經驗」。此次調查內容有社會與家庭人口結構、農產業概況、村落自然人文地理與空間調查三大塊。

工作插曲

該年年底，楊儒門事件的爆發，老林起了一些作用。正當臺北發起聲援楊儒門運動之後，老林除了在課堂上聲淚俱下（例如南藝大政治經濟學），也積極地連繫學界、二林農會與社區大學的夥伴聲援。他告知清華大學中文系教授楊儒賓，有個他的宗親楊儒門出事，我們一群人也殺到楊儒門的家鄉二林聲援他的家屬。當時，我記錄了當天每一個人發言的內容，其中跟老林發言相關的內容如下：

全國社區大學促進會常務理事林孝信，首先肯定了二林社大在毫無資源的情況下，由志工組織了農村型社大的典範，而且在這麼短的時間內，有效的組織聲援楊儒門的行動，深感佩服。林孝信提到，因為美國反恐怖主義，臺灣社會就把楊儒門看成恐怖分子。他說，楊儒門設計十七次的白米炸彈，並沒有傷到人，這與恐怖主義不同，楊儒門是放炮要趕走鬼，是政府不重視農業，楊儒門是為臺灣社會放炮，告知節日到了。所以楊儒門是現代聖人，政府要向大家說對不起，要感謝楊儒門，不要將他汙名化。林孝信強調，現在是是非顛倒的時代，全臺灣要感謝楊家，要感謝楊儒門，現在的媒體，讓楊家付出代價，楊儒門是「二林蔗農事件」的延續，二林社大也秉持這種精神，社會要支持楊家。

冷靜思考，老林後來在全促會常務理事會被排擠，好像也不是意外之事，他政治不正確，反帝反資，為了正義勇於一戰，他不是機會主義，認為對的事就應該做，他不是馬基維利者，他是理想主義者。

結語

二〇〇五年第六屆ＷＴＯ部長級會議在香港召開，我們把楊儒門議題帶到香港、帶到國際，當時臺灣政府代表團私下告知，幸好楊儒門事件有談判的籌碼，否則，臺灣農業更慘。

當時我的澳洲的指導教授也來香港抓人，把我找回學校將博士論文寫完。回到臺灣的十年，我所感覺到的老林是孤單的，後來他放棄社區大學，想在高等教育的通識教育盡力，也碰到一些阻礙。近幾年，他感覺臺灣右翼的論述興起，重返釣魚台教育之必須，又因此鍥而不捨。

老林走了，如同在生命中許多的同行者（fellow traveller）的灰飛湮滅，我想，老林走過留下來的痕跡不滅，「天若有情天亦老，人間正道是滄桑」。

第十一章

老林與社大運動這個集體事業

陳美霞

（原刊於《在解放知識和改造社會的道路上：老林社大紀念文集》，2016，頁 20-27）

老林畢生投入臺灣正義事業數十年。從一九九八年起，他與許多公共知識分子共同投身社大運動「解放知識，改造社會」的集體事業大約有十年時間，這是老林一生中十分重要的十年。這十年間，老林以解放知識於民眾為目標、以改造社會為志業，先後投入創辦刊物傳播社大理念、建設社大理論、推動社大基礎工作、連結社運工作者及與政府對話與合作等不同工作，在臺灣社會播下「解放知識，改造社會」的理念種籽，並透過社大而在社會各層面萌發。

老林奉獻社會的精神與政治經濟學的基礎

老林返臺之後投入社大運動，與他從小建立起來的奉獻、服務社會的精神是一脈相承的，但是他獨特風格的政治經濟學，是這個十年社大行動關鍵的思想與理論基礎。

老林從小學（一九五〇年代）開始與佛結緣，參加「念佛社」，直至初中、高中，也曾經主編佛教雜誌《雷音》，從此奠定他畢生奉獻眾生、服務弱勢的人格養成。之後因為他對科學的強烈興趣，大學時期創辦《中學生科學週刊》，出國留學之後創辦《科學月刊》，這些努力，基本上來自於他立志奉獻、服務社會的初衷。而這個精神，到一九七〇年代，老林在海外參與保釣運動，才開始有了思想的深化，有了更完整的理論基礎。

保釣運動是一九七〇年代臺灣海外留學生愛鄉保土的運動。釣魚台被美日私相授受，留學生組織起來遊行抗議、辦刊物、辦座談會。但是當時政府基於政治利益的考量，不堅持保釣，甚至打壓保釣運動。對政府不熱衷保釣的失望，促使投入保釣的留學生開始學習近代史，從單純的愛鄉保土開始，他們的思想逐漸深化到對帝國主義、殖民主義、社會主義、第三世界與西方資本主義霸權等等歷史發展脈絡的認識。

老林當時在保釣運動中扮演領導角色，因此成為「特黑」的黑名單之一，護照被吊銷，在芝加哥大學的物理學博士學程，雖然已經通過資格考，也因此無以為繼。塞翁失馬，焉知非福，老林反而因此有了更多空餘的時間：他整天泡在芝加哥大學東亞圖書館，大量閱讀各方面社會科學與人文的書籍，就在這個時期，老林建立起他深厚而風格獨特的政治經濟學思想體系，對資本主義有了全面而深刻的分析與理解：資本主義制度的生存、發展與擴張是建立在剝削關係與掠奪手段之上的，而此一不公不義的制度也成為當代人類苦難、矛盾、衝突、危機，以及種種異化問題的主要根源。老林進一步認識到，因為教育制度、宣傳及媒體產業多被統治者、上位者或資本擁有者所控制，在資本社會中創造出普遍存在的「虛假意識」(false consciousness)，使絕大多數民眾無法理解社會不公平、不合理現象的根源。因此，他深信，只有批判的教育，民眾才能深刻理解資本社會問題的根源，進而產生自我賦權（empowerment）的動能，最後達到改造社會的目標。

老林在社大的集體事業與四大工作

臺灣一九八七年解嚴之後，黑名單逐漸解除，一九九六年九月我先返臺投入成大醫學院的教學與研究工作，並且為舉家返臺居住及小孩教育的問題做準備。一九九七年二月老林帶著我們兩個還在芝加哥大學實驗小學就讀的女兒返臺。一九九八年三月，一群公共知識分子組成「社區大學籌備委員會」，希望在臺灣各地設立成人高等教育的社區大學；返臺才一年的老林，理解到這正是他奉獻鄉梓的渴望、他政治經濟學的思想與理論可以實現與發揮的機會，立刻全身投入這個「解放知識，改造社會」的運動。一九九八年十二月，老林寫成〈成人教育傳統中的知識解放〉這篇在社大運動中具有標杆意義的理論建設論文。一九九八年八月到一九九九年一月籌備、創辦新竹青草湖社大。一九九九年三月，老林籌辦出以「落實高教於地方，迎接社區大學的新時代」為主題的第一屆全國社區大學研討會，引發社會廣泛關注，也帶動社會參與社大建設的熱情。其後他繼續籌辦了九屆每年都盛大舉辦的研討會，也擔任第一期到最後一期的《社區大學全國通訊》及《社大開學》的總編輯。十年中，老林為了與社大許許多多投入者共同籌辦每一年的全國社大研討會、共同編輯《社區大學全國通訊》和之後的《社大開學》，以及共同投入其他許多促進全國社區大學的建設工作，四處奔波。作為老林的親密戰友，我可以說，老林這十年是以一天當三天用、一年當三年用的方式投入的。

投入社大運動十年中，老林每次回家，都跟我分享他投入社大運動的種種工作以及所遭遇的困難，而我也在二〇〇三年開始，因為與全國社大合作推動「公衛教育在社大」的工作，而對社大的發展有些理解。寫這篇紀念文之前，我重新閱讀老林有關社大的文章、第一屆（一九九九年）到第十六屆（二〇一四年；二〇一五年沒有出版手冊）全國研討會手冊、《社區大學全國通訊》從一九九九年開始到二〇〇二年共二十七期、《社大開學》從二〇〇二年的試刊號到二〇〇五年被停刊前最後一期（第二十五期），以及社大其他重要文章。這些資料明顯展現：這十年真是社大運動轟轟烈烈、迅速發展、成就巨大的十年！

十年中，社大運動這個集體事業的大量工作，以我的粗淺體會，大致可分四大項：一、社大理論建設；二、社大運動策略的形成與推動；三、與政策制定者／機構的對話與合作；四、與社會運動行動者的對話、互動與合作。這四大項工作，內容異常豐富，可能需要幾本書的工夫才能分析敘述清楚。篇幅所限，我僅能就我的理解，十分簡略地敘述其內容。

社大理論建設包括社大與世界資本主義發展史、世界成人教育發展史、西方社會成人教育趨勢的關係；全球化、自由化、私有化趨勢對社大的意涵；知識私有化問題與社大發展的關係；知識商品化對社大發展的影響；社大知識生產的問題；拉丁美洲成人教育學大師 Paulo Freire 批判教育學與社大的實踐；社大對抗資本主義下工具理性教育取向的實踐；社會教育與高等教育的區別；社大教育與資本社會結構性問題的反省；社大教育與通識教育的關係等等。這些分析與論述，為社大運動建立了豐厚的理論基礎。

社大運動策略的形成與推動，這是社大建設的實質工作，包括社大知識解放的種種途徑、經費問題、政府計畫招標問題、法制化議題、教師養成、課程設計、社團組織、社大與社區經營的關係、教學品質、以弱勢群體／地區為對象的社區大學（原住民部落大學、農村社大、勞工社大）的推動與建立等等，後者尤其凸顯社大的特色、理想性及對弱勢的強烈關懷與行動。

與政策制定者／機構的對話與合作方面，社區大學在臺灣社會是一個新生事物，它的推動與成長需要社會的了解與支持，也需要政府機構的理解與資源的投入，因此，每一屆全國研討會都邀請中央與地方首長、官員來參與對話，其中包括教育、文化、新聞、環保、青輔、衛生、農業等等部、會、局，縣市長，甚至總統。對話的議題包括政府在社大推動及發展的角色、政府有關社大的政策、政府相關法規、社大法制化問題等等。

與社會運動工作者的對話、互動與合作，是社大運動中最具有特色、最引人注目、最令人期待的工作。我們知道，社會運動之所以發生，是反映社會體制有所缺失，有些群體或地區遭遇不公平、不合理的對待。因此社會運動的目的是要建立一個更合理、更符合公平正義的社會，因此臺灣社會改造主要的動力來源是社會運動。既然社大運動的目標一樣是改造社會，社大自然應該學習社運行動者的理想性格、熱情投入與創意，也因此需要與社運對話、互動與合作。於是，各屆全國社大研討會及全國社區大學的共同刊物中，社大與原住民、農民、勞工、新移民、教師、環保、公衛、教改、稅改、反戰、反軍購等等社會運動的豐富對話、互動與合作年年熱烈展開。社大與社運行動者都希望：社大成為社運的大學、社運工作者可以從社大開發社運幹部的來源、社運工作者可以在社運群眾中宣傳社大理念、進而協助招募社大學員。

老林十年投入社大運動中的主要做法是：發動所有認同社大「解放知識，改造社會」理念而且願意為這個使命努力的有志之士，讓他們的潛力藉由社大這個平臺發揮出來。我及許多公衛醫療界的老師及同學，就是在二〇〇三年SARS侵襲臺灣、對社會造成巨大衝擊之際被老林發動起來，因此全身投入「公衛教育在社大」全國性的行動。當時，我在《中國時報》發表〈公衛體系廢功，如何防煞〉的評論，批判公衛體系醫療化、醫療體系商品化、市場化的問題，並且提出公衛體系廢功的警告，引起臺灣社會廣泛的共鳴。我當時是成大公共衛生研究所的所長，老林跟我提議：公衛界有理想、有使命感的老師、同學們，應該藉由社區大學這個平臺，將公衛體系需要改造的理念解放出去。我請老林到成大公衛所，與全所師生談社大理念及公衛界可以與社大結合的構想。於是，「解放公衛知識，改造公衛體系」的行動就藉由社大如火如荼地在全國展開。培訓熱情、優秀、有理念、有使命感的公衛種籽師資到社大開課，進而啟動公衛改革，就成了社大「解放知識，改造社會」工程重要的一環。

從老林「被淡出」反思社大運動這個集體事業

看著上述四大項社大運動工作一年一年被眾多熱情的公共知識分子推動出來，社會對社大充滿著期待；社大如雨後春筍在臺灣各個縣市成立，學員人數遽增，投入教學的老師人數快速增加，同時社大運動維持高度的理想性及批判性——一個更合理、更公平的社會似乎指日可待。然而，深度投入到這個運動中的老林卻已經在社區大學全國促進會內部遭遇一些阻力。二〇〇七年九月，印象中是「全促會」改選第四屆第一次（二〇〇八—二〇〇九年）理監事結束當天，老林從臺北打電話給我，告訴我他被常務理事會排擠出來。老林當然是極度挫折的，好不容易建立起一個批判教育的平臺，使民眾可以經由知識的解放，自我賦權，進而改造社會，讓臺灣邁向更公平、更合理的理想社會，但這個願景與他的投入卻因全促會內部的阻力而寸步難行！在這之前，擔任《社大開學》總編輯的老林已經在二〇〇五年遭遇這個「全國社區大學的共同刊物」被迫停刊的挫折。老林在《社大開學》停刊最後一期（第二十五期）〈《社大開學》的回顧與展望〉一文[1]中指出，《社大開學》刊載社會改造的文章是爭議的焦點，其中批判「全促會」與輝瑞跨國大藥廠合作、「戰爭與和平」專輯以及ＷＴＯ與農村問題（包括楊儒門事件）的文章是被迫停刊的主因。以老林投入社大運動這個集體事業的力度及成果，社大運動失去老林的投入應該是一個巨大的損失。令人不解的是：平日倡議「公共化」的社大群體，卻沒有將這個事件公共化、集體討論：發生了什麼事？是路線之爭？是意識型態之爭？是利益的排擠？是政府運用資源的收放以納己排外？是官員意志的打手？還是其他原因？這樣的公共化討論，應該有助社大運動更健康、更順當地往前邁進。

老林畢生與許多關心臺灣社會的有志之士共同成就四大集體事業——科學普及、保釣運動、社大運動與通識教育。其中，老林與投入社大運動的許許多多公共知識分子的理想交織，共同開創出臺灣成人教育史上豐富多彩、成果傲人的珍貴十年。雖然社大運動的道路曲曲折折，這十年的集體努力卻為社大公共知識分子繼續推動「解放知識，改造社會」的集體事業打下堅實的基礎。在這個基礎上，社大後來者當能攜手，穩步邁向老林當年投入社大運動這個集體事業的目標——建立一個自由、公平、正義及沒有剝削的社會！

1 本文請見《社大開學》第二十五期，頁五五—五六。

附錄

林孝信先生生平與著作簡表

黃意涵編

林孝信　生平簡表（一九四四年四月三日—二〇一五年十二月二十日）

一九四四年　四月三日，出生於日本殖民時期臺灣臺北州臺北市。
一九五〇年　就讀宜蘭中山國小。
一九五六年　就讀宜蘭中學。
一九五九年　就讀臺北建國高中。
一九六二年　保送臺大化學系。
一九六三年　轉讀臺大物理系。
一九六四年　創辦《時空》（臺大物理系系刊）。
一九六五年　創辦《中學生科學週刊》（刊載於《臺灣新生報》）。
一九六六年　國立臺灣大學物理系畢業，入伍做預官。
一九六七年　就讀美國芝加哥大學物理研究所。
一九六八年　通過博士資格考，後開始籌辦《科學月刊》。
一九六九年　為了籌備《科學月刊》，出版簡報第一期《工作通報》以聯絡參加工作和支持的夥伴。

一九七〇年　一月，與楊國樞等人在臺北創辦《科學月刊》；七月，媒體報導日本驅趕在釣魚台附近捕魚的臺灣漁民，在海外留學生間逐漸醞釀保釣運動；十二月，普林斯頓大學臺灣留學生率先組成「保衛釣魚台行動委員會」；林孝信辦《芝加哥釣魚台快訊》週刊（後改為雙週刊），共一百五十四期。

一九七一年　一月底，參與美國第一次保釣示威遊行；四月，參與華盛頓大遊行，爾後包括林孝信在內的保釣學生開始閱讀中國近代史和左派理論；九月，參與安娜堡國是會議，發生保釣運動的左、右分裂；因參加保釣運動，被國民政府吊銷護照，無國籍，非法居留美國。

一九七六年　十二月，參與救援白色恐怖政治犯陳明忠。

一九七九年　成立「台灣民主運動支援會」；出版機關刊物《民主臺灣》，每年舉辦夏令營和座談會。

一九八四年　與陳美霞結婚；開辦士林書店。

一九八八年　解嚴後，申請恢復國籍，並首次（二十一年後）返回臺灣。

一九九七年　全家回臺；在各地兼課，包括南藝大紀錄片所、清華大學通識教育中心；擔任《中國時報》開卷「年度十大好書」評選委員。

一九九八年　推動臺灣社區大學的成立與發展。

一九九九年　創辦新竹青草湖社區大學；發起成立社團法人「社區大學全國促進會」；籌辦第一屆社區大學全國研討會（第一屆—第九屆）；擔任大學通識教育評鑑委員（教育部主辦，委託「中華民國通識教育學會」承辦）。

一九九九年　擔任中山大學共同教育委員會校外委員（一九九九—二〇〇一）。

二〇〇〇年　擔任「臺灣電視公司」董事（二〇〇〇—二〇〇二）。

二〇〇一年　擔任《社大開學》月刊總編輯（二〇〇一—二〇〇四）。

二〇〇二年　入選為「十大不可忽視人物」（《新新聞》七七四期）。國際知名的教育期刊《高等教育紀事》（*The Chronicle of Higher Education*）專文報導林孝信（"An 'Accidental Dissident' Tries to Reform Taiwanese Education: His movement seeks to merge technical training and the liberal arts"）。

二〇〇五年　擔任《南華通識教育研究》編輯委員會諮詢委員；創辦《通識在線》。

二〇〇七年　弘光科技大學特聘教授（二〇〇七—二〇一〇）。

二〇〇七年　擔任「卓越新聞獎」評審委員（二〇〇七、二〇〇九、二〇一〇）。

二〇〇九年　擔任「影像公與義」（余紀忠文教基金會）評審委員。

二〇〇九年　擔任世新大學通識中心客座教授（二〇〇九—二〇一五）。

二〇一一年　六月十八日，榮獲「杜聰明博士科學獎章」特別貢獻獎。

二〇一一年　被選為民國百年以來三十一個青年典範之一。

二〇一二年　九月，擔任「人人保釣大聯盟」召集人發起示威遊行，後成立「釣魚台研習營」。

二〇一二年　主持「釣魚台公民教育專案計畫」（二〇一二—二〇一五）。

二〇一五年　十二月二十日，於臺南市成功大學醫學院附設醫院過世，享壽七十一歲。

林孝信　著作簡表

編輯專書

二〇〇一。《臺灣社區大學導覽二〇〇一》，臺北：社團法人社區大學全國促進會。

二〇〇二。《臺灣社區大學導覽：解放知識，改造社會二〇〇二》，林孝信總編，臺北：社團法人社區大學全國促進會。

二〇〇三。《臺灣社區大學導覽：解放知識，改造社會二〇〇三》，林孝信總編，臺北：社團法人社區大學全國促進會。

二〇〇四。《臺灣社區大學導覽：解放知識，改造社會二〇〇四》，林孝信總編，臺北：社團法人社區大學全國促進會。

二〇一二。《高等教育理想與目標反思研討會論文集：世新大學五十五週年學術專書》。

期刊

一九六九。〈寫在第零期出版之前〉，《科學月刊》，第零號試刊號。

一九七〇a。〈這是你的雜誌：代發刊詞〉，《科學月刊》，一，一：四—五。

一九七〇b。〈自然界的照妖鏡：傅氏分析法簡介〉，《科學月刊》，一，二：六—一四。

一九七〇c。〈甚麼叫作「力是諧和的？」〉，《科學月刊》，一，三：四二—四三。

一九七〇d。〈金星也有盈虧圓缺〉，《科學月刊》，一，六：四四—四五。
一九七一。〈重複逼近法面面觀：兼介向量變換〉，《科學月刊》，二，六：一三—一八。
一九九〇a。〈下一個二十年：如何更成熟而不老化？〉，《科學月刊》，二一，一：十八—二〇。
一九九〇b。〈釣魚台風雲二十年〉，《中國論壇》，三一，二：八—二四。
一九九二。〈芝加哥大學的通識教育〉，《教育資料文摘》，三〇，二：二八—三五。
一九九四。〈學術發展與民間學術社群〉，《科學月刊》，二五，九：六四四—六四五。
一九九五a。〈當前通識教育的瓶頸〉，《科學月刊》，二六，一：四—五。
一九九五b。〈量子力學的革命〉，《科學月刊》，二六，五：三七七—三八六。
一九九六。林孝信、黃俊傑。〈美國的經典通識教育：經驗、問題與啟示〉，《通識教育》，三，四：一一七—一三二。
一九九七a。林孝信、黃俊傑。〈美國現代大學的理念與實踐：以芝加哥大學為例〉，《大學理念與校長遴選》。黃俊傑（編），臺北：中華民國通識教育學會，六七—一〇〇。
一九九七b。〈從學術領導看大學校長遴選〉，《大學理念與校長遴選》，黃俊傑（編），臺北：中華民國通識教育學會。
一九九九。〈左翼社會運動的展望：從局勢演變說起〉（黎建江），《左翼》，一：一—三。
二〇〇〇a。〈全球化的世紀回顧：WTO西雅圖會議的啟示〉，《左翼》，三：二一—二三。
二〇〇〇b。〈新政權的可能走向與對臺灣社運的影響〉（伍艾蘭），《左翼》，七：一二—一三。

二〇〇〇c。〈第三世界的歷史發展與發展方向〉（伍艾蘭），《左翼》，一〇：一二—一五。
二〇〇一。〈回顧與展望千禧年的科學〉，《科學月刊》，三二，一：六—七。
二〇〇二a。〈從社會實踐中解放知識〉，《社大開學》，一：四〇—四一。
二〇〇二b。〈科技與文化的饗宴：第九屆張昭鼎紀念研討會紀實〉，《科學月刊》，三三，六：五二六—五二八。
二〇〇二c。〈反科學浪潮的深層分析專輯〉，《科學月刊》，三三，九：七四六—七四七。
二〇〇二d。〈林孝信：用知識造福人群〉，游常山（編），《天下雜誌》，二六三：二〇〇—二〇一。
二〇〇二e。〈由馬告國家公園事件訪談原住民運動的處境與發展〉，楊志彬整理，《社大開學》，第〇期，頁三二一—三三五。
二〇〇二f。〈從社會實踐中解放知識〉，《社大開學》，第一期，頁四〇—四一。
二〇〇三a。〈從愛因斯坦反戰活動談起〉，《科學月刊》，三四，五：三七四—三七五。
二〇〇三b。〈反戰運動的教育意義〉，《社大開學》，第三期，頁一。
二〇〇三c。〈二十一世紀高等教育的趨勢：寫在第五屆社區大學全國研討會前夕〉，《社大開學》，第五期，頁一。
二〇〇三d。〈全國研討會的意義〉，《社大開學》，第五期，頁一六。
二〇〇三e。〈全國研討會的主題〉，《社大開學》，第五期，頁一七。

二〇〇三f。〈全國研討會大會內容導遊〉，《社大開學》，第五期，頁一八—二一。

二〇〇三g。〈高等教育的潛在革命：二十一世紀高等教育趨勢初探〉，《社大開學》，第五期，頁四八—四九。

二〇〇三h。〈人物專訪：訪：中研院副院長曾志朗〉，《社大開學》，第七期，頁一二—一三。

二〇〇三i。〈建立社區大學的雙軌制〉，《社大開學》，第八期，頁一。

二〇〇三j。〈社大出路何在（一）：高等教育與社大定位〉，《社大開學》，第八期，頁三六—三七。

二〇〇三k。〈社大出路何在（二）：社區大學與終身教育〉，《社大開學》，第九期，頁四五—四六。

二〇〇三l。〈SARS，覺醒，行動！〉，《社大開學》，第一〇期，頁二九。

二〇〇三m。〈缺乏前瞻性的「教育發展會議」〉，《社大開學》，第一一期，頁二二—二三。

二〇〇三n。〈社大出路何在（三上）：社區大學要開什麼課？〉，《社大開學》，第一一期，頁四四—四五。

二〇〇三o。〈社大的出路（三下）：社大要開什麼課？〉，《社大開學》，第十三期，頁四一—四三。

二〇〇四a。〈社大要開什麼課？〉，《社大開學》，一一：四四—四五。

二〇〇四b。〈從二十一世紀高等教育趨勢看臺灣社區大學的實踐〉，《社大開學》，第十四期，頁三七—三九。
二〇〇四c。〈豐收的一年：寫在第六屆全國研討會前夕〉，《社大開學》，第十六期，頁一。
二〇〇四d。〈社大評鑑的趨勢〉，《社大開學》，第十八期，頁一。
二〇〇四e。〈社區大學可以改善電視品質〉，《社大開學》，第十九期，頁一。
二〇〇四f。〈社區大學推動農教的意義〉，《社大開學》，第二十期，頁一。
二〇〇四g。〈由九二一看七二水災〉，《社大開學》，第二十期，頁四四—四七。
二〇〇四h。〈為什麼在社大推動公衛教育〉，《社大開學》，第二十一期，頁一。
二〇〇四i。〈戰爭或和平〉，《社大開學》，第二十二期，頁一。
二〇〇四j。〈戰爭與人類文明的發展〉，《社大開學》，第二十二期，頁三二—三四。
二〇〇四k。〈社區大學的國際意義〉，《社大開學》，第二十三期，頁一。
二〇〇四l。〈從國際成人教育的發展看臺灣社區大學的意義〉，《社大開學》，第二十三期，頁四七—四九。
二〇〇五a。〈紀念愛因斯坦談教育〉，《科學月刊》，三六，四：二五八—二五九。
二〇〇五b。〈發燒新書二：散文可以是知性的〉，《聯合文學》，二一，九：一六三。
二〇〇五c。〈什麼是通識？新世紀的通識教育目標為何？〉，《通識在線》，一：一四—一五。
二〇〇五d。〈臺灣通識教育的推動者：「通識教育學會」簡介與現況〉，《通識在線》，一：四五—四六。

二〇〇五e。〈社區學需要多少錢才辦得好？〉，《社大開學》，第二十五期，頁四三—四六。
二〇〇五f。〈《社大開學》的回顧與展望〉，《社大開學》，第二十五期，頁五五—五六。
二〇〇六a。〈大學文化與通識：二〇〇五年北京大學海峽兩岸大學文化高層論壇〉，《通識在線》，二：二六—二七。
二〇〇六b。〈現代大學的奠基者：洪堡德〉，《通識在線》，二：三〇—三三。
二〇〇六c。〈二〇〇六武漢科技大學兩岸通識教育研討會〉，《通識在線》，四：二八—三〇。
二〇〇六d。〈通識教育經典讀書會之二〉，《通識在線》，四：三六—三八。
二〇〇六e。〈多元文化教育下的三個不同面向〉，《通識在線》，六：七。
二〇〇六f。〈採訪北京大學「元培班」的報告〉，《通識在線》，六：四八—四九。
二〇〇六g。〈哈琴思改革芝加哥通識教育的歷史意義〉，《通識在線》，七：三四—三七。
二〇〇六h。〈通識教育需要核心課程嗎？〉，《通識在線》，七：八—九。
二〇〇七a。〈通識教育應當延伸為終身學習〉，《通識在線》，八：四—六。
二〇〇七b。〈「大學理念與通識教育」新探：記香港中文大學的一次經智的研討會〉，《通識在線》，九：四三—四五。
二〇〇七c。〈全球化與在地位的互動：記一場通識型的國際學術研討會〉，《通識在線》，一〇：三五。
二〇〇七d。〈武漢大學：和而不同，追求卓越〉，《通識在線》，一〇：四四—四九。

二〇〇七e。〈哈佛大學通識教育改革初探〉，《通識在線》，一一：二六—三〇。

二〇〇七f。〈學府介紹：廣東順德職業技術學院　立足地方、以人為本、崇尚品味、辦出特色〉，《通識在線》，一二：五八—六二。

二〇〇七g。〈哈佛大學通識教育改革再探〉，《通識在線》，一三：二七—二九。

二〇〇七h。〈福勒克斯那的理想國：普林斯頓高等研究院的特色〉，《通識在線》，一三：三七—三八。

二〇〇七i。〈學府介紹：廣州中山大學〉，《通識在線》，一三：五四—六〇。

二〇〇八a。〈從通識教育的盛會可以學到什麼？：記兩場通識教育國際研討會〉，《通識在線》，一四：三四—三五。

二〇〇八b。〈專業與通識的融合：當前通識教育的關鍵課題〉，《通識在線》，一五：五二。

二〇〇八c。〈回顧第十五期主題「醫學教育中的通識教育改革」：引領臺灣醫學教育的先驅者——專訪黃崑巖教授〉，《通識在線》，一六：二七。

二〇〇八d。〈復旦首開大學通識教育論壇：「面對時代挑戰的大學本科教育改革」〉，《通識在線》，一七：四五—四七。

二〇〇八e。〈為一門通識課程舉行的研討會：數學文化課程的建設〉，《通識在線》，一八：四一—四二。

二〇〇八f。〈一起來談「大學評鑑如何影響通識教育」：二十一屆通識學會研討會內容規劃構想〉，《通識在線》，一九：三六。

二〇〇九a。〈香港高教大改制〉，《通識在線》，二〇：三五—三六。

二〇〇九b。〈教育部推動通識教育大觀：第二屆通識教育發展會議紀實〉，《通識在線》，二〇：四六。

二〇〇九c。〈推行通識教育的新方法：宿舍即教室〉，《通識在線》，二〇：四七。

二〇〇九d。〈如何「通識」地教授「世界文明」課程〉，《通識在線》，二一：三四—三五。

二〇〇九e。〈兩岸建設住宿文化〉，《通識在線》，二一：四一。

二〇〇九f。〈復旦大學闖出大學教育改革的新路線〉，《通識在線》，二一：五二—五三。

二〇〇九g。〈技職教育的新里程碑：兩岸文化素養通識教育論壇紀實〉，《通識在線》，二二：三六—三七。

二〇〇九h。〈東海博雅書院喜聘首任院長：劉炯朗院長就職專訪〉，《通識在線》，二三：五一。

二〇〇九i。〈從劍橋看歐洲高等教育的演變〉，《通識在線》，二五：四八—五一。

二〇〇九j。〈數風流人物，且看劍橋〉，《通識在線》，二五—五二—五三。

二〇一〇a。〈赫欽思的高等教育理念〉，《通識在線》，二八：三一—三二。

二〇一〇b。〈科學在通識教育〉，《通識在線》，二六：三一—五。

二〇一〇c。〈中國高等教育學開拓者：專訪潘懋元〉，《通識在線》，二六：二二—二三。

二〇一〇d。〈再訪潘懋元〉，《通識在線》，三〇：二二—二三。
二〇一一a。〈十九世紀英國高等教育的質變〉，《通識在線》，三四：二七—二九。
二〇一一b。〈通識教育要評鑑了！〉，《通識在線》，三四：四〇。
二〇一一c。〈百年清華，展翅再發〉，《通識在線》，三四：四一。
二〇一一d。〈清華大學百週年專題報導：數風流人物且看清華〉，《通識在線》，三七：八三—八八。
二〇一二a。〈香港世紀性大教改：大學教育「三轉四」的來龍去脈〉，《通識在線》，四〇：四〇—四三。
二〇一二b。〈見證中國百年曲折歷程的港大〉，《通識在線》，四三：五〇—五二。
二〇一五。〈新自由主義全球化下的知識分子與社會運動〉，《台灣社會研究季刊》，九八：三六三—三六九。

報紙

〈下一個二十年　如何更成熟而不老化〉，一九八九年十二月二十二日。《中國時報》，二四。
〈從讀書人到賣書人　由如廚司掌灶〉，一九九〇年一月八日。《中國時報》，一八。
〈賣書像賣牛肉麵　如今書本是商品〉，一九九〇年一月十五日。《中國時報》，一八。
〈書用來裝飾客廳　賣書人也無奈〉一九九〇年二月五日。《中國時報》，一八。

〈替科學雜誌打分數〉，一九九九年三月十九日。《中國時報》，一八。
〈官員祈雨與民主、科學〉，一九九三年九月二十七日。《聯合晚報》，一五。
〈教育與人力資源〉，一九九三年十月二十日。《聯合晚報》，一五。
〈芝加哥四連冠〉，一九九三年十月三十日。《聯合晚報》，一五。
〈科學家的特權與枷鎖〉，一九九三年十一月二十日。《聯合晚報》，一五。
〈愛因斯坦與諾貝爾〉，一九九四年一月十三日。《聯合晚報》，一九。
〈戴森眼中的善與惡〉，一九九七年五月二十五日—五月三十一日。《新新聞》，五三三，八八—八九。
〈火星上如有生命，跟地球有相同祖宗？〉，一九九七年七月十三日—七月十九日。《新新聞》，五四〇，八〇—八三。
〈探險尋找火星人時，是否忘了地球上的貧窮人？〉，一九九七年七月十三日—七月十九日。《新新聞》，五四〇，八四—八五。
〈平息民怨有擔當政府　不該找代罪羔羊〉，一九九七年五月一日。《中國時報》，一一。
〈民進黨　在野之身竟淪為遮羞布〉，一九九七年五月十日。《中國時報》，一一。
〈索卡事件點燃罕見的科學戰爭：「科學與人文的另種對話」系列一〉，一九九七年八月三十一日—九月六日。《新新聞》，五四七，九〇—九二。
〈偽科學，似科學，反科學：「科學與人文的另種對話」系列二〉，一九九七年九月十四日—九月二十日。《新新聞》，五四九，五八—六一。

〈科學研究只是國王的新衣？：「科學與人文的另種對話」系列三〉，一九九七年九月二十一日—九月二十七日。《新新聞》，五五〇，七一—七三。

〈科學真能「求真」嗎？：「科學與人文的另種對話」系列四〉，一九九七年九月二十八日—十月四日。《新新聞》，五五一，八〇—八一。

〈新舊左派吹起鬥爭號角：「科學與人文的另種對話」系列五〉，一九九七年十月五日—十月十一日。《新新聞》，五五二，七九—八三。

〈科學不死，只是人有極限〉，一九九七年十二月二十五日。《中國時報》，四三。

〈臺灣倖免於國際集團炒作，不應洋洋得意〉，一九九八年一月二十二日。《中國時報》，一一。

〈科學與文明，美妙互動〉，一九九八年六月十八日。《中國時報》，四二。

〈冰山警訊，不可輕心〉，一九九八年十月三日。《中國時報》，一五。

〈減稅，早為美國經濟學者評為錯誤政策〉，一九九八年十月七日。《中國時報》，一五。

〈第三種文化〉，一九九八年十二月十七日。《中國時報》，四二。

〈本尊恐懼分身：桃莉震撼演化歷史：「複製羊一週年系列探討」之一〉，一九九八年三月一日—三月七日。《新新聞》，五七三，八〇—八一。

〈通往桃莉之路，魏爾穆只加了一塊磚：「複製羊一週年系列探討」之二〉，一九九八年三月八日—三月十四日。《新新聞》，五七四，八〇—八一。

〈桃莉快要變成脫韁野馬：「複製羊一週年系列探討」之三〉，一九九八年三月十五日—三月二十一日。《新新聞》，五七五，八六—八八。
〈社區大學　教改的新途徑〉，一九九九年一月二十二日。《中國時報》，一五。
〈面對經濟危機　政府要有所為有所不為〉，一九九九年三月一日。《中國時報》，一五。
〈社區大學　在崎嶇路上前進〉，一九九九年六月二十二日。《中國時報》，一五。
〈社區大學的問題與挑戰〉，一九九九年九月二十一日。《中國時報》，一五。
〈別讓災民二度傷害：政府對待弱勢者態度　亟待加強〉，一九九九年十月十四日。《中國時報》，十五。
〈行動　不要投機〉，二〇〇二年九月二十三日。《中國時報》，一五。
〈社會運動中的改革迷思〉，二〇〇二年十一月三十日。《中國時報》，一五。
〈思想史上的光與電：愛因斯坦科學革命的歷史意義〉，二〇〇五年四月十八日，《中國時報》。
〈預防汙染　先從社區組織做起〉，二〇〇九年一月八日。《中國時報》，A 一二。
〈拚經濟，更要顧安全〉，二〇〇九年四月八日。《中國時報》，A 一四。
〈釣魚台寓言〉，二〇一二年九月十七日。《中國時報》，A 一二。

書籍序言、導讀，或收錄於書中的篇章

一九九八 a。〈動物園的真面目〉，林秀梅（譯），薇琪・柯羅珂（Vicki Croke）著，《新動物園：

在荒野與城市中漂泊的現代方舟》。臺北：胡桃木出版社。
一九九八b。〈無限的誘惑，無限的作用〉，《無限探索無限》，摩里斯（Richard Morris）著，黃逸華（譯）。臺北：新新聞文化出版社。
二〇〇〇。〈美國的物理學開拓者〉（專文推薦），《約翰・惠勒自傳：物理歷史與未來的見證者》，約翰・惠勒（John A. Wheeler）、肯尼斯・福特（Kenneth Ford）著，蔡承志（譯）。臺北：商周出版社。
二〇一〇a。〈保釣歷史淵源與社會意義〉。《啟蒙・狂飆・反思：保釣運動四十年》。頁二四—四六。新竹：清華大學出版社。
二〇一二。〈四十年來東亞變局下保釣的新意義〉，《東亞脈絡下的釣魚台：繼承、轉化、再前進》，劉容生、王智明、陳光興主編，頁一七—二二。新竹：清華大學出版社。
二〇一六。〈《科學月刊》是如何出現的：四十年後的回顧〉，《為了將來的好日月：林孝信追思文集》，林孝信追思文集編輯委員會，頁二六四—二八六。臺北：唐山出版。

網路文章

〈四十年後，回顧第零期〉，二〇〇九年九月九日），《科學月刊》四七七期，頁六四四—六四五。擷取自 http://scimonth.blogspot.tw/2009/10/blog-post_2171.html。
〈理想還在召喚：保釣運動四十週年大會紀實〉（與張鈞凱合著），二〇一一年四月九日—四月十日。擷取自 http://blog.chinatide.net/fangyuan/?p=144。

People

從科學月刊、保釣到左翼運動：林孝信的實踐之路

2019年12月初版　　定價：新臺幣480元

編者	王智明
叢書編輯	張彤華
特約編輯	林勝慧
內文排版	Bear 工作室
封面設計	兒日
編輯主任	陳逸華

出版者	聯經出版事業股份有限公司
地址	新北市汐止區大同路一段369號1樓
編輯部地址	新北市汐止區大同路一段369號1樓
叢書編輯電話	(02)86925588轉5306
台北聯經書房	台北市新生南路三段94號
電話	(02)23620308
台中分公司	台中市北區崇德路一段198號
暨門市電話	(04)22312023
台中電子信箱	e-mail：linking2@ms42.hinet.net
郵政劃撥	帳戶第0100559-3號
郵撥電話	(02)23620308
印刷者	世和印製企業有限公司
總經銷	聯合發行股份有限公司
發行所	新北市新店區寶橋路235巷6弄6號2樓
電話	(02)29178022

總編輯	胡金倫
總經理	陳芝宇
社長	羅國俊
發行人	林載爵

行政院新聞局出版事業登記證局版臺業字第0130號

本書如有缺頁，破損，倒裝請寄回台北聯經書房更換。　ISBN 978-957-08-5423-7 (平裝)
聯經網址：www.linkingbooks.com.tw
電子信箱：linking@udngroup.com

照片提供：
封面、p.53、p.83、p.138、p.142、p.157下、p.163、p.205、p.271、p.313、p.329、p.333、p.337、p.338、p.341、p.349、p.357：釣魚台教育協會
p.49：李淑珍
p.157上：清大圖書館
p.231、p.319：世新大學新聞人報社

國家圖書館出版品預行編目資料

從科學月刊、保釣到左翼運動：林孝信的實踐之路／
王智明編．初版．新北市．聯經．2019年12月．376面．14.8×21公分
(People)
ISBN 978-957-08-5423-7 (平裝)

1.林孝信　2.臺灣傳記　3.文集

783.3886　　108019197